新时期我国煤炭领域热点政策问题跟踪研究

李维明 任世华◇编著

中国发展出版社
CHINA DEVELOPMENT PRESS

图书在版编目（CIP）数据

新时期我国煤炭领域热点政策问题跟踪研究 / 李维明，任世华编著 . 北京：中国发展出版社，2019.11

ISBN 978-7-5177-1061-5

Ⅰ . ①新… Ⅱ . ①李… ②任… Ⅲ . ①煤炭工业－工业政策－研究－中国 Ⅳ . ① F426.21

中国版本图书馆 CIP 数据核字（2019）第 243708 号

书　　　　名：	新时期我国煤炭领域热点政策问题跟踪研究
著作责任者：	李维明　任世华
出 版 发 行：	中国发展出版社
联 系 地 址：	北京市西城区裕民东路 3 号 9 层　　100029
标 准 书 号：	ISBN 978-7-5177-1061-5
经 销 者：	各地新华书店
印 刷 者：	北京市密东印刷有限公司
开　　　　本：	710mm×1000mm　1/16
印　　　　张：	22
字　　　　数：	274 千字
版　　　　次：	2019 年 11 月第 1 版
印　　　　次：	2019 年 11 月第 1 次印刷
定　　　　价：	89.00 元

联 系 电 话：	（010）68990630　68990692
购 书 热 线：	（010）68990682　68990686
网 络 订 购：	http://zgfzcbs.tmall.com//
网 购 电 话：	（010）88333349　68990639
本 社 网 址：	http://www.develpress.com.cn
电 子 邮 件：	370118561@qq.com

前　言

　　煤炭是我国的基础能源和重要原料，在国民经济和社会发展中发挥着无可替代的作用。由我国国情所决定，未来相当长一段时间内，煤炭依然是我国的主体能源，以煤为主的能源结构短期将难以改变。与此同时，煤炭也是我国第三轮矿产资源规划明确的24种战略性矿产资源之一，是能够在缓解油气对外依存高企、应对美方对我油气遏制方面有所作为的重要"利器"。进入新世纪以来，国内外宏观形势与制度环境发生了深刻变化，尤其十八大以来，生态文明建设上升至"五位一体"高度，"五大发展理念"逐步深入人心，"四个革命、一个合作"能源安全新战略深入推进，供给侧结构性改革和高质量发展步伐加快等。这些新形势对我国煤炭行业来说，既是机遇，更是挑战。深入跟踪研究新形势下我国煤炭行业发展与改革中的全局性、综合性、战略性、长期性、前瞻性以及热点、难点问题，具有十分重要的理论意义与现实意义。

　　纵观新世纪以来我国煤炭行业发展历程，从黄金十年到全行业过剩，再到迈向高质量发展，行业发展跌宕起伏，外部环境瞬息万变。能否在新形势下实现煤炭行业健康、稳定和可持续发展，事关我国国家能源资源安全、生态安全、经济安全乃至国家安全。本人自2005年攻读硕博士以来一直高度关注煤炭政策问题，围绕煤炭领域热点问题持续开展了一系列研究。整理近年来所形成的一系列成果，重点聚焦十八大以来新形势下我国煤炭行业的改革发展问题，尤其是社会关注的重点、热点、难点问题，形成了包含宏观背景、结构优化、清洁高效、综合利用、企业管理、市场体系、行业改革、开放合作八大方面有深度的研究报告，并编著成《新时期我国煤炭领域热点政策问题跟踪研究》以飨读者，期待可为政府决策和学术研究提供参考。

由于时间仓促，以及本人水平局限，文中难免存在疏漏和不足之处，请读者见谅并批评指正。

李维明

2019 年 10 月 25 日

目 录

宏观背景篇

基于经合组织分析框架的全球绿色增长进程比较 / 2

一、多数国家碳、能源和物质资料生产率有所提升，但环境压力
依然很大 / 3

二、全球自然资源总体压力居高不下，部分生态系统已经退化，
生物多样性受到严重威胁 / 11

三、环境污染严重影响人类健康和生活质量 / 14

四、各国通过支持创新以及消费者行为转变等措施实施绿色增长政策的
趋势正在加速，但部分政策的不连贯性阻碍全球绿色转型进程 / 17

加快推进资源革命，确保国家资源安全，促进生态文明建设 / 22

一、资源革命的理论与逻辑起点 / 22

二、全球资源革命已初现端倪 / 29

三、中国推进资源革命意义重大 / 33

四、我国推进资源革命已具备一定基础条件 / 37

五、积极推进资源革命，保障国家资源安全 / 43

世界煤炭资源供需分析 / 51

一、世界煤炭资源分布集中 / 52

二、世界煤炭生产集中度高，产量不断增加 / 53

三、煤炭消费不断增加，主要集中在亚太地区 / 55

四、煤炭消费在一次能源中的份额区域差别很大 / 56

五、亚太市场煤炭贸易量占世界一半 / 57

结构优化篇

国内外煤炭产能退出经验借鉴 / 62

一、国外煤炭产能退出过程相关问题解决经验 / 63

二、国内典型区域煤炭产能退出相关问题解决经验 / 68

三、国内外化解煤炭过剩产能的启示 / 74

多方合力，妥善解决煤炭"去产能"后续问题 / 76

一、河北化解煤炭产能过剩颇具复杂性和典型意义 / 77

二、河北化解煤炭过剩产能取得积极进展，但仍面临一些突出共性问题 / 78

三、加大地方政府对化解过剩产能的指导、协调与支持 / 82

四、中央应高度重视并通过完善政策体系，统筹解决"去产能"后续问题 / 83

我国煤炭业态未来发展趋势分析 / 87

一、当前我国煤炭业态及存在问题 / 88

二、发达国家产能调整后的煤炭业态特征 / 89

三、我国煤炭业态未来发展趋势 / 90

四、结论和建议 / 94

清洁高效篇

加快煤炭分级分质利用，切实推动我国能源生产革命 / 96

一、煤炭分级分质利用是实现我国煤炭清洁高效利用战略和能源生产
革命战略的重要途径 / 97

二、近年来我国煤炭分级分质利用取得积极进展 / 100

三、煤炭分级分质利用仍面临诸多挑战 / 102

四、推动煤炭分级分质利用科学发展的建议 / 104

推动煤炭洗选发展，减少空气污染 / 107

一、提高煤炭洗选比例是减少空气污染的现实选择 / 107

二、煤炭洗选尚不适应改善空气环境的需要 / 109

三、提高煤炭洗选比例仍面临诸多挑战 / 110

四、推动煤炭洗选科学发展的措施 / 111

对我国煤炭工业发展低碳经济的思考 / 114

一、我国煤炭工业发展低碳经济的机遇 / 115

二、我国煤炭工业发展低碳经济的挑战 / 117

三、我国煤炭工业发展低碳经济的思路 / 119

四、我国煤炭工业发展低碳经济的政策评价 / 122

五、我国煤炭工业发展低碳经济的建议 / 125

煤炭企业清洁高效开发利用水平综合评价研究 / 128

一、评价指标体系的建立 / 130

二、评价方法——FPPSI / 131

三、实证研究 / 134

四、总结 / 138

综合利用篇

加快落实和完善国家政策，进一步推进我国煤层气开发利用 / 142

　　一、社会和经济效益显著 / 144

　　二、煤层气开发利用仍存在一些突出问题 / 145

　　三、若干对策建议 / 148

提高煤矿瓦斯利用水平的建议 / 154

　　一、我国煤矿瓦斯抽采、利用量持续增加，但利用率低下 / 155

　　二、我国煤矿瓦斯利用率低下的原因 / 157

　　三、提高煤矿瓦斯利用水平，促进资源节约和环境保护 / 160

科学有序加快发展煤制甲烷，统筹能源安全和环境保护 / 166

　　一、煤制甲烷是高效、清洁、经济的优质能源 / 167

　　二、发展煤制甲烷应重视的问题 / 171

　　三、科学有序加快发展煤制甲烷的政策建议 / 175

企业管理篇

基于资本控制的战略协调型管理模式研究 / 182

　　一、现行煤炭企业集团管理模式存在的突出问题 / 183

　　二、基于资本控制的战略协调型管理模式 / 185

　　三、几点建议 / 189

在我国煤炭行业全面推行精细化管理的建议 / 193

一、精细化管理——煤炭企业科学发展的新举措 / 194

二、我国煤炭行业实施精细化管理所存在的问题 / 199

三、全面推行精细化管理的政策建议 / 202

我国煤炭企业综合竞争力评价指标体系研究 / 204

一、煤炭企业综合竞争力的内涵 / 205

二、煤炭企业综合竞争力评价指标的建立原则 / 207

三、我国煤炭企业综合竞争力评价指标体系框架 / 209

四、评价指标的诠释 / 211

市场体系篇

关于健全我国煤炭市场体系的建议 / 220

一、我国煤炭市场化改革已取得较大成效 / 221

二、我国煤炭市场体系存在的主要问题 / 223

三、健全煤炭市场体系，促进煤炭产业健康发展，保障国家能源
安全 / 226

关于建立健全国家煤炭应急储备体系的建议 / 229

一、国家煤炭应急储备及其必要性 / 230

二、我国煤炭应急储备体系建设已经开始起步 / 231

三、当前我国煤炭应急储备体系存在的主要问题 / 233

四、完善煤炭应急储备体系，保障国家能源安全 / 236

煤炭预警体系待改进 / 241

　　一、煤炭经济运行预警"黄绿灯" / 242

　　二、存在问题的四大成因 / 245

　　三、煤炭经济运行预警建议 / 247

煤炭开采外部成本内部化研究 / 250

　　一、马克思成本构成理论概述 / 251

　　二、我国煤炭开采外部成本的现状分析 / 253

　　三、我国煤炭开采外部成本问题产生的原因 / 256

　　四、煤炭开采外部成本内部化建议 / 259

行业改革篇

煤炭行业的技术经济特征与市场结构分析 / 268

　　一、技术经济特征 / 268

　　二、市场结构 / 273

我国煤炭行业监管现状、问题及建议 / 278

　　一、我国煤炭行业监管现状 / 279

　　二、我国煤炭煤炭监管存在的问题 / 285

　　三、我国煤炭监管体系目标设计 / 289

　　四、完善我国煤炭监管体系的思路与建议 / 294

2030 年我国煤炭体制革命的战略思想和实现途径 / 303

　　一、2030 年我国煤炭行业体制革命的战略目标与总体思路 / 303

　　二、2030 年我国煤炭行业体制革命的实现途径 / 307

　　三、2030 年我国煤炭行业体制革命的路线图 / 314

开放合作篇

我国煤炭企业在"一带一路"的投资环境评价 / 318

一、"一带一路"沿线地区煤炭投资环境概况 / 319

二、目标国家煤炭投资环境评价方法 / 320

三、目标国家煤炭投资环境评价主要结果及分析 / 324

四、"一带一路"煤炭投资政策建议 / 325

关于我国煤炭企业实施"走出去"战略的建议 / 328

一、中国煤炭企业"走出去"战略及其必要性 / 329

二、我国煤炭企业"走出去"的主要做法及取得的成效 / 332

三、煤炭企业"走出去"面临的突出问题 / 335

四、支持煤炭企业"走出去"的对策建议 / 338

宏观背景篇

基于经合组织分析框架的全球绿色增长进程比较

参考经合组织绿色增长分析框架及《绿色增长指标报告2017》，本报告重点从资源环境生产率、自然资源资产基础、生活环境质量、经济机遇与政策应对四个方面，对比分析了经合组织国家和20国集团自1990年以来绿色发展所取得的进展。结果显示，多数国家碳、能源和物质资源生产率有所提升，但在国家和部门间存在广泛差异，且资源消耗量居高不下，碳排放量持续增加，环境压力依然很大；全球淡水、土地等自然资源总体压力居高不下，部分生态系统已经退化，生物多样性受到严重威胁；空气质量改善成果不尽如人意，严重影响人类健康和生活质量，而环境卫生条件的改善使多数OECD国家从中获益；各国通过支持创新以及消费者行为转变等措施实施绿色增长政策的趋势正在加速，但部分政策的不连贯性阻碍全球绿色转型进程。

为测度全球绿色增长进程，经合组织（OECD）最早于2011年在《迈向绿色增长：进程监测》报告中提出了一组绿色增长指标。在此基础上，经过不断更新和拓展，OECD 陆续发布《绿色增长指标报告2014》和《绿色增长指标报告 2017》。参考 OECD 绿色增长分析框架及最新研究成果，本报告重点对 OECD 国家和 20 国集团自 1990 年以来的绿色发展进程进行系统分析。总体来看，能否维持一国经济社会的长期可持续发展，取决于其是否具备降低自然资本依赖、治理环境污染、提高生产资本和人力资本质量，以及加强机构组织建设的能力。为实现人民对高质量发展的期望，需要各国、各部门（涉及金融、经济、工业、贸易和农业等）采取协调一致的行动计划。

一、多数国家碳、能源和物质资料生产率有所提升，但环境压力依然很大

（一）过去25年，OECD国家碳、能源和原材料生产率整体有所上升，但在国家和部门间存在广泛差异

从单一投入和产出角度来看，OECD 国家碳和资源生产率都有所提高（见图 1）。目前，OECD 国家单位物质资料消耗较过去可以产生更多的经济价值。以 2015 年计，OECD 国家平均每创造 1000 美元的 GDP，需要消耗 416 千克非能源资源和 111 千克油当量能源（2000年为143 千克），同时仅排放 256 千克的二氧化碳（2000 年为 338 千克）。

（二）尽管能源生产率得到广泛提升，但化石能源继续主导能源结构，甚至还会得到政府支持，可再生能源的使用仍然有限

OECD 国家和 BRIICS 国家 ① 对化石燃料的依赖率依然超过80%，

---

① BRIICS国家包括巴西、俄罗斯、印度尼西亚、印度、中国、南非。

可再生能源在能源结构中的占比仍然很低，少数国家甚至出现煤炭比重大幅上升的现象（既有 OECD 国家，也有 BRIICS 国家）。此外，在一些可再生能源潜力大的国家，其可再生能源比重并不高（见图2）。从长期看，政府可以通过取消化石燃料补贴，改革破除提高能效的体制机制障碍，进而实现能源生产率的提升。

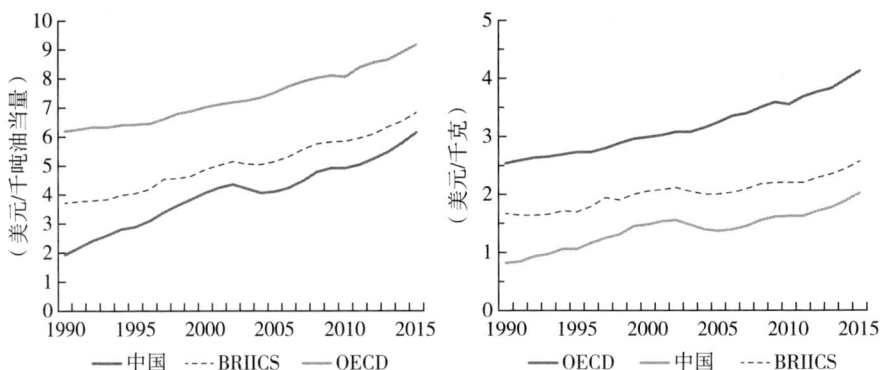

图1 主要经济体能源生产率和基于国内生产的CO_2生产率变化趋势（1990~2015年）

资料来源：OECD，国际能源署。

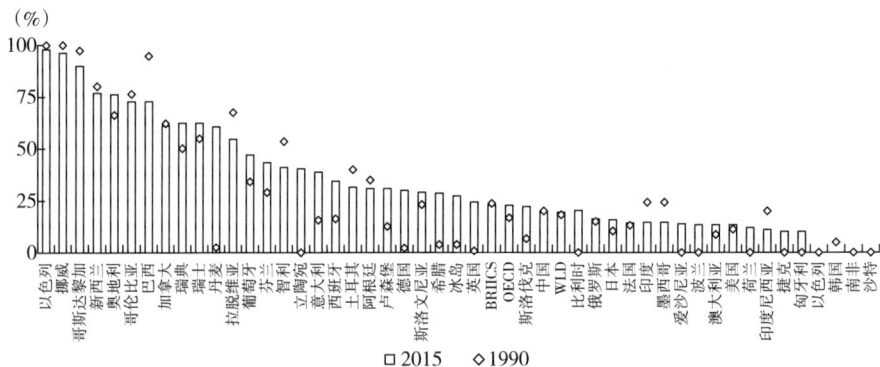

图2 可再生能源在发电量中的比重上升并不大

资料来源：OECD，国际能源署。

（三）尽管物质资源生产率在增加，但消耗量仍然巨大

非能源资源在 OECD 国家整个物质消耗结构中仍占 78%，BRIICS

国家占到87%。尽管资源生产率有所提高，但资源消耗总量居高不下
（见图3），经济增长依然高度依赖大量物质资源的消耗，且通常以
建筑材料消耗为主。如考虑间接消耗（国际贸易中隐含的原材料消耗），
效率改善的效果还会受到一定影响。

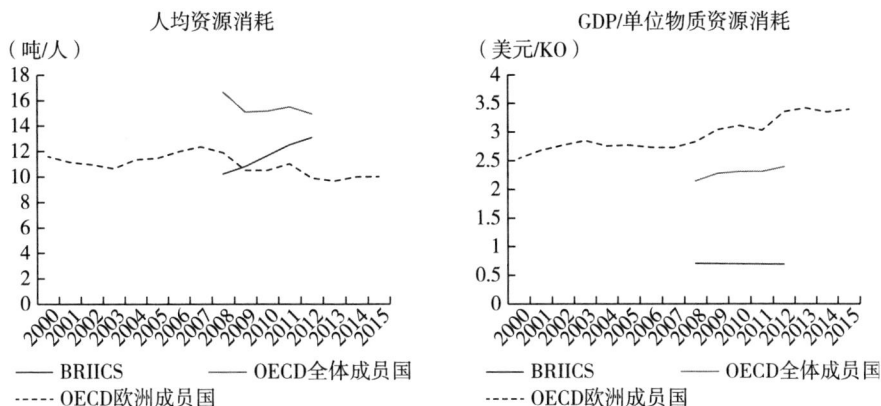

图3 尽管物质资源生产率增加，但物质资源消耗量仍较高

注：图中总量数量包含了缺失数据的预估值。
资料来源：OECD环境统计数据库。

（四）OECD国家经济增长几乎都是靠绿色全要素生产率提升来拉动，而BRIICS国家则更加依靠大量劳动力、生产资本和自然资本的投入

如见图4所示，为更好地把握环境服务对经济增长的作用，经合组织迈出重要一步，开发了国家层面的绿色全要素生产率指标，也称环境因素调整后的全要素生产率（Environmentally Adjusted Multifactor Productivity，EAMFP）。它不仅考虑劳动力和生产资本投入，还考虑自然资本投入；不仅衡量 GDP 产出（理想产出），还拓展到衡量污染产出（不良副产品）。事实上，这一生产率的提升在经济可持续发展中扮演着关键角色。一方面，自然资本能够大大增加产出。自1994

年以来，俄罗斯大约 23% 的产出增长来自地下资源的开发利用。这引发了人们对这些资源依赖型国家能否长期维持过去增速的担忧。另一方面，污染治理也能影响增长绩效。一些国家的经济增长在很大程度上是以牺牲环境质量为代价来换取的。经济增长严重依赖资源消耗或重污染产业的国家，生产率贡献往往被高估，而注重投资于资源高效利用或致力于污染减排的国家，生产率贡献则被低估。鉴于多数经合组织国家污染物排放持续降低，其经济增速应被调高，反之则应被调低。不难发现，在全球自然资本约束趋紧背景下，提高生产率（EAMFP）是保持经济长期稳定增长的唯一途径。

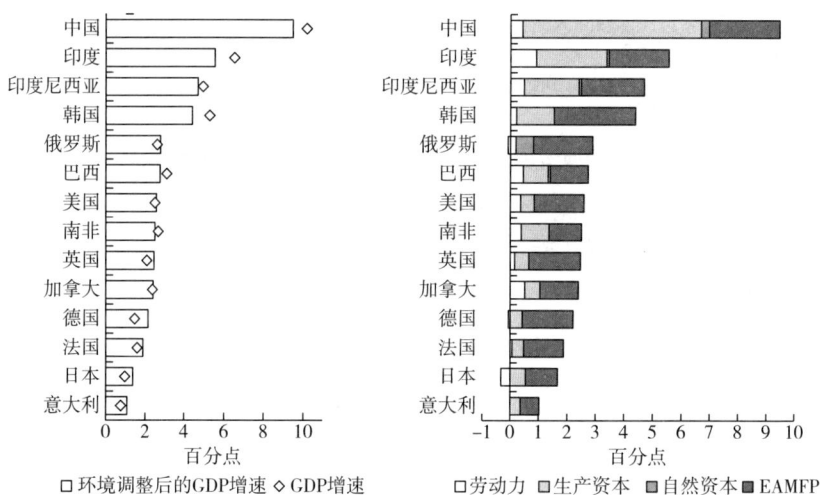

图4 主要国家经济增长的资本投入（生产资本和自然资本）与环境代价

注：负值表示资本投入对经济产出增长的贡献在这一时期有所下降。

资料来源：OECD环境统计数据库。

（五）多数国家二氧化碳排放与经济增长已经实现"相对脱钩"，但"脱钩"程度并不够，排放量仍在继续上升

OECD 国家的二氧化碳排放有所放缓，但全球范围内仍在继续增

加，与 1990 年相比上升了 50%（见图 5）。部分国家已经实现排放量绝对值的减少，但大部分国家仅仅实现排放与经济发展的相对脱钩，也即二氧化碳排放量增速低于实际 GDP 增速（见图 6）。事实上，如果考虑国际贸易间的隐含碳排放，改善效果的显著程度可能会受到影响。鉴于 OECD 国家满足国内最终需求的碳排放总量增速通常会高于基于国内生产的碳排放总量增速，因此，多数 OECD 国家其实是碳排放量的"净进口国"（见图 7），而要实现基于需求的二氧化碳排放量与经济增长的脱钩势必面临更为严峻的挑战。当然，更为清洁的生产（如通过使用清洁能源）既能够解决基于生产的碳排放问题，也可以解决基于需求的排放问题（即实现国内生产所需产品更加清洁化）。但由于人均二氧化碳排放量与生活水平息息相关，因此实现基于需求的二氧化碳排放的脱钩确实颇具挑战。与之相比，基于生产的二氧化碳排放则能更好更直接地反映经济结构和能源强度。

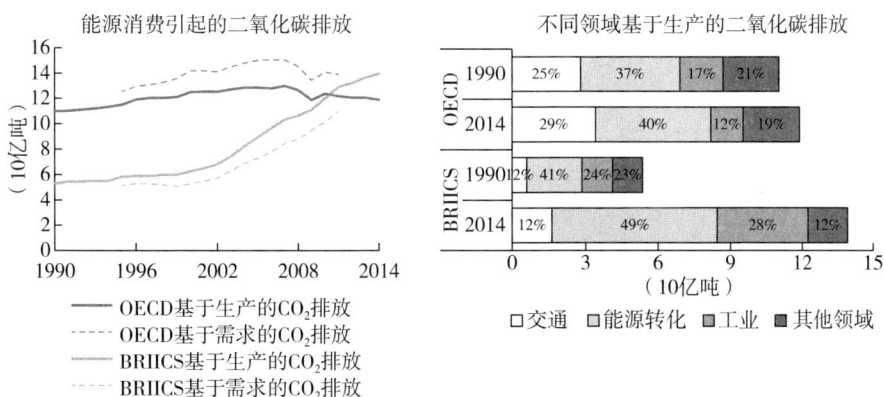

图5　全球能源消费导致的二氧化碳排放量在增加

资料来源：国际能源署数据库，OECD环境统计数据库。

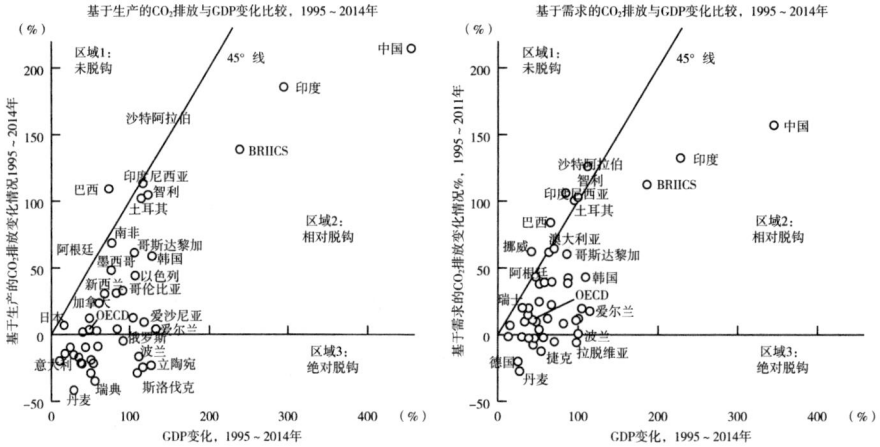

图6　OECD与G20国家已经实现经济增长与CO₂排放脱钩

资料来源：IEA燃料燃烧二氧化碳排放数据库，OECD结构分析（投入—产出）统计数据库。

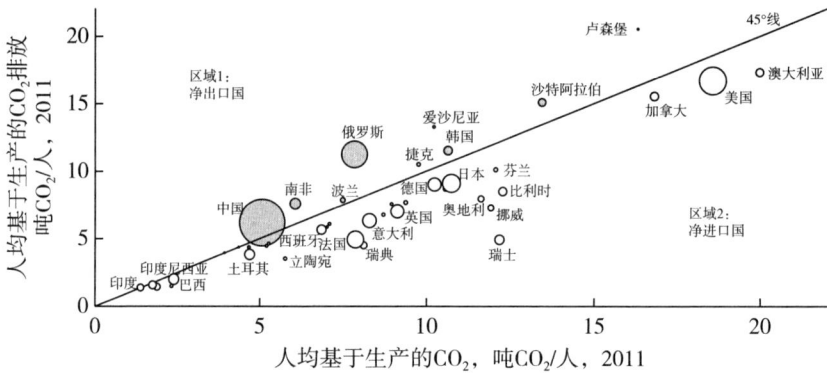

图7　多数OECD国家为CO₂净进口国

注：气泡大小表示净出口二氧化碳的多少。白色气泡表示净出口量为负值，即为净进口国。45度线为基于生产和基于需求的二氧化碳等排放量线。

资料来源：IEA燃料燃烧二氧化碳排放数据库，OECD结构分析（投入—产出）统计数据库。

（六）废弃物回收成效开始显现，但许多有价值的材料仍被视为一般废弃物来处理

尽管废弃物的回收工作现已初见成效，回收率和利用率不断提高

（见图8），但仍会产生大量包括稀有材料在内的废弃物。欧洲每人每年消耗的 13.4 吨材料中，1/3 最终被当作废物，其中仅大约 17% 得以回收利用。

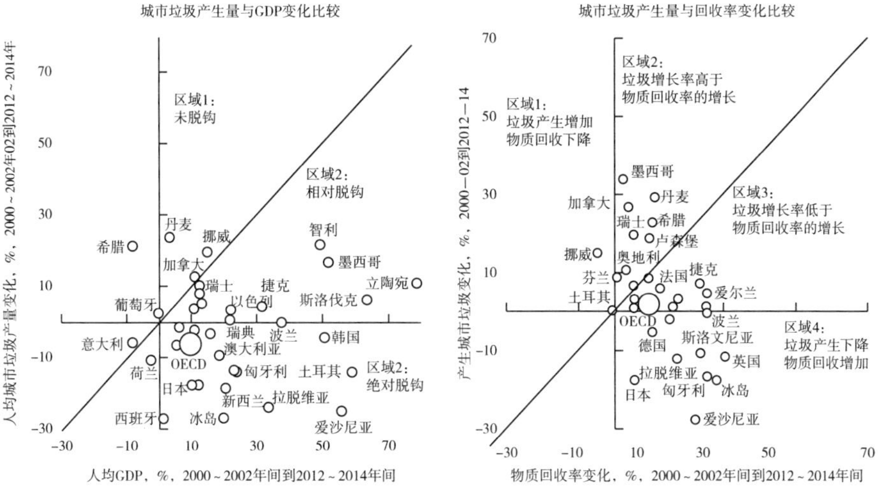

城市垃圾产生量与GDP变化比较

城市垃圾产生量与回收率变化比较

图8　城市垃圾产生量与经济增长之间的关联度在缓慢降低

资料来源：OECD环境统计数据库。

（七）农业养分利用率不断提高，养分盈余量相对于农业产量呈现下降趋势

就多数 OECD 国家而言，养分盈余量不论是实物量还是单位面积含量都在下降（见图9）。进入 21 世纪，下降速度比 20 世纪 90 年代更快。在过去的 10 年间，OECD 国家农业产值实际增长 55%，而氮与磷元素盈余量分别下降了 16% 和 43%，反映出农业生产与氮磷相关环境压力的"相对脱钩"（见图 10）。然而，在营养盈余强度和变化趋势方面，国别之间和国家内部仍存在相当大的差异。这取决于土壤质量、农作物类型（养分摄入较高的作物有玉米和水稻等）、当地

农田有机肥使用情况等因素。而在 BRIICS 国家，化肥的使用量依然很高，在过去的 10 年急剧增加，造成了严峻的环境压力。平均来看，BRIICS 国家单位面积农田的化肥使用量是经合组织国家的两倍之多（见图 11）。

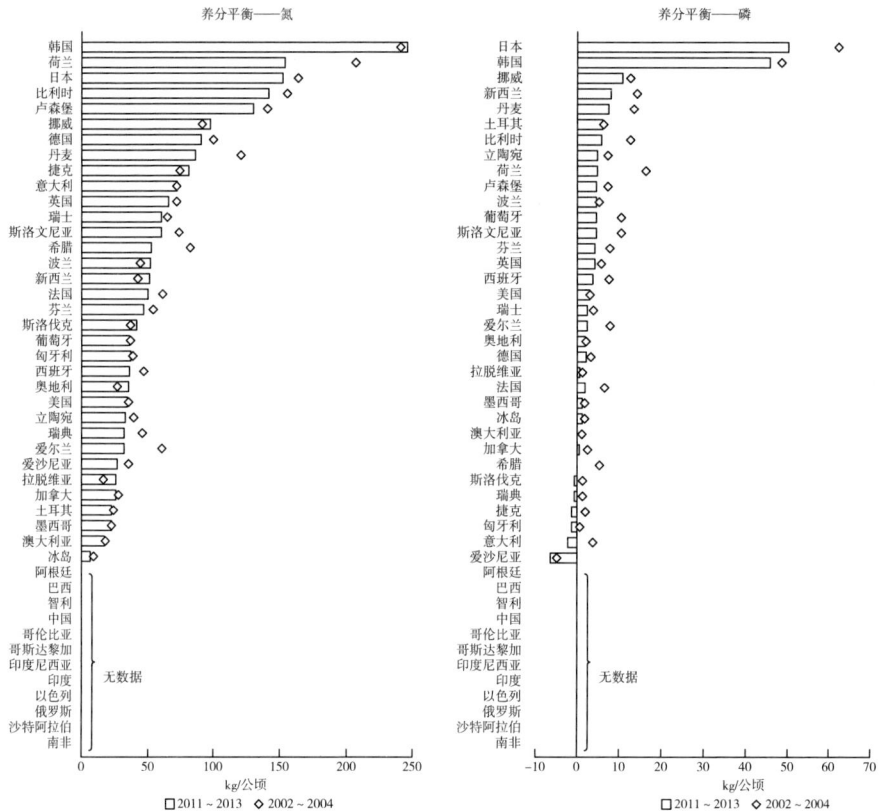

图9　养分盈余量下降

注：养分平衡以单位农业面积的氮磷施用量（千克/公顷）来表示。

资料来源：OECD农业统计数据库。

氮肥施用量和农作物产值变化比较

磷肥施用量和农作物产值变化比较

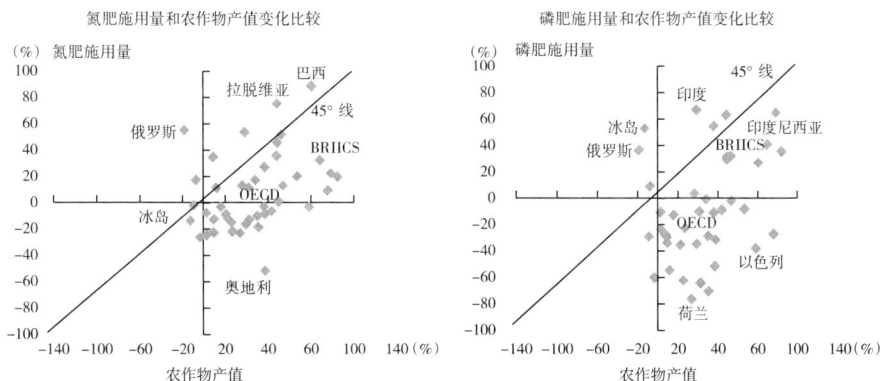

图10　大部分OECD国家和G20国家已实现化肥施用量与农作物产量脱钩

注：商业化肥施用量以单位农业面积化肥施用量计，单位为千克/公顷。农业产值以美元计，为2010年购买力平价。OECD国家数据不包含捷克数据。

资料来源：FAO统计数据库。

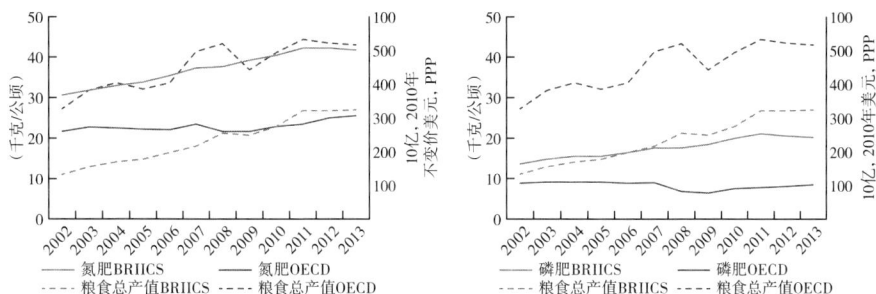

图11　BRIICS国家单位农业面积的化肥施用量几乎为OECD国家的两倍

注：商业化肥施用量以单位农业面积的化肥施用量计（左轴），单位为千克/公顷。农业产值以美元计（右轴），为2010年购买力平价。OECD国家数据不包含捷克数据。

资料来源：FAO统计数据库。

二、全球自然资源总体压力居高不下，部分生态系统已经退化，生物多样性受到严重威胁

（一）部分国家水资源压力仍然很大

伴随全球淡水资源需求上升，尽管近年来可持续淡水资源获取相对稳定，水资源管理水平有所提高，但淡水资源地区分布尤为不均，

部分地区水资源短缺问题依然严峻，严重制约当地经济活动。事实上，OECD 国家中有 1/3 面临着巨大的淡水资源压力（见图 12）。

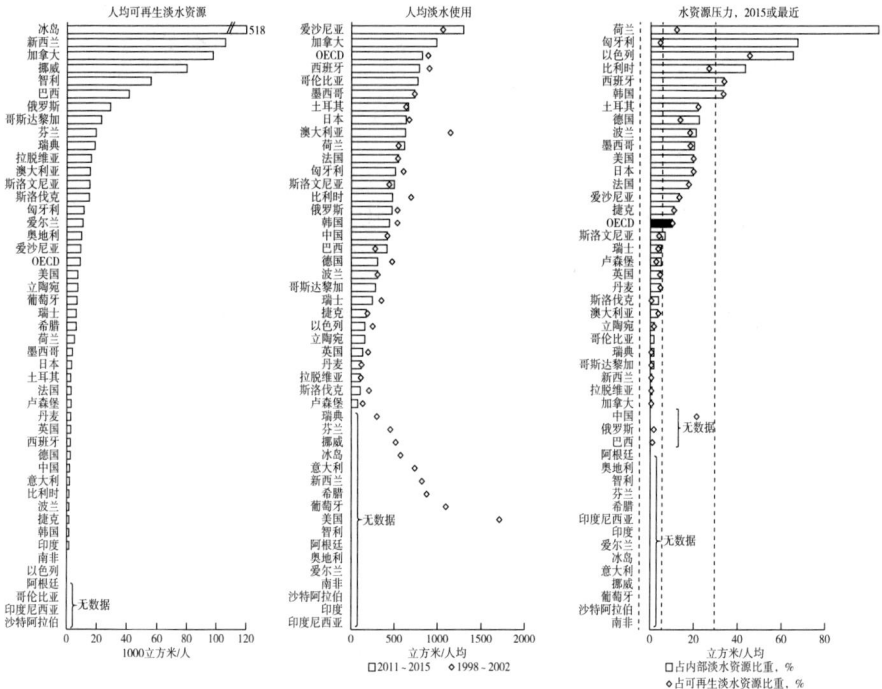

图12 淡水资源基础和开发强度

资料来源：OECD环境统计数据库。

（二）土地转为建设用地的速度在加快

相较于 1990 年，OECD 国家建成区建筑物占地面积增加了 30%。全球范围内，自 1990 年以来，约为英国国土面积大小的区域被转化为建设用地。社会进步、人口增长和不断变化的城市形态（紧凑型和分散型）是导致这一状况的原因（见图 13）。事实上，高度城市化的国家，尤其是一些人口密度高、基础设施发达的国家，仍经历着强劲的城市发展（见图 14）。这通常会导致大量自然资源消耗、农业土地丧失、土壤板结和对水圈造成负面影响。土地开发及其所导致的地表变化势必造成栖息地的破碎化和丧失。如果不能阻止对重要功能区域的改变，生物多样性将不可避免受到严重威胁。

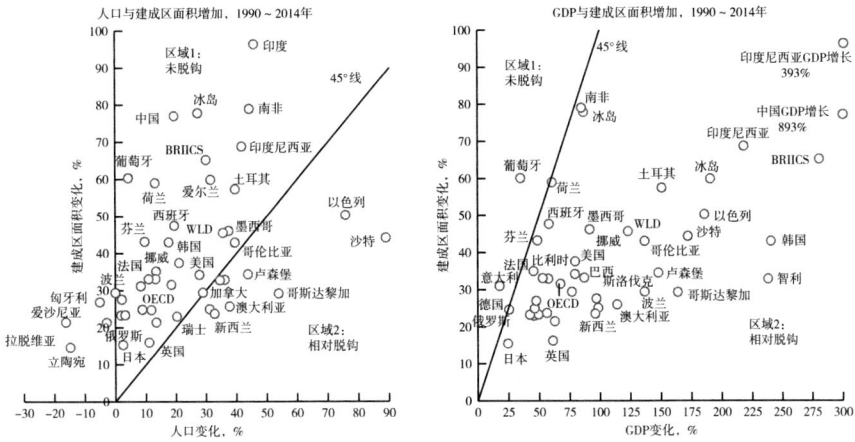

图13 多数国家的建成区面积增长超过了人口增长

注："建成区"仅指有建筑区域，其他的城市用地类型，如铺砌的路面（道路、停车场）、商业及工业用地（港口、垃圾填埋场）和城市绿地（公园与花园）不包括在内。

资料来源：OECD calculations using JRC, 2016, "Global Human Settlement Layer"。

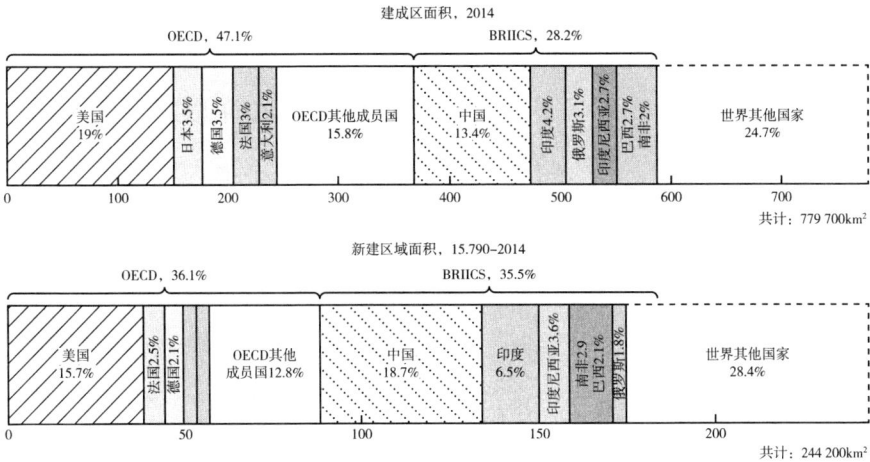

图14 城市扩张发生在很多已经高度城镇化的国家

注："建成区"仅指有建筑区域，其他的城市用地类型，如铺砌的路面（道路、停车场）、商业及工业用地（港口、垃圾填埋场）和城市绿地（公园与花园）不包括在内。

资料来源：OECD calculations using JRC, 2016, "Global Human Settlement Layer"。

（三）生态系统和生物多样性面临严重威胁

当前全球自然资源总体压力仍居高不下，许多生态系统已经退化，生物多样性丰富地区正在减少，越来越多野生动物受到威胁。全世界1/3的野生鱼类资源被过度捕捞。野生鸟类数量自20世纪90年代以来下降28%，自20世纪60年代以来下降41%。许多森林资源因退化、碎片化以及用途改变而遭受严重威胁。保护生物多样性和生态系统的措施，如划定保护区、实施可持续资源管理等，必须与相关的主流政策工具配套使用才更有效，如必须取消危害环境的农业补贴等。事实上，尽管各类保护区面积在增加，但仍然不够，许多国家还需要建立或扩大海洋保护区网络等。

三、环境污染严重影响人类健康和生活质量

（一）空气污染是全球最大的环境健康风险

尽管多数OECD国家的空气环境质量在1990年以来有所改善，但人类暴露于空气污染物PM2.5的比率仍居高不下，危害严重。只有不到1/3的OECD国家达到了世界卫生组织《空气质量指南》中PM2.5年平均浓度每立方米10微克的标准（见图15）。印度等国这一比例持续增加，现已到达极高的水平。同时，地表臭氧空气污染的人口暴露比率几乎没有降低。暴露于这两种空气污染物之下会对人体造成巨大的危害。据OECD估计，在OECD国家地区，室外PM2.5和臭氧导致每年50万人早亡，随之带来的年均福利支出占到GDP的3.8%。因此，制定更加雄心勃勃的环保政策将产生巨大效益。

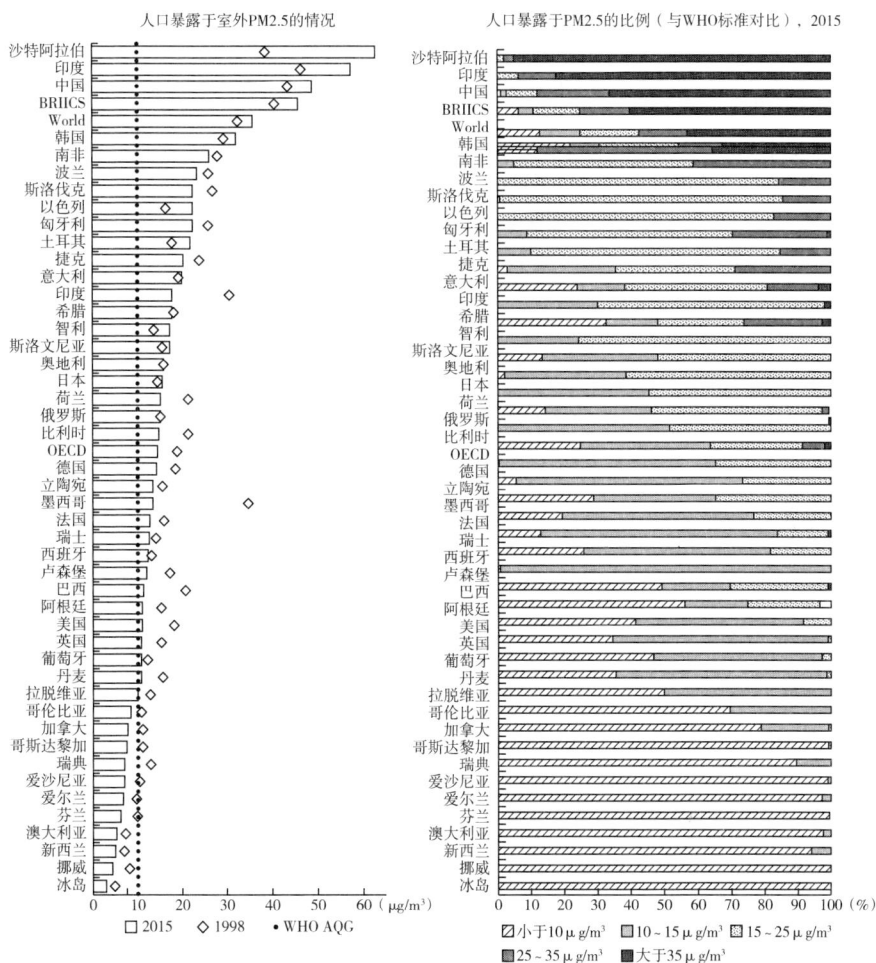

图15　许多国家人口暴露于PM2.5浓度超出WHO标准值的污染空气中

资料来源：OECD环境统计数据库；OECD calculations based on van Donkelaar et al., 2016；CIESIN, 2016。

（二）OECD国家中的大多数人都从各国环境卫生条件的改善中获益

其中，约80%的人直接受益于公共污水处理设施和先进处理技术的使用。然而，一些挑战依然存在，比如老化的供水和污水处理系统亟待升级，偏远地区居住地的高效污水处理设施亟待普及等。同时，因缺少相关卫生设施、难以确保饮用水安全等问题所引起的健康影响一直在降低，但在一些国家如印度、印尼和南非等则仍然十分严峻（见图16）。

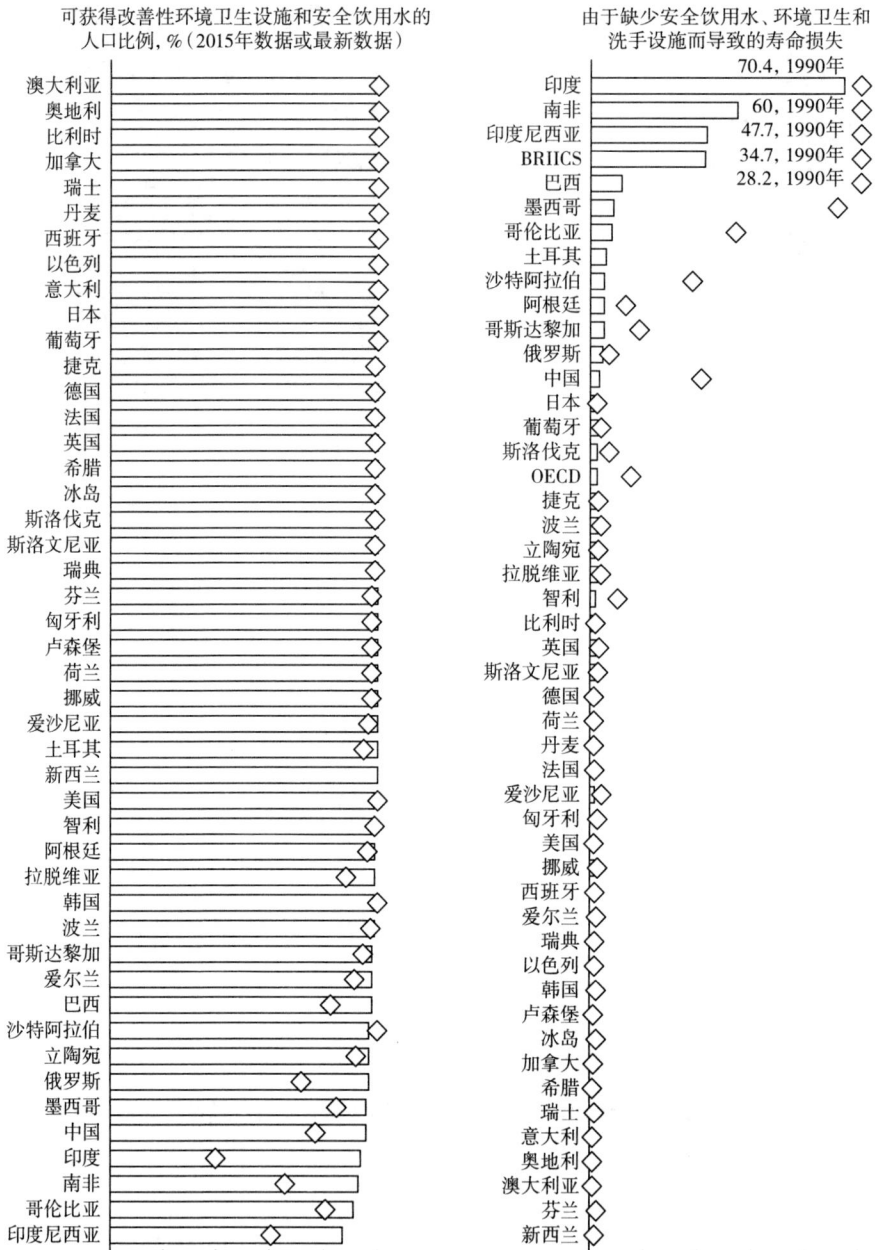

图16　获取改善性环境卫生设施和安全饮用水的情况

资料来源：OECD环境统计数据库；联合国可持续发展目标指标数据库；GBD, 2015, Global Burden of Disease Study 2015。

四、各国通过支持创新以及消费者行为转变等措施实施绿色增长政策的趋势正在加速，但部分政策的不连贯性阻碍全球绿色转型进程

（一）绿色创新活动呈现出不同进展

创新是推动经济增长和生产率提升的关键驱动力。创新能以较低的成本，促进环境目标实现和加速绿色转型，也能够创造新的商业机会和市场。自2000年来，世界范围内关于气候变化减缓技术的发明数量增加了3倍（特别是应用于建筑、交通和能源生产领域的相关技术），而所有技术的发明总量仅增加了30%（见图17）。2011年之后，环境相关技术领域的创新活动（发明专利数）有所放缓（见图19），大约90%的绿色技术仍然源自OECD国家。同时，尽管政府研发支出不断上升，但环境和能源领域的支出占比增加并不明显（见图18）。此外，能源方面的研发和示范工作逐渐向可再生能源倾斜。在此背景下，各国需要制定出台长期激励政策来提高环境方面创新的效率。

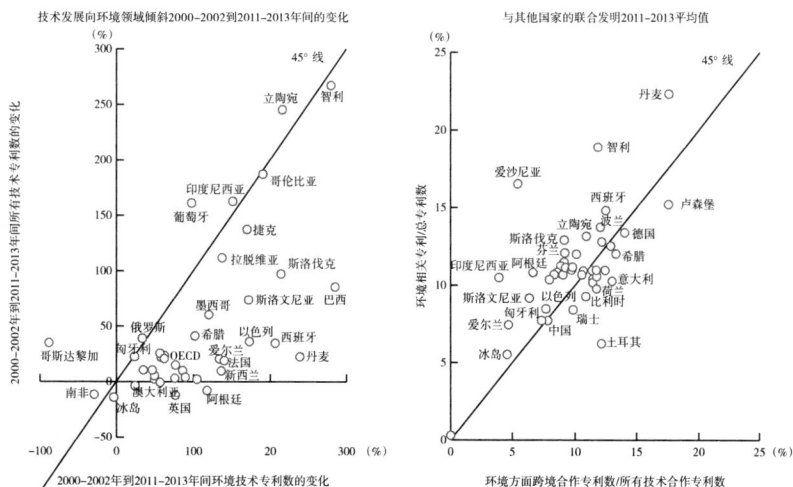

图17　发明和联合发明向环境相关技术领域倾斜

资料来源：OECD环境统计数据库；OECD calculations based on EPO（2016）。

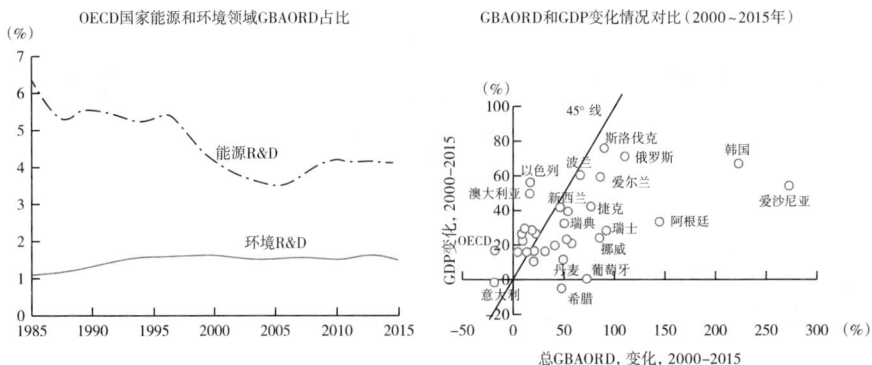

图18 尽管研发投入向可再生能源倾斜，但环境相关的研发投入比重并不理想

注：GBAORD指政府研发预算。

资料来源：OECD科技研发数据库。

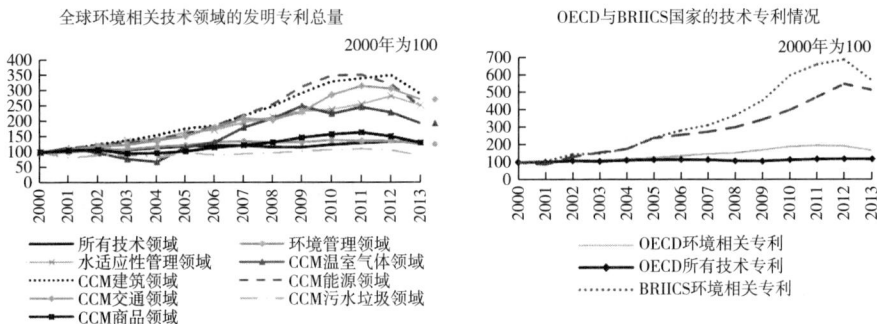

图19 绿色技术经过快速发展后目前步伐逐渐放缓

注：2012和2013年数据为暂定数据。CCM指减缓气候变化。

资料来源：OECD环境统计数据库；OECD calculations based on EPO, 2016。

（二）全球产业绿色化、贸易绿色化、投资绿色化、援助绿色化趋势明显

尽管环境产品与服务生产部门产值在经济总量中的份额并不高，但却呈现逐年增长态势。国际资本流正在向绿色增长领域集聚。环境相关产品的贸易份额不断上升，意味着国际贸易一定程度的绿色化。同时，尽管全球碳市场出现萎缩，但在金融机构发行绿色债券方面却

出现了一些新的机遇，如目前针对清洁能源技术的全球投资已超过了化石能源技术领域。全球范围内基于环保目的的发展援助持续上升，其中对可再生能源的援助已超过非可再生能源。

（三）尽管环境相关税收的使用越来越普及，但同个人所得税相比，仍显得十分有限

自 1995 年以来，环境相关税收对各国税收总额以及 GDP 的贡献实际有所下降（见图 20，21）。一些国家已经开始将部分个人所得税收转用于环境相关活动支出。其他国家则通过引进新的环境税来充实财政收入。目前 OECD 国家环境相关税收仅占总税收的 5.2%，相当于该地区 GDP 的 1.6%。

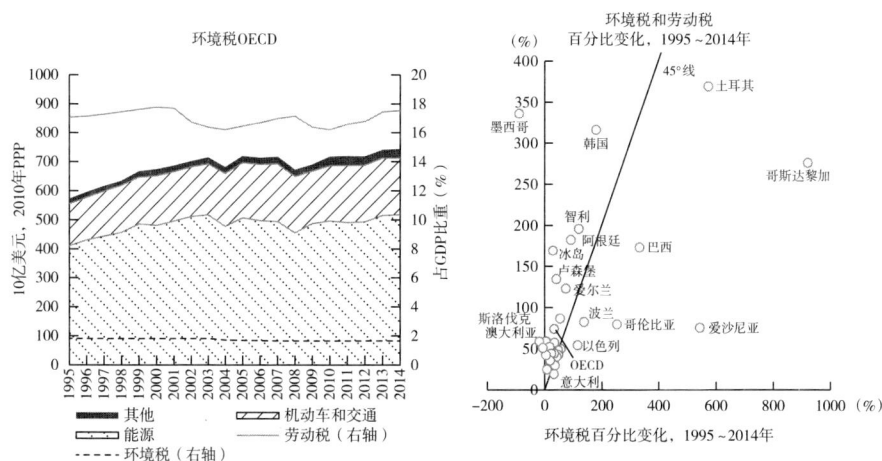

图20 环境税占总税收及GDP的比例均呈下降趋势

注：所有货币价值均以购买力平价计算的美元不变价表示。
资料来源：OECD环境统计数据库和税收统计数据库。

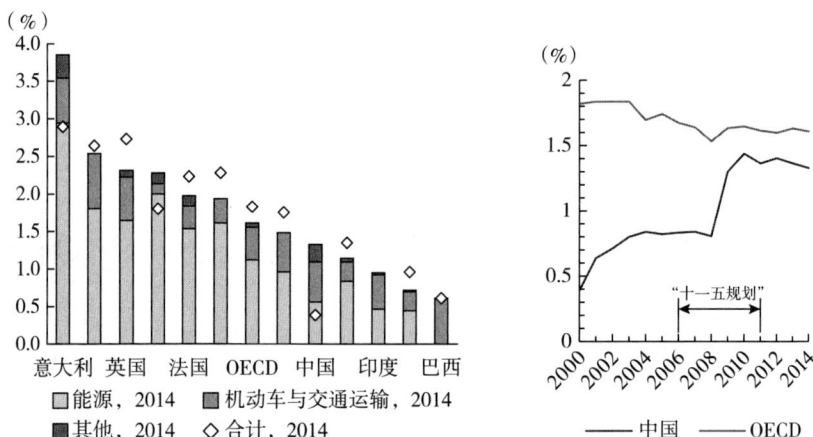

图21　环境相关税收收入占GDP的比重（2000—2014年）

资料来源：OECD环境统计数据库。

（四）政策之间往往缺乏一致性，严重影响了全球绿色转型的进程

尽管全球针对能源相关研发和示范的公共财政预算正在向可再生能源倾斜，然而许多国家仍以各种方式继续支持化石燃料的生产和消费，仅仅 OECD 地区每年在这方面的成本就超过 600 亿美元，BRIICS国家超过 2000 亿美元（见图 22）。事实上，许多国家都会对机动车用能征税以补偿其使用的外部成本，但不同燃料的税率存在差异性。目前来看，柴油税的税率至少应该增加到汽油税的税率水平，才能更好地反映其对气候变化和当地空气污染的影响。同时，鉴于大量农药化肥的使用对农业环境施加了较大压力，对其支持力度仍需减少，而对包含较高环境要求的支持则需增加。此外，需要说明的是，尽管各国通过支持创新以及消费者行为转变等措施来实施绿色增长政策的趋势正在加速，然而，针对转变程度、就业和商业相关机会等方面的统计及可比信息仍十分稀少。

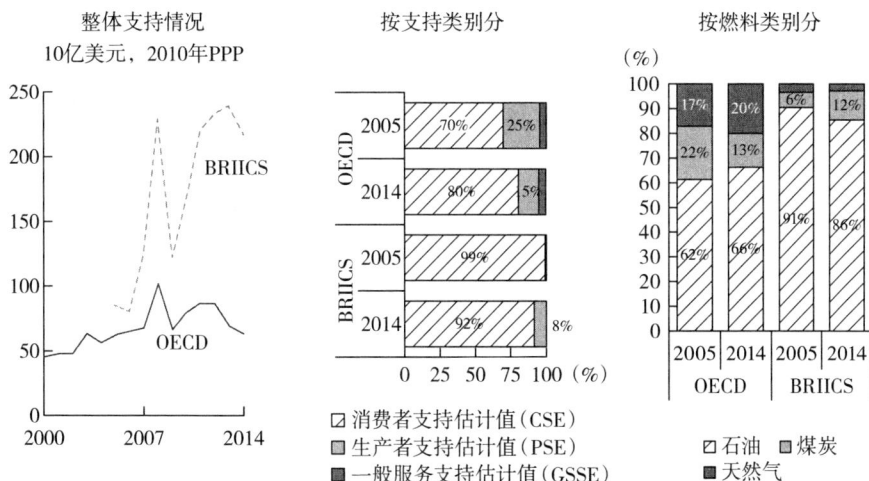

图22　OECD国家和BRIICS国家仍以各种方式支持化石燃料使用

资料来源：OECD, 2016, "Inventory of support measures for fossil fuels"。

参考文献

[1] OECD, 2011, Towards Green Growth: Monitoring Progress: OECD Indicators.

[2] OECD, 2014, Green Growth Indicators 2014, OECD Green Growth Studies, OECD Publishing. http://dx.doi.org/10.1787/9789264 2020 30-en.

[3] OECD, 2017, Green Growth Indicators 2017, OECD Publishing, Paris. http://dx.doi. org/10.1787/9789264268586-en.

[4] Cárdenas Rodríguez M., Haščič I. and Souchier M., 2016, "Environmentally Adjusted Multifactor Productivity: Methodology and Empirical Results for OECD and G20 Countries", OECD Green Growth Papers, OECD Publishing, Paris.

（原载于《重庆理工大学学报（社会科学）》2018 年 11 期，被《新华文摘》全文转载，作者：李维明、高世楫）

加快推进资源革命，确保国家资源安全，促进生态文明建设

　　自工业革命以来，人类对较高物质生活水平的追求使得自然资源消耗迅速扩张，未来资源需求爆炸式增长与其有限供给之间矛盾愈演愈烈，全球自然生态极限不断逼近。现实逼迫人类寻找资源的出路。与此同时，伴随近年来技术创新不断加快，资源观念开始转变，以提升资源产出率为核心的资源革命正在悄然发生。在此背景下，我国加快推进资源革命意义重大，且已具备一定基础。建议政府加快推进资源观念转变，尽快制定并实施中长期资源革命战略；营造有利于技术创新和商业模式变革、提高资源产出率的良好政策与制度环境；加快研究并构建以自然资本效率为核心的绿色经济发展理论，深化认识，更加自觉地推动资源革命；加快相关法律、政策、技术等保障体系建设。

一、资源革命的理论与逻辑起点

　　从世界工业化发展历程看，18～19世纪的工业化主要面临的是

人力资源（如劳动力）和人造资本（机器、厂房等）稀缺而自然资本相对宽余的矛盾，需要通过发展机器等人造资本来以机器代替人，进而大幅度提高劳动生产率（亚当·斯密《国富论》，1776）。进入 21 世纪，伴随人口增长和经济发展，主要矛盾变为地球人口过多而自然资本稀缺，自然资源对经济发展制约性的日益突出，使得资源效率成为自然资本稀缺背景下的首要效率，重视自然资本效率视野下的资源产出率问题就成为资源革命的理论与逻辑起点。

（一）资源产出率与资源革命的基本内涵

资源产出率是衡量一个经济体在生产过程中使用自然资源的有效性。从本质上看，指的是单位资源消耗所产生的经济增加值或产出，通常作为与劳动生产率和资本生产率相并列的宏观经济概念（盛馥来、朱大建，2015 年）。狭义的资源产出率只考虑经济系统输入端的自然资源（日本环境省、英国内阁办公室等），包括水生产率、土地生产率、能源生产率、矿产资源产出率；广义的资源产出率（又称资源生产率或自然资本效率）还包括输出端的环境污染（德国联邦统计办公室等），分为碳生产率、污水生产率、废气生产率以及固体废弃物生产率等。热力学第一定律表明，物质和能源不能自行产生和灭亡，从环境中获取的每吨材料或能源最终必将返回到环境中去。当然，单位产出使用的自然资源越少，潜在的废弃物就会越少。提高资源产出率意味着用较少的自然资本消耗来获得较高的经济产出或实现同样（或者更多）的服务，也即意味着不会危及或者损害到福利甚至意味着更好的福利。

资源革命这一概念最早由麦肯锡全球研究院（MGI）Richard Dobbs 等人于 2011 年提出，认为通过推进技术与模式创新以及财税补贴相关制度改革，可以实现以资源产出率跃阶为特征的资源革命，进而满足未来全球的能源、原材料、粮食和用水需求。随后，2014 年，斯蒂芬·赫克和马特·罗杰斯在其著作《资源革命：如何抓住一百年来最大的商机》中对资源革命给予了系统解释，他们认为，18 世纪末 19 世纪初的第一次工业革命，瓦特的蒸汽机大幅提高了劳动生产率，带来了有限责任公司，并推动了其规模增长；19 世纪末到 20 世纪初的第二次工业革命，是以资本为基础的革命，给这个世界带来了石油、电网、汽车、马路、带电梯和空调的摩天大楼以及其他许多需要大量资本配置的发展；目前面临的第三次工业革命，是第三类生产要素的革命，也即资源革命，是对信息技术、纳米材料技术、生物学详细了解，外加工业技术和基础设施，这些综合起来将使得能源、交通、建筑、水、农业、金属和其他所有主要商品领域内出现生产率的急剧提高，从而释放出发展的巨变和巨大的增长潜力。

据此，作者认为，资源危机的末日预言，将被资源革命打破，资源产出率将引领趋势，其带来的资源产出率足以让发展中国家的 25 亿新中产阶级成员享受到清洁干净的空气、水以及整洁的城市。UNEP 刚刚发布的《全球物质流与资源产出率报告》（2016），通过首次对过去 40 年全球经济活动中的物质流进行分析，同样认为伴随全球物质消耗的加剧，资源产出率将成为全球优先的政治和政策议程之一；同时，伴随未来全球数以亿计的人摆脱贫困以及中产阶级规模的扩张，构建繁荣公平合理的世界必须要借助新科技对现有的生活方式和消费行为进行重大变革。

综上，资源革命的实质就是以提高资源产出率为目标，通过技术和制度创新，尤其是推动新技术如移动互联网、云计算、大数据、生物工程、新能源、新材料等与资源生产和消费行业的深度融合，进而推动资源开发和利用方式变革，提升资源产出率，实现可持续发展。

资源革命的特征见下图。

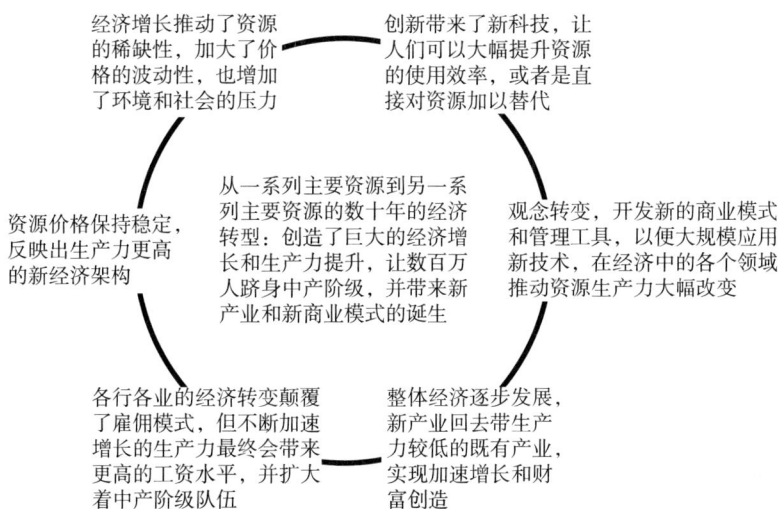

经济增长推动了资源的稀缺性，加大了价格的波动性，也增加了环境和社会的压力

创新带来了新科技，让人们可以大幅提升资源的使用效率，或者是直接对资源加以替代

从一系列主要资源到另一系列主要资源的数十年的经济转型：创造了巨大的经济增长和生产力提升，让数百万人跻身中产阶级，并带来新产业和新商业模式的诞生

资源价格保持稳定，反映出生产力更高的新经济架构

观念转变，开发新的商业模式和管理工具，以便大规模应用新技术，在经济中的各个领域推动资源生产力大幅改变

各行各业的经济转变颠覆了雇佣模式，但不断加速增长的生产力最终会带来更高的工资水平，并扩大着中产阶级队伍

整体经济逐步发展，新产业回去带生产力较低的既有产业，实现加速增长和财富创造

图1　资源革命的特征

注：参考斯蒂芬·赫克和马特·罗杰斯（2014）。

与此同时，我们认为，资源革命应该包括资源供给革命、资源消费革命，其根本是资源技术革命，其保障是资源体制革命，并受到资源国际合作与资源全球治理等影响。

本报告重点探讨新技术与资源生产和消费领域融合所带来的资源产出率的提升。具体而言：①新技术与资源消费领域融合是提高资源产出率的重要手段，能够为抑制不合理资源消费、促进资源消费转型打下技术基础，是形成资源节约型生产和消费新模式的重要途径。②新技术与资源生产领域融合是发展多层次资源供给的重要支撑，只有通过技术创新推动新资源开发、替代与应用，才能有效加强资源供给基础设施建设，为建立多元供应体系打下基础。③新技术与资源领域融合是推进资源价格市场化改革的重要手段，通过技术创新降低成本，提高新资源、新材料的经济性，带动产业创新和商业模式创新，从而为市场化价格机制的形成和构建有效竞争的市场结构和市场体系创造条件。④新技术与资源领域融合能够有效提升资源发展水平，缩小与发达国家资源科技发展差距，进一步促进国内外资源项目对接，提高资源产业国际竞争力，从而为加强国内外资源交流协作，建立全方位国际合作关系奠定基础。

（二）重视自然资本效率视野下的资源产出率问题成为资源革命的必然

以亚当·斯密的《国富论》（1776）为历史起点，经济增长理论经历了从古典经济增长理论到现代经济增长理论的演进历程。然而，从古典经济学到新古典经济学，从哈罗德—多马的经济增长理论，再到索洛的经济增长理论和新增长理论，资源都不是经济增长的决定性因素，而且总是可以被完全替代和相互替代（见下表）。经济增长理论将自然资源问题演绎为单纯的生产成本问题，而有关自然资源的决策最后都演进成最优投资决策问题，经济增长被认为只是资本、技术、储蓄率、就业等的函数，资源理所当然能够相互替代或被其他生产要素所替代，其并没有认识到自然环境对经济增长的制约，没有看到地球边界，并不能有效解释伴随资源的日趋耗竭，技术替代未能很好解决资源稀缺性问题。这些忽视人对自然界的依赖性及无视自然资源特性的思想，是以市场为主要研究对象的现代经济体系所固有的缺陷。受这些传统经济学理论的影响，我们更多关注如何提升劳动生产率和资本生产率。尽管近年来，国际货币基金组织、世界银行、世贸组织和经合组织等主流宏观经济机构逐渐认识到了自然环境的变化，特别是气候变化对宏观经济的表现具有实质性影响，开始研究相关问题，但宏观经济学作为一门学科，尚未能系统地涵盖资源生产效率问题。

事实上，"自然资本已成为经济发展的限制因素"的呼声在20

世纪 70 年代以后越来越大，尤其 80 年代以来在世界上兴起的生态（绿色）经济学理论被认为是对主流经济学有变革意义的经济思想。生态（绿色）经济学理论的核心观点是：当前人类正面临着一个历史性的关头——限制人类继续繁荣的不再是人造资本的缺乏，而是自然资本的缺乏。比较具代表性的有，1972 年诺德斯等人提出生物圈存在着"增长的极限"，并于 1992 年提出"地球边界"和"环境阻力"概念；美国学者戴利（2011）也指出，随着经济系统的快速增加，世界已经从"空的世界"变成"满的世界"，主张"把经济看作生态系统的子系统"，关注二者的协调发展；2009 年洛克斯特朗等近 30 位著名科学家联名在《自然》上提出"人类活动的安全范围"，指出当前人类活动已经破坏了地球的生态环境系统，这一变化不可逆转；Hallegatte 等人（2011）认为从技术可行性上讲，人们普遍认识人造资本和人力资本对自然资本的替代是有限的，当自然资本的破坏接近临界值时，社会的总供给能力可能趋于零，新古典理论中的替代尤其是技术进步对物质资源的替代并不完全成立。

与传统的经济增长理论不同，生态（绿色）经济理论将自然资本作为重要组成部分纳入到生产函数，使其成为与人力资本和人造资本并驾齐驱的第三大生产要素。这是因为，"绿色增长意味着促进经济增长和发展的同时确保自然资产能持续地提供人类生存发展所需的资源和生态服务"（OECD，2011）。因此，当自然资本成为经济发展的内生变量时，持续的经济增长就开始受到自然资本的约束（包括数量有限的不可再生资源、再生能力有限的可再生资源，以及有限的生态服务功能等）。一些机构也已经开始从资源效率着手研究经济增长问题。实际上，英国著名的能源问题专家 Anderson.D（2001）曾把自然资源纳入生产函数，并由此对生产函数进行重构，分析其对经济增长的影响。随后，经合组织（2008、2015）出版了关于物质流及资源产出率的框架性报告，并据此对各国资源产出率进行测算，进而提出了提升资源产出率、应对未来全球资源危机的对策建议。联合国环境规划署和同济大学（2015）初步构建了一套基于资源产出率的绿色经济理论分析框架，重点探讨如何针对地球边界制约，通过总供给和总需求的改变来创建并积累新一代资本，变制约为契机，拉动新型经济增长、就业和社会发展。

表1　　　　　　　　主流经济学中的生产率取向

理论学派	代表人物	主要观点	生产率取向
古典经济增长理论	配第（1662）	土地为财富之母，而劳动则为财富之父和能动要素	劳动生产率
	亚当·斯密（1776）	财富增长一靠劳动数量、分工的发展和资本的积累，二靠劳动效率	劳动生产率
	马尔萨斯（1798）	经济增长与人口原理联系在一起。人口增长与产出增长是不同步的。以人均产出表示的经济增长会受到人口增长的限制	劳动生产率
	萨伊（1814）	在生产三要素（劳动、资本和自然力）中，把资本积累视为财富增长的基本源泉	资本生产率
	李嘉图（1821）	资本积累决定生产力发展	资本生产率
	马克思（1844）	生产力是由土地、劳动、资本和技术构成，但劳动是全部价值的本质	劳动生产率
新古典经济增长理论	哈罗德—多马模型（1940）	资本积累对经济增长具有决定性作用	资本生产率
	Solow模型（1956）	强调技术进步对经济增长的推动作用	技术进步
	Arrow（1962）	知识溢出和边干边学	将技术内生化
	丹尼森（1962、1967）	把观察到的国民收入增长分解成其构成元素、以便说明经济增长的原因的技术	劳动和资本质量的改进、产业内资源转移、规模经济、知识应用时延等

理论学派	代表人物	主要观点	生产率取向
新古典经济增长理论	Uzawa（1965）	教育投入与技术进步	技术进步
	Lucas（1988）	人力资本溢出	将人力资本内生化
	Romer（1990）	知识积累和人力资本积累	人力资本

资料来源：参考朱远（2009）研究。

总之，自然资源乃至自然资本是经济社会发展必不可少的生产要素，是人造资本积累和维系的保障，又不可被人造资本完全替代。自然资本的有限性就必然会制约人造资本积累为导向的经济增长。中国需要创新性地形成一个自然资本稀缺条件下的大国发展模式，关键就在于提升资源产出率，推动资源革命，转变经济发展方式，从资源高投入、高污染和高增长的短期发展模式转向资源低投入、低污染和经济适度增长的可持续发展模式，实现经济增长同资源使用以及生态环境破坏的"双脱钩"。

二、全球资源革命已初现端倪

（一）全球自然生态极限正在逼近

人类活动与自然生态系统之间的冲突表现为：人类社会从自然生态系统中提取自然资源和获得生态服务，用于生产、消费和享受，同时向自然系统中排放废弃物，从而对生态系统产生巨大的破坏和负面影响。长期以来，我们往往认为自然资源是无价值的，或者只重视其经济价值而不顾及其生态价值和社会价值，结果导致了资源的无偿占用、掠夺性耗竭性开发，以及造成资源的浪费和损毁、生态环境的破坏和恶化，成为可持续发展的关键性制约因素。以矿产资源为例，经过工业革命 300 年的掠夺式开采，全球 80% 以上可工业化利用的矿产资源已从地下"转移"到地上，并以"垃圾"形态堆积在我们周围，总量已达数千亿吨，并且还在以每年 100 亿吨的数量增加。人类社会经济活动对生物圈产生的这种巨大压力正以很快的速度逼近或已部分达到地球生态系统承载力的极限。20 世纪 70 年代 Meadows 等人发表了《增长的极限》，使得人们从漠视自然状态中惊醒，开始认识到文明的进步必须受外部条件的制约，包括地球空间的有限性、资源稀缺的日益加剧以及环境自净能力的限制。据罗克斯特朗姆等（2009）研究，全球气候变化、人类对自然界氮循环的干扰以及生物多样性的丧失三项指标已经超出了地球的边界。尽管地球边界的概念和说法也还需进一步推敲和验证，但既存的大量事实和众多的类似研究都向我们敲响了警钟：人类物质文明的发展对自然生态系统造成的负面影响是不容忽视的，这些影响将制约社会经济的持续增长。为了阻止自然极限的到来，在全球实施可持续发展战略，一条切实可行的途径就是大幅提高资源产出率，弱化人类社会系统与自然系统之间的物质流和能量流联系，减轻人类活动对生物圈的总体压力和破坏，并使之降低到生态系统承载力的范围内。

（二）未来世界资源需求爆炸式增长与其有限供给之间的矛盾愈演愈烈

自工业革命以来，全球资源需求急剧上升。目前全球资源消耗量比 1980 年翻一番，较 1900 年增长 10 倍，2010 年直逼 720 亿 GT，预计 2030 年将达到 1000 亿 GT（OECD，2015）。今天的地球上养活 20 亿中产阶级已经承受了巨大的压力。未来 15 ~ 20 年，来自中国、印度和其他发展中国家的 25 亿 ~ 30 亿人将陆续步入中产阶级，同样将需要丰富的物质消耗来支撑。到 21 世纪中期，全球人口将达到或超过 90 亿，其中相当一部分目前尚处于资源贫困中，特别是金砖国家的人口，无法满足能源、水和食物等基本生活需求：约有 3 亿人用不上电，27 亿人使用传统的薪柴灶做饭，约 9.25 亿人营养不良，8.84 亿人缺乏安全饮用水（UN，2012）。而这部分人群生活品质的改善，势必带来资源消耗的迅速增长。《地球生命力报告 2014》（WWF，2014）显示，如果延续目前资源消耗趋势，到 2030 年即使两个地球也不能满足人类对自然资源的需求。

在上述背景下，人类对于自然资源的需求呈爆发性增长，必将导致大量不可控的碳排放和全球变暖、水资源危机和战争、全球自然生态系统恶化和环境污染、生物多样性锐减等。未来全球资源革命正是应对世界资源需求爆炸式增长与自然资源有限供给之间矛盾的迫切需要。目前，国际上一些国家已经开始把提高资源产出率作为破解资源、环境危机，实现可持续发展的一个重要举措。

（三）以提升资源产出率为核心的资源革命正在悄然发生

早在 20 世纪 70 年代，资源产出率开始进入政府视野，其重要性初现端倪。当时围绕能源危机展开的讨论中开始强调"能源效率"，即能源使用与 GDP 的比率。在发达国家的经济中，这一比率在过去 100 年左右的时间内得到了系统的下降：每单位的能源投入能够产生更多的 GDP。进入 90 年代，关于资源产出率理论、方法研究及其应用在国际上开始兴起，随着各国学者对其认识的进一步深入，资源产出率的概念开始引起西方大国和主要国际性组织的重视。1994 年，在德国伍拍塔尔（wuppertal）气候、环境与资源研究所施密特—布雷克发起下，16 位科学家、经济学家、政府官员和企业家联合发表"卡尔诺斯列宣言"（Carnoules Declaration），自称为"倍数10俱乐部"（"Factor 10 Club"），提出资源产出率要有一个飞跃，以扭转日益严重的资源遭破坏的局面。宣言开宗明义地提出："在一代人的时间内，许多国家可以将能源利用、自然资源和其他材料的效率提高10倍"。魏伯乐等（1995）则根据IPAT理论测算，提出了"倍数4"理论，并出版《四倍数——一半的资源消耗创造双倍的财富》。自此以后，"倍数10"和"倍数4"很快成为各国政府议题，奥地利、瑞典和经合组织都极力主张采用"倍数10"的目标。同时，奥地利、荷兰和挪威政府公开承诺，要在不久的将来达到"倍数4"的经济效率。这一方法也得到欧盟的赞同，并将它作为可持续发展的一个范例。1997年联合国在"可持续发展策略"纲要中接纳了四倍数概念。英国可持续发展委员会2003年报告《重新定义繁荣》指出，生活质量的提高不是靠过度消费来实现的，要提高资源产出率，倡导可持续的生产和消费模式。2009年，魏伯乐又用大量实例撰写《5倍级——缩减资源消耗，转型绿色经济》，说明维持经济增长，将资源产出率提高五倍（资源消耗强度减少80%），从而实现全球经济的转型。目前，资源产出率已成为一些主要发达国家实现宏观调控和可持续发展的有效手段和核心指标。据《绿色经济——联合国视野中的理论方法与案例》（2015）测算，1980年以来全球资源产出率总体上升了37%。在全球范围内，加拿大、德国、意大利、日本和英国已经取得经济增长与资源消耗之间的绝对脱钩，其余一些国家资源产出率也有所改善，资源消耗与经济增长尚属于相对脱钩阶段（需要指出的是，目前已取得绝对脱钩的国家在相当程度上是通过将资源密集型行业转移到国外来实现的）。

近年来，世界各国都在加大科技创新力度，推动三维（3D）打印、移动互联网、云计算、大数据、生物工程、新能源、新材料等领域取得新突破。这些新技术与资源依赖性行业的深度融合，使得资源生产和消费方式发生深刻变革，一场以技术创新为重要支撑、以资源产出率提升为核心的资源革命正在悄然进行。以目前比较流行的 Uber、滴滴出行为例，互联网技术已经在提高城市交通运输资源配置效率方面发挥了重要作用。一方面，在传统出租车领域，互联网技术的广泛使用，大大减少了汽车巡游空驶率，缩短了顾客等待时间，提高了整个交通体系的运行效率；另一方面，作为一种典型的"方便使用、不必拥有"共享经济模式，互联网专车、顺风车、拼车等新服务方式的出现，不仅将原本闲置的车辆充分利用起来，使更多人选择不再自己购买私家车，还有助于解决停车难、道路拥堵、尾气污染等大城市难题。来自滴滴出行公司的统计数据显示，其出租车业务覆盖全国 360 个城市 135 万司机，乘客注册总数超过 2 亿，日峰值成交订单超过 1000 万单，出租车空驶率每天平均减少 20% 以上，为 94.7% 的司机提高了 10% ~ 30% 的收入，增加了约 100 分钟休息时间；民众使用移动出行应用的打车成功率提升到 85.8%，平均候车时间仅为 5.4 分钟。全国 130 多万辆出租车每天可减少空驶 40 ~ 50 公里，节油 4 ~ 5 升，年碳排放减少约 730 万吨，同时创造了超过 20 万个就业岗位。新的产业业态使得各类交通运输资源得以充分利用，极大地方便了个性化出行，提高了交通资源使用效率，降低了污染排放，产生了巨大的社会效益。

三、中国推进资源革命意义重大

（一）是大幅提升资源产出率、引领全球资源革命的必然选择

我国资源利用效率与世界水平差距很大，仍处于资源产出率最低

的国家之列，土地、淡水、能源、矿产资源和环境状况已对经济发展构成严重制约。根据 OECD 测算，2014 年中国能源产出率为美国的75%、德国的 49%、日本的 55%；2012 年我国非能源资源产出率仅相当于美国的 21%、德国的 16%、日本的 9%。不难发现，我国经济社会发展对能源和其他物质资源的依赖比发达国家要大很多，且这种外延扩张型的经济发展模式和要素投入的高增长状态并不能长期维持下去，因此我国应比发达国家更加重视以提升资源产出率为核心的资源革命。

与此同时，当前及未来一段时间，我国仍是全球资源需求大国，中国资源产出率大幅提升必将为全球资源环境可持续发展作出巨大贡献。据《BP 世界能源统计年鉴》及国土资源部数据，2015 年中国能源消费占全球 22.9%，钢材消费占全球 47%，铜占 50%，铝占 55%，均居世界第一。预计未来 20 年，中国能源消费增速将保持年均 4.5%，需求高峰期将在 2030～2035 年间到来。预测粗钢需求平台期将持续10 年左右，年均铁矿石需求 9 亿～10 亿吨（标矿）。预测未来 20 年，铜资源累计需求量 2.5 亿吨，是过去 60 年消费总的的 3.3 倍；铝资源需求量 3.7 亿吨，是过去 60 年的 3.7 倍。强劲的资源需求为我国提升资源产出率提供了机遇和挑战，我国推进资源革命势必对全球资源需求产生深远影响，以中国为首的发展中国家也必将在未来世界资源革命中起到积极的引领和带动作用。

（二）是保障国家资源安全乃至国家安全的战略需要

习近平主席在主持召开中央国家安全委员会第一次会议时强调，坚持总体国家安全观，走中国特色国家安全道路，并明确提出了包括资源安全和生态安全在内的新国家安全观。由此可见，国家资源安全是国家安全体系的重要组成部分。资源安全是指一个国家或地区可以保质保量、及时持续、稳定可靠、经济合理地获取所需的自然资源及资源性产品的状态或能力。目前我国的资源安全状况并不乐观，国内环境形势喜忧参半，国际环境形势错综复杂。

推进以资源产出率为核心的资源革命，可以有效推动资源调查战略实施，强化我国资源之基础；可以有效推动资源保护战略实施，增强我国资源可用性；可以有效推动资源储备战略实施，增强我国资源后备力；可以有效推动资源配置战略实施，增强我国资源支撑力；可以有效推动资源节约战略实施，提高资源利用之效率；可以有效推动资源替代战略实施，减缓短缺资源之压力；可以有效推动资源创新战略实施，提升资源创新支撑力；可以有效推动资源贸易战略实施，提升国外资源统筹力；可以有效推动资源合作战略实施，提升国际资源影响力；可以有效推动资源外交战略实施，提高资源外交保障力。总之，推进资源革命是提升我国资源安全水平的战略需要。

（三）是破解资源环境危机、加快推进生态文明建设的重要举措

改革开放以来，我国经济社会迅速发展。作为新兴经济体快速工业化和城市化的典型，我国物质生活水平的快速提高伴随着人均资源消耗量的大幅增加，资源的耗竭性开采和利用以及随之而来的环境压力。虽然其他国家也曾经历过快速的发展阶段，但是我国的产业转型在其影响的绝对人口数量上是史无前例的。人均资源消费的快速增加与巨大人口总量相结合，导致中国从 20 世纪 70 年代的相对适中的资源消费国在进入 21 世纪以来一跃成为主导全球资源消费增长的国家。尽管我国在提高能源效率和资源产出率方面取得了一定进展，但由于

前期经济增长长期保持 10%，大大超过了同期资源和能源生产率的改进速度，加之高度出口导向性经济发展模式，同时还要保持相对较高的资源自给率，导致在人口稠密的国土上施加了资源开采与加工造成的巨大环境压力（UNEP，2012）。未来对于处于工业化中后期的我国来说，经济社会发展所需的自然资源消耗仍会增长，必然导致资源的耗竭，减弱国家可持续发展的能力，同时会造成严重的环境污染和生态破坏问题，这是中国经济和社会发展将面临的一个重要挑战，迫切需要采取有效措施加以解决。

推进以资源产出率为核心的资源革命，从经济维度来看，意味着以更少的自然资本投入换取更多的人造资本服务，即实现产品与服务的原材料强度和能源消耗强度最小化，资源消耗水平的下降意味着经济产出的整体要素投入成本得以降低；同时，产品或服务价值的增加，意味着一国在资源消耗不变的情况下，创造了更多的社会财富，从而使得社会的整体福利水平得以提升。而从环境维度来看，提高资源产出率将减少生态环境压力。因为其不仅仅是关注经济系统中资源输入端的生产率，还要更关注污染排放端的生产率，进而实现整个生态系统中有毒物质扩散的最小化。总之，中国推进资源革命，实现资源节约、环境保护、生态保育，是破解资源环境约束、促进经济发展方式转变的重要途径，也是体现"尊重自然、顺应自然、保护自然"，加快推进生态文明建设的必然选择。

（四）是增加就业机会、激发企业活力的动力源泉之一

推进以资源产出率为核心的资源革命，从社会维度来看，将可能创造更多的就业机会。因为提高资源产出率要求增加原材料的循环利用率，延长产品的使用寿命，增加产品与服务的供给力度。这

必然有赖于一系列针对产品生产、保养、维修、服务以及再利用活动的密集劳动的投入。实际上，供应链的全过程都可能创造更多的就业机会，当然也孕育着巨大的商机。"只要人们从一次性原则转向耐用性原则，就能创立新的劳动岗位，取代趋于消逝的一次性产品生产中的劳动岗位。从净值上看，新设立的劳动岗位将多于消失的劳动岗位。"（拉封丹、米勒，2000）这样的就业特点正好迎合了中国劳动力资源丰富的国情，也为中国未来从传统的制造向服务经济转型做了积极的准备。与此同时，技术创新是经济增长的源泉，也是实现可持续发展的必要条件。在资源约束与环境压力的市场条件下，企业技术创新已经由简单地提高劳动效率和资源利用效率扩大到节约资源、保护环境。尤其在大众创业、万众创新背景下，提升资源产出率将促使企业采用新技术、新生产流程和新管理方法，更有效地运用原料、能源，甚至人力等资源，降低生产成本，提高产品价值。这些新的措施将引领产业创新、加速社会创新、增加企业活力，这其中也酝酿着巨大财富和商机，尤其在污染控制与管理、废物收集与处理、可再生能源和资源再生利用等领域，必然会带来更多经济增长机会，对优化投资结构、培育消费需求、推动自主创新、加快结构调整、促进产业升级都具有重要意义。

四、我国推进资源革命已具备一定基础条件

（一）政府重视程度提高

我国政府一直以来十分重视资源节约问题。进入 20 世纪 90 年代（1991～1995 年），国家开始强调耕地保护和节约用水问题，而此时主要立足于资源本身，较少与经济发展联系起来。1996～1998 年

这一时期，我国资源政策一个重大调整和变化便是明确提出经济增长方式由粗放型向集约型的转变，这对资源利用方式提出了新要求，资源节约的要求更为迫切。1999～2000年，是加强生态环境建设的时期，国家明确提出要实行世界上最严格的土地管理制度，重点管好、用好和保护好耕地资源。2004年的政府工作报告高度关注资源瓶颈问题，提出形成资源节约的生产方式和生活方式，建设资源节约型社会；提出实行最严格的耕地保护制度。同年4月，国务院办公厅下发了《关于开展资源节约活动的通知》，决定在全国范围内开展资源节约活动，全面推进能源、材料、水、土地等资源的节约和综合利用。2005年10月，党的十六届五中全会明确提出"建设资源节约型、环境友好型社会"的号召，并且把建设资源节约型、环境友好型社会写入《国民经济和社会发展第十一个五年规划纲要》，并首次将单位GDP能耗和污染物排放总量列为约束性指标，实践证明是非常有效的举措。随后，2007年的政府工作报告，明确提出"一定要守住全国耕地不少于18亿亩这条红线"，要求抓紧完善和严格执行节约集约用地标准。

"十二五"期间，国家对于资源产出率的认识更为深刻，重视程度也越来越高。政府相继出台了"节能降耗""节能减排""节水"和"集约用地"等一系列具体的绩效考核指标。先是《"十二五"节能减排综合性工作方案》（国发〔2011〕26号）和《节能减排"十二五"规划》（国发〔2012〕40号）的出台，明确了单位国内生产总值能耗降低率、主要污染物排放总量等约束性指标。随后，《国土资源"十二五"规划纲要》（国土资发〔2011〕70号）和《国务院关于实行最严格水资源管理制度的意见》（国发〔2012〕3号），分别提出单位国内生产总值建设用地面积、万元工业增加值用水量降低率的目标。《国民经济和社会发展第十二个五年规划纲要》除明确提出"十二五"单位 GDP 能耗和二氧化碳排放降低率、单位工业增加值用水量降低率、主要污染物总量减少率等指标外，还在第二十三章"大力发展循环经济"中要求按照减量化再利用资源化的原则，减量化优先，以提高资源产出率为目标，推进生产流通消费各环节循环经济发展，加快构建覆盖全社会的资源循环利用体系。2013 年，《国务院关于印发循环经济发展战略及近期行动计划的通知》（国发〔2013〕5 号），更为具体地明确了"十二五"时期循环经济发展主要指标，包括主要资源产出率比"十一五"末提高 15%；2015 年能源产出率比 2010 年提高 18.5%，水资源产出率提高 43%，建设用地土地产出率提高 43% 等。

进入"十三五"以来，《国民经济和社会发展第十三个五年规划纲要》明确提出，"十三五"期间万元 GDP 用水量下降 23%，单位 GDP 能耗降低 15%，单位 GDP 二氧化碳排放降低 18%，主要污染物排放总量减少 10% ~ 15%。《国土资源"十三五"规划纲要》进一步明确提出，到 2020 年，建设用地总量得到有效控制，单位国内生产总值建设用地使用面积降低 20%，主要矿产资源产出率提高 15%。

总之，从党的十八大把生态文明建设放在"五位一体"总体布局的突出地位，到《生态文明体制改革总体方案》明确要求"加快建立系统完整的生态文明制度体系，重点完善资源总量管理和全面节约等制度"，再到《国民经济和社会发展第十三个五年规划纲要》突出强调"坚持绿色发展和推进资源节约集约利用"，这些都预示着国家对资源环境问题的重视程度上了更高台阶。当今世界正处在绿色发展转变的关键节点上，各国也已掀起以提升资源产出率为主要目标的"资源革命"浪潮。在此背景下，政府重视程度的不断提高，包括从理念认识、体制机制、制度安排等方面进行的一系列积极改革和探索，必将为我国推进资源革命提供强有力的保障。

（二）市场环境不断完善

自 1992 年邓小平"南方讲话"后，党的十四大明确提出要建立社会主义市场经济体制。1993 年，十四届三中全会通过《中共中央关于建立社会主义市场经济体制若干问题的决定》，对社会主义市场经济体制的基本框架作了规定，此后我国的市场经济体制进入正式建设和完善时期。

随着国民经济的快速发展，我国社会主义市场经济体制已经确立起来，并在实践中不断改革和完善。政府职能改革不断推进，法律环境不断健全，市场监管不断加强，资源的市场化程度、对外开放程度不断提高，政府逐步以市场化手段来配置和管理资源要素，土地、水、电、环境容量等资源逐步形成反映资源稀缺程度的价格调节机制，市场对资源要素配置的基础性作用得到有效发挥，要素集约利用水平明显提高，较好适应经济增长方式逐步转型。同时，原来高度集中的计划价格体制发生了根本性转变，市场机制在商品和服务价格形成中已经占据主导作用，资源价格形成机制改革逐步深化。重点措施包括：落实差别电价政策，推行居民生活用电阶梯式累计电价与城镇居民生活用电峰谷分时电价改革。建立取水和用水有偿使用制度，完善水资源的收费政策，逐年提高水资源收费标准，建立能够反映水资源的紧缺程度，有利于合理用水、节约用水和水资源收费的体制机制。积极探索对居民生活用水逐步推行阶梯式计量水价制度，对非居民用户逐步实行超定额用水累进加价办法。试行排污总量控制及排污权有偿使用办法。积极推行用市场化手段实现污染减排。启动尝试推行排污权交易和排污权有偿使用制度等。资源性产品价格形成机制以及资源更新和保护的价格补偿制度不断完善。此外，还明确提出了两种资源、两个市场，鼓励国内企业合作开发境外资源，不断提升利用国外资源的层次，从"保护国内资源、利用国外资源"向"节约国内资源、利用国外资源"转变，进而向"节约利用国内资源、合作开发国外资源"转变。这些都为我国推进资源革命、提升资源产出率提供了良好的市场环境。

（三）技术创新不断提速

伴随中国经济步入新常态，实现转型升级、提质增效成为中国经济发展的关键。自工业革命以来的人类历史表明，重大技术革命是推动经济转型升级的巨大动力。从 20 世纪四五十年代开始的新科学技术革命，是以原子能、电子计算机、空间技术和生物工程的发明和应用为主要标志，涉及信息技术、新能源技术、新材料技术、生物技术、空间技术和海洋技术等诸多领域的一场信息控制技术革命，被称为"第三次科技革命"。它是人类文明史上继蒸汽技术革命和电力技术革命之后科技领域里的又一次重大飞跃。第三次科技革命所涌现出来的诸多新技术，不仅极大地推动了人类社会经济、政治、文化领域的变革，也影响了人类生活方式和思维方式。随着科技的不断进步，人类的衣、食、住、行、用等日常生活的各个方面正在悄然发生改变，与此相关的资源生产和消费也在酝酿着重大变革。

特别需要指出的是，近年来，信息通信技术革命方兴未艾，进入加速推进时期，开始引领新一轮技术革命浪潮。当前以物联网、云计算、移动互联网以及大数据为代表的新一代信息技术突飞猛进，已经对资源生产和消费的方式和理念产生了深刻影响。信息化推动传统产业转型升级，从第一产业、第二产业到第三产业，包括资源依赖性行业在内的各行各业均不同程度受到信息化的渗透，甚至发生颠覆性变化。商贸物流金融等传统服务业资源环境友好性更为突出，制造业呈现出智能化、网络化、模块化、柔性化等新特点，资源产出率由此获得大幅提升。2015 年政府工作报告还提出了"互联网 +""中国制造 2025""大众创业、万众创新"等战略。在国家这一系列激励性政策支持下，在国家加快推进生态文明建设以及城镇化、工业化、信息化、农业现代化、绿色化"五化同步"深度融合的大背景下，我国技术创新速度必将持续不断加快，也必将为我国推进资源革命提供强有力的技术支撑。

（四）先进经验可供借鉴

近年来，国外尤其是一些欧盟国家已经制定并开始实施资源产出率倍增战略，构建了一整套完整的政策和技术支撑体系，其做法和经验可供我国政府借鉴。同时，在国外一些行业已经产生了一批新技术和资源生产与消费行业深度融合的成功案例，也为我国推进资源革命提供了有益借鉴。如交通运输业的特斯拉、Uber 和 Zipcar，利用信息互联网技术进行大规模网络连接，尤其借助信息平台以订阅方式租赁汽车，使得资源利用率大幅提升；电力行业的 C3Energy、Opower 和 Solar City，借助大数据和物联网等高新技术，进行数据系统集成和整合，进而提供个性化能效提升（节能）服务，引领商业模式创新；农业的 Hampton Creek Foods 和 Kaiima，将材料替代延伸到食品生产领域，实现了资源节约和成本降低，经济社会效益显著；建筑业的 Cree、DIRTT 和 Nest Labs，借助虚拟化技术打造数字化平台，积极探索并推进与物理世界"脱钩"。此外，公共部门作为一个非常重要的消费者，其对消费模式的引领作用亦不可忽视。如韩国首尔市政府通过推动资源共享计划来减少资源浪费，通过扩大共享基础设施，促进现有的共享服务企业，孵化共享创业企业，利用闲置的公共资源和提供数据共享机会来使共享经济惠及全体市民。再如美国的回收银行对可持续消费行为给予经济回报，消费者可以通过废旧物品的回收利用来获取经济价值等。

在国内，近年来也出现了一些通过理念方式方法等创新实现资源产出率倍增的先进经验，值得学习借鉴。如国内一些建筑企业，从技术变革广度到技术创新深度，从资源整合强度到信息梳理密度，从建筑工业模式到建筑消费模式等，都在颠覆人们的固有思维：高度抗震、高倍节能节材、高级净化、耐久可循环、无醛铅辐石棉建材、无扬尘污水垃圾施工等；而颠覆性最强的是其高效的建造方式（以工厂化制造为主，工厂化程度远远高于世界最高水平），建筑现场安装施工量占整个建筑用工量的比例非常之小。再如互联网专车、拼车等服务方式的出现，让我们看到了互联网技术在推动建立面向未来城市出行需求，实现高效率、低污染、低碳化的个性化出行的都市租车市场愿景。对于处于城市化快速发展进程中的我国而言，应将这种愿景嵌入我们未来"互联网+"便捷交通、智能交通的发展设计中。

五、积极推进资源革命，保障国家资源安全

（一）加快推进观念和认识转变，提高全社会对资源革命的重视程度

1. 要充分认识到在当前技术创新步伐不断加快背景下，提高资源产出率是化解经济发展和资源环境矛盾的一个重要途径

要重视资源稀缺性问题，充分意识到依托新技术融合在全社会提高资源产出率是经济发展的机遇而非制约，对我国推进生态文明建设、

加快转变经济发展方式、实现经济结构战略性调整意义重大。

2. 要充分意识到提高政府对资源革命的重视力度，核心就是要促进资源产出率政策的主流化

鉴于发展经济和消除贫困仍是现阶段我国最大的任务，我国一直以来的经济政策，往往是以增加经济系统的一次物质吞吐量来实现经济增长。发展仅仅是劳动生产率的增加，自然资源是无价值的或者只重视其经济价值而不顾及其生态和社会价值。这种主流经济发展模式往往和资源产出率提升是有冲突的。决定一个国家资源产出率总体水平往往不是那些独立的专门的资源产出率政策的实施效果，而是取决于主流的经济战略与政策在多大程度上促进还是遏制资源产出率的提升。

3. 要在社会范围内多渠道、多方式进行有利于推进资源革命的思想变革

包括向企业灌输资源产出率理念，鼓励企业推进新技术融合，并将这一理念融入企业的组织文化和内部激励系统中；引导社会向自然资源恢复和扩大自然资源存量领域投资；让全社会意识到资源稀缺性问题，引导公众在选择商品时以资源产出率作为判断价值的标准，并且转变产品"拥有"的观点，转向购买产品"服务"。

4. 还要积极开展新技术与资源依赖性行业融合的试点示范项目并对不可持续的生产和消费行为的风险开展成本收益分析

在研究和实践基础上，将有关成果加以广泛宣传，提高对资源产出率以及产品全生命周期环境影响和资源能源消耗成本的认识。

（二）尽快制定并实施中长期资源革命战略规划

1. 加快制定并实施中长期资源革命战略规划

以提升资源产出率为核心，以加快新技术与资源生产和消费行业深度融合为主线，坚持市场主导与政府引导、立足当前与着眼长远、整体推进与重点突破等思路，并结合我国资源国情，兼顾国际接轨，尽快制定并实施中长期资源革命战略规划（如"资源革命战略规划2030""资源强国战略2030"等），提出易于向公众交流的资源产出率中长期倍增目标（核算品种可以参照 OECD 核算框架适度拓宽），资源供给革命目标、资源消费革命目标、资源体制革命目标、资源技术革命目标、资源国际合作与全球治理目标等，形成清晰的方向感和在长期效益上的聚焦；并将资源产出率目标同主流的经济和部门发展战略更好地结合起来，以增强不同政策议程之间的协同作用，推进资源产出率政策的主流化。

2. 明确资源革命战略的重点领域

在资源消费领域，重点依托现有最佳实用技术及新技术创新与应用，发展绿色新型产业和对高消耗、高排放的第二产业进行减物质化的技术改造和提升，抑制不合理资源消费、促进资源消费转型、推动产业升级，最大限度提高资源产出率。在资源供给领域，注重依托新技术，加快供给侧改革，形成多元供应的局面，加快储运配基础设施建设，尤其注重发展绿色建筑和节地、节能、节材、节水的城市基础设施建设。在资源技术领域，以安全、高效、经济、绿色为方向，注重信息技术、纳米材料科学、生物学和工业技术融合，大力推进资源替代、优化、虚拟化、再循环、浪费消除等技术创新。在资源体制领域，注重旨在促进新技术融合的顶层设计，进一步完善资源价格形成机制和构建有效竞争的市场结构和体系，推动全民所有自然资源资产所有者职责和所有国土空间用途管制职责的统一行使，促进资源产出率提升。此外，要积极参与资源全球治理与国际合作，尤其是绿色技术领域的交流与合作，增强我国在全球资源领域的综合竞争力和话语权。

（三）营造促进资源革命的良好的政策与制度环境

1. 进一步严格和强化节水、节能、节地、节材、节矿以及资源再生利用、废弃物处理等方面法律法规标准

进一步明确资源转化、污染预防、废物减排的政策目标，尤其鼓励新技术、新材料、新能源在资源生产和消费领域的应用，加速循环经济转型和资源产出率提升。实施科学规范的行业准入制度，制定和完善制造业节能节地节水、环保、技术、安全等准入标准，加强对国家强制性标准实施的监督检查，统一执法，以市场化手段引导企业进行结构调整和转型升级。

2. 进一步深化资源领域改革与开放，营造公平竞争的市场环境

进一步完善市场经济体制，深入实施新一轮高水平双向开放战略，充分发挥市场作用，尤其是其作为配置资源的决定性作用以及企业和社会作为投资源泉的作用，引导企业加大研发投入、进行技术和商业模式创新；政府更重要目标是公平地制定和执行规则，最大限度地消除各种有形和无形壁垒，尝试在资源全领域建立以负面清单为核心的投资管理制度，充分利用国内外资本和先进技术经验，加大在资源勘查、开发、转化、替代、综合利用和二次循环利用等领域合作。

3. 进一步完善资源领域配套制度改革

政府要加快资源税费制度改革，坚持清费正税原则，建立符合世界标准又适合我国国情的资源税收政策，为中外投资者和地区之间创造平等的竞争环境，促进技术引进和创新；进一步理顺资源价格形成机制，包括适时开证诸如环境污染类（水污染、空气污染、土壤污染等方面）税种，推行节能量、碳排放权、排污权、水权交易制度改革，加快资源税从价计征，扩大资源税征收范围，合理调整资源税率等，使其真实反映稀缺程度和外部性成本，促进绿色技术应用竞争力提升；

取消对环境有害的财政补贴，特别是对化石能源、农业用水和工业用水的财政补贴，取消电价、气价交叉补贴，促进绿色技术和产业发展；建立公开公平公正的资源配置政策和权益保障制度，为投资者提供公平竞争的机会。

4. 加大公共政策引导与支持力度

积极提供关于产品与服务环境影响的可靠信息，在关键行业先行先试；鼓励绿色公共采购，充分发挥好机构消费者尤其是政府采购的作用，有针对性地投资基础设施，加大公共投入示范和对新技术新产品的引导作用。

（四）加快研究并构建以自然资本效率为核心的绿色经济发展理论

推进以提升资源产出率为核心的资源革命，不仅要注重劳动和资本生产率，更要关注和重视生态效率视野中的自然资本问题，尤其是技术进步对资源产出率的促进作用，这是传统经济增长理论所忽视的；包括发展经济学在内的经济学大家族，迄今为止主要是西方经济学家的贡献，主要是对西方发达经济体的经济发展历程、发展经验、发展规律和发展模式的提炼和总结；同时，目前国际上关于绿色发展和资源产出率的理论和战略研究也主要关注发达国家，这些国家已基本实现工业化、城市化和现代化，与发展中国家国情差异极大。作为国土面积、人口规模、经济规模等均居世界最前列的最大发展中国家，理应为丰富世界经济学理论与实践作出应有的重要贡献。

鉴于中国在较短的时间内基本上实现了工业化，并着力协同推进新型工业化、新型城镇化、农业现代化、信息化和绿色化发展，特别是面向未来还系统地提出了包括绿色发展在内的五大发展理念，亟待在系统总结自身发展历程、实践探索和成功经验的基础上，从自然资本效率问题着手，加快研究并构建符合中国国情、彰显中国特色、基于中国经验的绿色发展经济学理论体系，推进传统经济增长理论与生态经济学理论的融合发展。当然，创建具有中国特色且以注重自然资本效率为主要特征的绿色发展经济学理论，决不可夜郎自大、闭门造车，毕竟国外尤其是发达国家的相关理论和实践已经十分丰富，因此，要充分总结借鉴国外绿色发展或绿色增长的理论和实践，通过基于对传统经济学理论的扬弃，通过对绿色增长、绿色发展等相关理论及方法的系统梳理，通过对国外绿色增长和绿色发展的比较研究，着力构建以自然资本效率为核心的绿色发展经济学理论体系，进而为推动资源革命提供理论支撑和知识储备。

（五）加快相关保障体系建设

资源革命战略的实施需要有完善的保障体系支撑，其中组织领导保障体系、核算制度体系和人才培养体系是关键，而目前我国在这些方面还十分欠缺。

1. 要加强对资源革命战略的顶层设计

世界很多国家都将提高资源产出率作为经济发展总体战略的优先领域，并纳入顶层设计。鉴于在我国推进以提高资源产出率为核心的资源革命具有跨部门特点，政府需要与企业、消费者和民间组织建立伙伴关系，需要有一个强有力协调机构发挥协同作用，可考虑将管理部门设在发展改革委，甚至在国务院层面成立高层次领导小组，由国务院领导同志担任组长。其职责主要是统筹谋划中国的资源革命乃至全球资源战略，增强不同机构之间的行动一致性。还可考虑设立相关咨询委员会、建立第三方评估机制。

2. 要建立健全规范的资源产出率核算制度体系

重点创新完善我国绿色发展尤其是资源产出率统计制度、监测制度、核算制度、报告制度、结果处置制度、账户平衡制度等，尽快构建适合我国国情且能与国际接轨的资源核算框架，统筹提升基础能力；同时研究开发有关评估方法，提供衡量的标准方法和通用信息，推动我国可持续发展的研究和政策制定。

3. 加强人才培养和国际合作交流

加强资源产出率相关人才发展统筹规划和分类指导，加大专业技术人才、经营管理人才、技能人才和创新人才的培养力度。积极推进产学研结合，建立人才激励机制，加大引智力度，健全人才流动和使用的体制机制。同时，加强国际合作交流，尤其加强同 OECD 国家或相关组织开展资源产出率相关研究合作和人员互访。

参考文献

[1] 盛馥来，诸大建. 绿色经济——联合国视野中的理论.方法与案例.北京：中国财政经济出版社，2015

[2] 斯蒂芬·赫克，马特·罗杰斯，保罗·卡罗尔. 资源革命：如何抓住一百年来最大的商机.粟志敏译.杭州：浙江人民出版社，2015

[3] 魏伯乐. 五倍级. 程一恒译. 上海：格致出版社，2010

[4] 钟若愚. 资源产出率与可持续发展问题研究. 北京：中国经济出版社，2014

[5] 朱远. 让GDP变大的同时变轻——中国提高资源产出率对策研究. 上海：同济大学出版社，2009

[6] 世界自然基金会等. 地球生命力报告2014，2014

[7] 世界自然基金会等. 地球生命力报告2012，2012

[8] 朱显成. 资源效率革命研究——以辽宁老工业基地为实例. 辽宁大学，2009

[9] 魏伯乐.四倍跃进：一半的资源消耗创造双倍的财富. 北京大学环境工程研究所译. 北京：中华工商联合出版社，2001

[10] Assessment Report for the UNEP International Resource Panel, 2016, Global Material Flows and

Resource Productivity, UNEP Publishing, Paris

[11] OECD, 2015, Material Resources, Productivity and the Environment, Green Growth Studies, OECD Publishing, Paris

[12] Stefan Heck, Matt Rogers, 2014, Resource Revolution: How To Capture the Biggest Business Opportunity in a Century, Houghton Mifflin Harcourt, America

[13] Richard Dobbs, Jeremy Oppenheim, Fraser Thompson, Marcel Brinkman, and Marc Zornes, 2011, Resource Revolution: Meeting the world's energy, materials, food, and water needs, McKinsey Global Institute, America

[14] Hallegatte S., Hela G., Fay M. and Treguer D., 2011, From growth to green: A framework, World Bank Policy Research Working Paper

[15] OECD, 2008, Measuring Material Flows and Resource productivity: Inventory of Country Activities, OECD Publishing, Paris

（原载于《国务院发展研究中心调查研究报告》专刊 2016 年 49 期（总第 1524 期），作者：李维明）

世界煤炭资源供需分析

　　世界煤储量丰富，可供开采年限长，已探明可采储量可供开采110年。煤炭资源分布集中，90%以上分布在北半球。2000年以来，伴随世界经济的发展，煤炭生产和消费保持较快增长，且消费和贸易的重心不断向亚太地区转移。同时受油气资源分布的区域性不平衡以及运输管道的限制，煤炭消费在一次能源中的份额区域差别很大。

　　煤是世界上储量最丰富的化石能源，人类利用煤炭已经有几千年的历史，但煤炭真正被大规模利用是在18世纪进入工业领域以后。目前，煤炭消费量占世界一次能源消费的30%，仍是人类社会的重要能源。虽然煤炭的应用会带来环境污染、二氧化碳大量排放导致气候变暖等问题，但与其他能源相比，煤炭的成本优势明显，未来很长时间其地位还难以被替代。

一、世界煤炭资源分布集中

煤是世界上储量最丰富的化石能源。古生代的石炭纪、二叠纪，中生代的侏罗纪，以及新生代的第三纪，是地史上最主要的聚煤期。从资源分布看，煤炭分布相对比较集中，90%分布在北半球，北纬30°～70°之间是世界上最主要的聚煤带，占世界煤炭资源的70%以上，尤其集中在北半球的中温带和亚寒带地区。

各大洲相比，北半球的三大洲煤炭资源都比较丰富，煤炭资源量占世界90%以上。已探明煤炭资源量中，亚太地区居第一位（4448.9亿吨），占42.2%；欧洲及欧亚地区居第二位（3234.5亿吨），占30.7%；北美地区居第三位（2580.1亿吨），占24.5%。南半球各大洲的煤炭资源都比较少，其中非洲和中东（144.2亿吨）占1.4%；中南美洲地区（140.2亿吨）占1.3%。

从煤炭资源区域分布来看，储量超过100亿吨的有美国、俄罗斯、澳大利亚、中国、印度、德国、乌克兰、哈萨克斯坦、南非和印度尼西亚10个国家，煤炭探明可采储量合计8119.99亿吨，占世界煤炭探明可采总储量的91.1%（图1）。其中，美国、俄罗斯、澳大利亚、中国和印度属于煤炭资源大国，煤炭探明可采储量都在千亿吨以上，五国合计煤炭探明可采储量7982.0亿吨，占世界煤炭探明可采总储量的75.9%。美国煤炭探明可采储量2502.2亿吨，占世界煤炭探明可采总储量的23.7%，居世界第一位；俄罗斯煤炭探明可采储量1603.6亿吨，占世界煤炭探明可采总储量的15.2%，居世界第二位；澳大利亚煤炭探明可采储量1474.4亿吨，占世界煤炭探明可采总储量的14.0%，居世界第三位；中国煤炭探明可采储量

1388.2 亿吨，占世界煤炭探明可采总储量的 13.2%，居世界第四位；印度煤炭探明可采储量 1013.6 亿吨，占世界煤炭探明可采总储量的 9.6%，居世界第五位。

世界煤炭储量丰富，可供开采年限长，且呈现逐年增加趋势。截至 2018 年底，世界煤探明可采储量为 10547.8 亿吨，按 2018 年的开采规模，全球煤炭已探明可采储量可供开采 132 年，与其他矿种相比，可供开采年限较长；且比 2010 年的 118 年延长了 14 年。

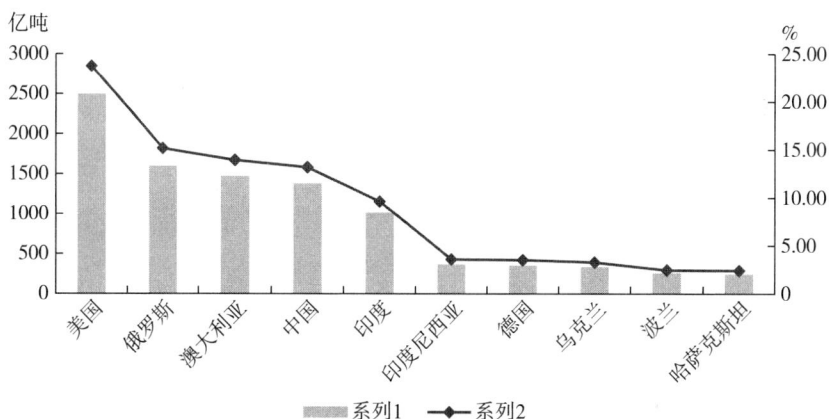

图1 截至2018年底世界煤炭探明可采储量前十大国家

注：中国煤炭探明储量是20世纪90年代前期，由世界能源委员会之中国委员会拟出的数据，当时专家即认为该数据较为保守。目前根据重要固体潜力评价结果，中国2000米以浅煤炭预测资源量3.88万亿吨，资源查明率为29.6%，可能多于美国。

二、世界煤炭生产集中度高，产量不断增加

2009 ~ 2018 年，世界煤炭产量从 70.7 亿吨增长到 80.1 亿吨，增长 13.4%。中国煤炭产量从 31.2 亿吨增至 36.8 亿吨，增长 18.2%，是拉动世界煤炭增长的主要动力；印度煤炭产量从 5.6 亿 t 增长到 7.7 亿吨，增长 37.4%；美国从 9.8 亿吨减少到 6.9 亿吨，减少 29.7%；印度尼西

亚从 2.6 亿吨增长到 5.5 亿吨，增长 114.1%；澳大利亚从 4.2 亿吨增长到 4.9 亿吨，增长 14.9%；俄罗斯从 3.0 亿吨左右增长到 4.4 亿吨，增长 45.9%（图 2）。

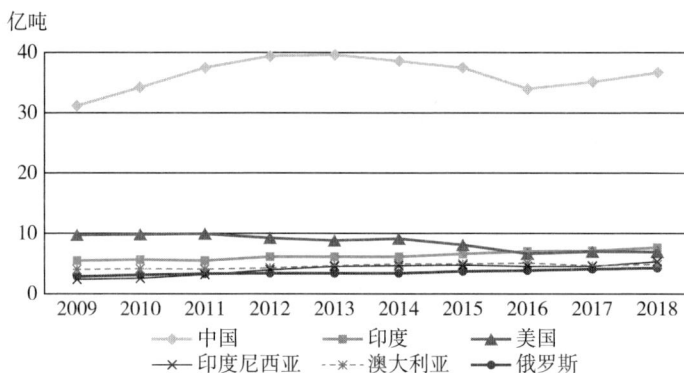

图2 世界煤炭产量前六大国家

由于世界煤炭资源分布集中度高，所以煤炭生产集中度也很高，约 70% 集中在亚太地区。世界前三大煤炭生产国分别是：中国、印度、美国。2018 年中国煤炭产量为 36.8 亿吨，占世界煤炭总产量的 46.0%，保持世界首位。印度为世界第二大产煤国，煤炭产量为 7.7 亿吨，占世界煤炭总产量的 9.5%。美国煤炭产量为 6.9 亿吨，占世界煤炭总产量的 8.6%，居世界第三位。

煤炭生产重心向发展中国家转移。第二次世界大战前，煤炭生产集中在美国、英国、德国和苏联，四国所产煤炭占世界煤炭总产量的 3/4。20 世纪 70 年代以来，中国、印度、澳大利亚和南非发展迅速，产量相继跃居世界前列，成为煤炭主要生产国。2018 年世界煤炭产量约为 80.1 亿吨，其中，煤炭产量超过亿吨的有十个国家，分别为中国、印度、美国、印度尼西亚、澳大利亚、俄罗斯、南非、德国、波兰和哈萨克斯坦，煤炭产量合计为 72.7 亿吨，占世界煤炭总产量的 90.7%，如图 3 所示。

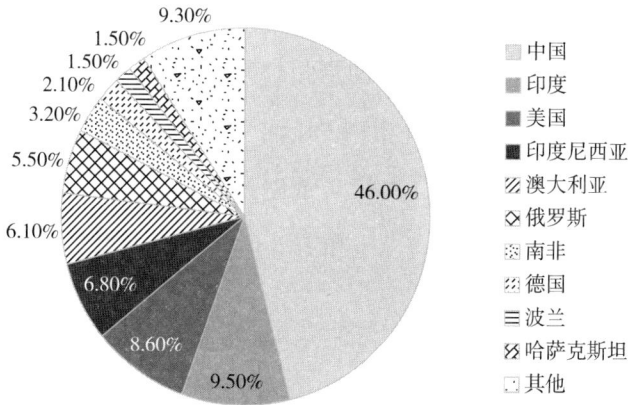

图3　2018年世界煤炭生产情况

三、煤炭消费不断增加，主要集中在亚太地区

2009～2018年，世界煤炭消费量从34.5亿吨增长至37.7亿吨油当量，增长9.3%。消费主要集中在亚太地区，2018年世界煤炭消费区域格局为亚太地区消费占75.3%，欧洲及欧亚地区消费占11.7%，北美地区消费占9.1%，非洲消费占2.7%，中南美地区消费占1.0%，中东地区消费占0.2%，如图4所示。

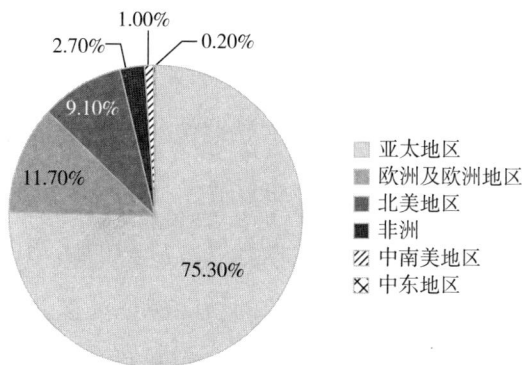

图4　2018年世界煤炭消费情况

从国家来看，煤炭消费量在亿吨油当量以上的国家有四个，分别

为：中国、印度、美国和日本，四国合计占世界消费量的 74.1%。其中，中国煤炭消费量 19.1 亿吨油当量，居世界第 1 位，占世界消费量的 50.5%；印度煤炭消费量 4.5 亿吨油当量，居世界第 2 位，占世界消费量的 12.0%；美国和日本煤炭消费量分别为 3.2 亿吨油当量和 1.2 亿吨油当量，分别居世界第 3 位和第 4 位，分别占世界消费量的 8.4% 和 3.1%（图 5）。

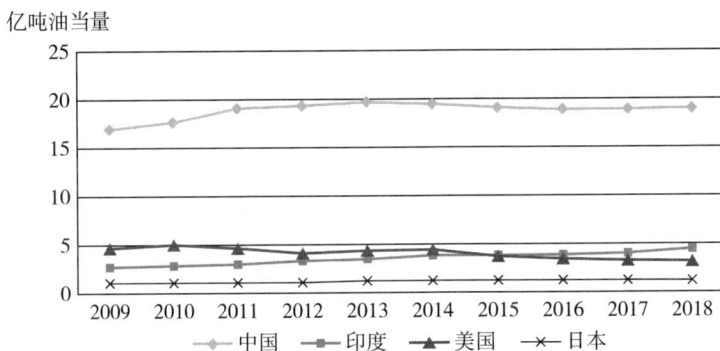

亿吨油当量

图5 世界煤炭消费量亿吨油当量以上的国家

四、煤炭消费在一次能源中的份额区域差别很大

世界一次能源消费在产业革命初期主要以煤炭为主，进入 20 世纪以后，石油和天然气的生产与消费持续上升，20 世纪 60 年代石油首次超过煤炭，跃居一次能源的主导地位。虽然 20 世纪 70 年代世界经历了两次石油危机，但世界石油消费量却没有减少的趋势。2000 年以来，石油所占比例缓慢下降，天然气、煤炭的比例上升。同时，核能、风能、水力、地热等其他形式的新能源逐渐被开发和利用，目前形成以化石燃料为主和可再生能源、新能源并存的能源结构格局。从 1980 ~ 2018 年世界一次能源消费结构发展过程来看，油气下降了 13 个百分点，而煤炭份额则上升了 2.2 个百分点，见表 1。

表1			世界一次能源消费			
年份	能源消费总量/亿吨油当量	能源消费构成/%				
		石油	天然气	煤炭	核能	可再生能源
1980	70.3	46.6	19.2	25.0	2.7	6.5
1990	86.3	39.5	21.8	25.9	5.9	6.9
2000	99.4	39.1	23.0	23.9	6.5	7.5
2010	120.0	33.6	23.8	29.6	5.2	7.8
2018	138.6	33.6	23.9	27.2	4.4	10.8

资料来源：BP Statistical Review of World Energy 2019。

2018年从世界一次能源消费结构来看，煤炭所占能源市场份额为27.2%，占比居世界第二；石油仍是世界主要能源，占全球能源消费量的33.6%，但是为1965年以来所占份额最低值；第三为天然气，占23.9%；水电、核电、可再生能源分别占6.8%、4.4%和4.0%。

受煤炭、油气等能源资源分布的区域性不平衡性以及能源运输管道的限制，煤炭消费在一次能源中的份额区域差别很大，各国之间的能源消费格局也有很大差异。由于中东地区油气资源丰富、开采成本低，所以中东能源消费98%为石油和天然气，远高于世界平均水平。在亚太地区，中国、印度等发展中国家煤炭资源丰富，煤炭在能源消费结构中所占比例相对较高，石油和天然气的比例较低。其中，中国能源结构中煤炭所占比例为58.2%，油气所占比例为27.0%，低于世界平均水平。除亚太地区外，其他地区石油、天然气所占比例均高于60%。

五、亚太市场煤炭贸易量占世界一半

世界煤炭贸易仍主要集中在四大贸易市场，即亚太、欧洲、北美和拉丁美洲。亚太地区仍是世界最主要的煤炭贸易区，由于该地区长期以来经济活力最强，煤炭交易量最大，约占世界煤炭贸易总量的一半左右。该地区煤炭供应方有世界最大煤炭出口国印度尼西亚，以及主要出口国澳大利亚；有世界最大煤炭进口国中国，主要进口国日本、印度等，以及经济发展迅速而煤炭基本全靠外部供应的韩国、中国香港和中国台湾等国家和地区。

2017 年世界煤炭出口量约 13.7 亿吨，主要出口国为：印度尼西亚、澳大利亚、俄罗斯，这 3 个国家煤炭出口量过亿吨，合计出口煤炭 9.6 亿吨，占世界煤炭出口总量的 70.0%，如图 6 所示。

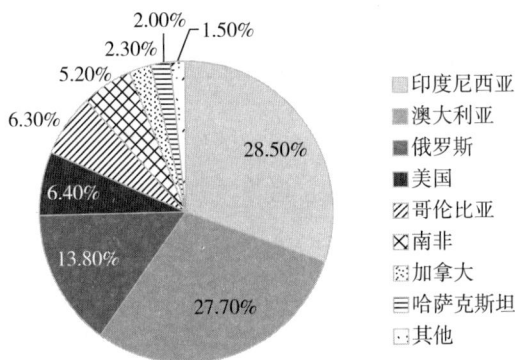

图6　2018年世界煤炭出口情况

2017 年，世界煤炭进口量 13.9 亿吨，主要进口国或地区为：中国、印度、日本、韩国，这 4 个国家煤炭进口量均在 1 亿吨之上，合计进口煤炭 8.2 亿吨，占世界煤炭进口总量的 58.8%，见图 7。

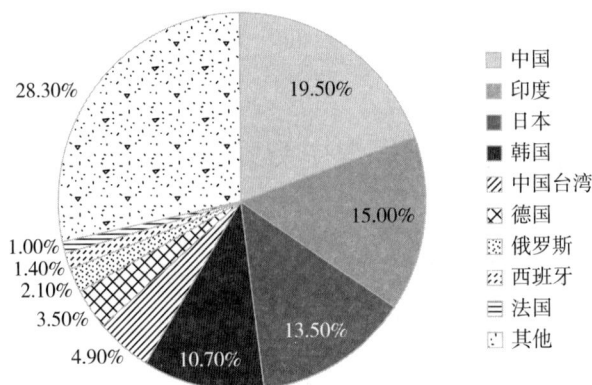

图7　2018年世界煤炭进口情况

同时，世界煤炭贸易量随其产量与消费量的增长而持续增长，自
1994 年以来年均增长率 4.9%，2017 年世界煤炭贸易量估计为 13.7 亿
吨，占世界煤炭产量的 17.1%，见表 2、表 3。

表2		世界煤炭出口量			单位：万吨
主要出口国家或地区	2013年	2014年	2015年	2016年	2017年^e
波兰	1106	926	939	931	732
加拿大	3910	3431	3048	3033	3106
美国	10675	8823	6709	5468	8796
澳大利亚	33620	37504	39235	38930	37894
哥伦比亚	7476	8712	7279	8333	8612
委内瑞拉	66	93	64	58	31
俄罗斯	14075	15550	15524	17111	18972
哈萨克斯坦	3381	3095	3122	2599	2714
乌克兰	854	708	49	52	64
中国	735	560	520	865	805
印度	219	124	158	94	150
印度尼西亚	42635	41148	36795	37292	39058
南非	7457	6903	7583	6994	7097
主要国家或地区合计	126208	127577	121026	121759	128029
其他国家合计	9830	10161	9471	10935	8999
世界总计	136038	137738	130497	132694	137027

注：e为估计值。

资料来源：Coal Information 2019，IEA。

表3		世界煤炭进口量			单位：万吨
主要进口国家或地区	2013年	2014年	2015年	2016年	2017年^e
中国	32718	29159	20413	25560	27110
印度	19121	24443	21211	19364	20827
日本	19561	18601	18927	18597	18751
韩国	12651	13103	13390	13446	14824
中国台湾	6595	6578	6476	6563	6759
德国	5434	5375	5455	5778	4795
俄罗斯	2940	2684	2414	2402	2903
西班牙	1366	1639	1874	1383	1918
法国	1745	1323	1262	1182	1408

续表

主要进口国家或地区	2013年	2014年	2015年	2016年	2017年[e]
英国	5061	4223	2252	849	849
加拿大	855	782	757	632	748
美国	808	1030	1027	894	706
比利时	536	523	406	351	357
主要国家或地区合计	109392	109463	95863	97002	101955
其他国家合计	30021	32297	34672	34827	36730
世界总计	139413	141760	130536	131830	138686

注: e为估计值。

资料来源: Coal Information 2019, IEA。

（作者：李维明、郭娟）

结构优化篇

国内外煤炭产能退出经验借鉴

事实上，发达国家对煤炭资源的开发和利用历史较早，其涉及因环境保护、资源枯竭、能源结构调整等要求而退出煤炭产能的相关工作也相对较早；同时，国内在本轮化解煤炭过剩产能之前，一些煤矿、煤矿区由于资源枯竭、开采条件复杂等因素，也已经开展了煤炭产能退出的相关工作。他们在解决企业转型升级、人员安置、债务处置等问题上的经验和教训，值得参考和借鉴。具体而言，在企业转型升级方面，一是坚持以煤炭主业为基础，上下游延伸；二是坚持研究先行，理性选择转型升级方向；三是坚持紧跟市场，及时作出灵活调整。在人员安置方面，一方面是注重通过企业转型升级，创造新岗位；另一方面则要依靠税费补贴，政府托底。在存量债务处置方面，一是坚持市场化运作，择优组合；二是坚持多元化途径，因企制宜；三是坚持政府托底，统筹化解。

一、国外煤炭产能退出过程相关问题解决经验

较我国而言，国外发达国家对煤炭资源的开发和利用历史较早，其涉及因环境保护、资源枯竭、能源结构调整等要求而退出煤炭产能的相关工作也相对较早，因而其应对退出煤炭产能相关问题的时间也较早，国外煤炭企业和政府在解决企业转型升级、人员安置、债务处置等问题上拥有诸多可借鉴的经验。

（一）企业转型升级

1. 德国鲁尔矿区转型升级

在鲁尔工业区遭遇煤业危机，单一的重型工业经济结构受到冲击的背景下，1969 年鲁尔区的 19 个矿务局、29 个炼焦厂、5 个型煤厂在德国政府的协调下重组为鲁尔煤炭股份公司（RAG，即现称鲁尔集团），实行煤炭的统一集中部署。鲁尔集团确定了发展新产业、结合基础产业的转型思路。设立机构研究市场和政府政策，对集团整体的煤炭资源开发作出规划。根据市场变化，调整集团的经营范围，调整产业产品结构。

鲁尔集团通过开拓美国、澳大利亚、委内瑞拉等国海的煤炭资源，以煤为基础，发展煤电、煤化工等相关延伸产业，利用废弃矿山发展房地产行业，利用其先进的设备、工艺和技术对外进行设备出口和业务培训等。

2. 法国煤矿区转型升级

法国政府对其煤矿区的转型升级提供了许多支持政策，一是政府拨款建立了煤矿区工业发展基金用于基础设施投资，无需偿还，为国内外企业提供了良好的投资环境；二是成立了促进矿区和地方工业化

金融投资公司（SOFIREM），通过投资入股和贷款两种方式促进煤矿区基础设施建设和办企业，其贷款利率一般比银行贷款低3个百分点；三是在税收政策上给与一定的优惠，对到煤矿区办企业的，企业投产后5年免税，5年以后逐步收税；四是建立企业园圃，开创新的企业，帮助企业进行可行性研究和试验；五是政府加强对一些项目的安排和规划，优先考虑和引导有关项目在煤矿区的落地，如通过竞争使奔驰汽车厂在洛林地区落地；在北加莱地区建成雷诺汽车城，争取丰田汽车公司在此地投资建厂。通过以上措施，法国煤矿区的转型升级取得了较好的成效，如在洛林地区，在煤矿逐步关闭后出现了塑料加工、电子和汽车三个产业，其人员在工业总人数的占比达20%，其中塑料加工产业超过了八千人，电子产业超过了1.2万人，汽车产业包括零部件制造的职工超过了2万人。

3. 日本煤矿区转型升级

日本煤矿区的转型升级主要可以归为两大部分，一是土地治理，日本政府专门在煤矿区成立了土地和环境治理的机构—产煤地区振兴事业公团（后改名为"地区振兴事物公团"），公团属于政府成立的公司，通过政府拨款、优惠贷款和商业化运作，对关闭退出的煤矿土地进行复原；二是对煤矿区进行开发、建设和招商引资，通过国家预算，出资建设国家所有的铁路和码头等大型项目。地方公共团体则通过贷款等建设住宅、通信和上下水道等小型项目，最后通过治理后的土地、建设的房屋和设施等项目收入偿还贷款，同时各级政府还对公共团体的借款提供一定的利息补贴。政府对煤矿区的招商、贷款和税制采取优惠政策，进行招商引资，建立新的产业和经济基础，采取财政援助，对中小工商业进行扶持。

4. 波兰煤炭工业转型升级

在 1990 年之前，波兰煤炭工业在计划经济条件下，依靠国家投资和财政补贴得以运营。在 1990 年停止补贴同时又冻结煤价之后，煤炭工业陷入了困局，在此背景下，波兰政府出台了三个阶段的煤炭工业改革。

第一阶段（1993 年）实施了《1993 年在国家财政许可范围内实行波兰硬煤工业改革第一阶段计划》，调整了煤炭组织机构，改组煤矿管理体制，使独立经营的煤矿、企业及私有煤矿兼并重组成由国家控股的地区性煤矿联合股份公司，同时关闭退出不具备盈利性的衰老煤矿；根据市场需要以销定产，减少硬煤产量；放开煤价，保证煤炭价格既要覆盖生产成本又要低于进口煤价。

第二阶段（1994 ~ 1995 年）以提高煤炭公司效益为中心，争取扭亏为盈，解决煤炭行业债务问题；疏通煤炭工业投资渠道，为煤矿现代化技术改造筹措资金，并进一步裁减人员提高工效。

第三阶段（1996 ~ 2000 年）是在市场经济条件下，实现煤炭工业正常生存和发展。1994 年波兰煤炭工业改造初见成效，煤炭产量止跌回稳略有回升。

（二）人员安置

1. 德国鲁尔矿区转型过程的人员安置

1960 年前后，鲁尔区共有煤矿 141 家，从业人员达 50 万人。此后由于煤炭产量逐渐下降，且因为技术发展而导致需要的劳动力减少，鲁尔区的煤炭工业就业人数开始下降，直到 1996 年，煤炭工人下降至 7 万人。为解决人员安置和就业的问题，鲁尔区采取了诸多值得借鉴的措施。

（1）较早设立了劳动和经济促进机构，给予矿区一定的优惠政策，如由联邦政府协调银行提供低息贷款，对创造就业岗位的企业提供一定的补助，同时由政府支付工人的相关培训费用。

（2）政府给与优惠政策，吸引其他企业在区内进行投资建设，如政府对矿区用地进行了总体的规划，向企业提供优惠用地，增加区内的就业途径和岗位。

（3）建立科技园区，大力发展相关延生产业，调整区域产业结构，扩宽人员的安置空间。

（4）发展第三产业，建立技术需求较低的产业，如工艺品制造、手工业等，创造新的就业岗位。

（5）发展职业培训和科教事业，吸纳待安置人员，保证相关专业技能的延续和科研成果的转化等。

2. 日本煤炭行业退出过程的人员安置

自 1955 年开始，日本陆续关闭了 913 个煤矿，涉及安置人员共达到 20.7 万人。为此，日本政府为涉及人员制定了《煤炭矿业结构调整临时措施法》《煤矿职工队伍稳定雇佣临时措施法》和《煤炭矿业年金基金法》，对由于产业调整而下岗的煤矿职工发放补偿金，包括退职金和离职金；对涉及职工进行职业培训和再就业培训，实现人员职业转换，保障经济、社会稳定；立法提高日本煤矿产业的保险福利，进而提高煤矿职工福利，如在职工工龄 20 年以上者，在其 50 岁并达到退休条件时，从 55 岁起发放老龄年金，井下职工为终身发放，地面人员从退休之日起支付 5 年。

3. 英国煤炭行业退出过程的人员安置

在二战后英国煤炭工业的发展历程中，英国煤矿数量由 1950 年的 901 处，减少到了 1980 年的 219 处，而到 1992 年就只存有 50 处，职工数也由 20 世纪 50 年代近 68.8 万人减少到 20 世纪 90 年代的 5.83 万人，直至 2015 年，英国的最后一个煤矿——"凯灵利"煤矿正式宣告关闭。在英国煤炭工业收缩的过程中，英国政府首先对煤炭企业的销售、亏损等各方面进行了补助，维持了企业的存续，维持了一定数量的就业岗位，容纳了部分富余人员；对于退出关闭矿井涉及的职工，英政府根据其工龄、工资水平等发放一定的补助；发展煤炭勘探、开采、运输和利用等相关工业的技术和装备的出口，创造了新的就业岗位；为失业职工提供低息贷款和职业培训，帮助扶持失业职工再就业。

（三）存量债务处置

1. 英国煤炭行业退出过程的债务处置

政府取消补贴的同时免除企业债务。一方面，英国政府大幅缩减对煤炭企业的生产补贴，1980 ~ 1989 年英国给予煤矿的补贴高达 73.94 亿美元，而在 1995 年时已缩减至 1.75 亿美元；另一方面，政府出资并免除债务，1992 年拨款 10 亿英镑作为煤矿关闭处置费用，1994 年耗资 30 亿英镑免除英国煤炭总公司（前身为英国国家煤炭局）的债务，分别占当年 GDP 的 0.1% 和 0.5%。

2. 波兰煤炭行业退出过程的债务处置

（1）债务重组。波兰政府鼓励企业采用多重方式自理煤矿债务，涉及减免、分期偿还等手段。如 7 个煤炭公司、3 个煤矿公司和 3 个被关闭煤矿在材料、设备、工程以及服务等方面的债务，高达 12.3 亿兹罗提，占当年 GDP 的 0.3%，涉及约 2.6 万个债权人。处理方式分为三块：一是偿还小数额债权人的债务；二是减免总额的 40%；三是 20 个季度分别偿还剩余的债务。

（2）政府提供财政补贴和减税。1996 ~ 2000 年间，企业债务

重组进程中政府财政补贴共计达 23.48 亿美元，而此期间波兰年均
GDP1500 亿～1700 亿美元，补贴金额占据 GDP 的 1.5% 左右，补贴
力度非常之大。与此同时，政府还取消煤炭工资增长附加税。

二、国内典型区域煤炭产能退出相关问题解决经验

在本轮化解煤炭过剩产能之前，一些煤矿、煤矿区由于资源枯竭、
开采条件复杂等因素，已经开展了煤炭产能退出的相关工作，在转型
升级问题、人员安置问题和债务处置等方面获取了大量的经验和教训，
也可供参考和借鉴。

（一）企业转型升级

国内煤炭企业的转型升级大体可以分为两种类型，一是在煤炭资
源充足，煤炭主业强大的条件下，依托煤炭主业，通过科技创新提高
煤炭的生产水平，提高煤炭的智能化、绿色化，做强煤炭主业，同时
适度延展上下游产业，包括金融、煤电一体、煤化一体、煤电铝、煤—
电—建材一体、建材、储运等；二是由于资源枯竭，产能逐步退出，
通过盘活厂房、利用地下空间、发展文化旅游等盘活资产、安置人员。

1. 兖矿集团的国际化转型升级

兖矿集团自建立以来，发展紧跟时代潮流，不断调整发展战略思
路，走出了一条值得借鉴参考的转型升级之路。

在 1996 年之前，兖矿集团以煤炭为主业，提高煤炭的生产规模、
生产效率，提高集团的经济效益。同时在认识到煤炭资源属于不可
再生资源的基础上，通过"双十亿"等工程发展其非煤产业，扩展
经济规模。

1996 年到 2001 年，兖矿集团抓住时代要求，通过改革改制，增强经济和经营效益。2001 年到 2004 年，提出和开始涉及国外项目和资源的开发以及将规划中的副产业煤化工、煤电铝项目向外省布置。2005 年到 2008 年，稳步推进开发陕北和新疆的煤炭资源，在省内加快建设鲁南地区煤化工基地三大化工园，推动建设机电成套设备制造基地和铝制品深加工项目，布局显现三大主业共同发展的态势。

2009 年至今，一方面开发国内煤炭优势资源区，另一方面收购开发澳洲澳思达煤矿，收购兼并 Felix 资源公司，搭建澳洲开发平台，实施国际化经营战略。

从兖矿的发展历程来看，兖矿集团不断调整发展战略，实现企业转型升级，从最初的认识到煤炭资源的不可再生性，继而发展非煤产业，到接下来的优化产业结构，改变非煤产业不合理状况，培育重点非煤支柱产业，最后集中发展煤基产业链，加强三大主导产业，构建循环经济模式，加快国际化进程。实践表明，兖矿集团通过制定企业战略，积极实施企业转型升级，取得了积极显著的成效。

2. 枣矿集团的构建企业循环经济产业链

枣矿集团实施"立足煤炭、适度多元、稳内拓外、转型升级"的产业发展战略，积极实施产业转型升级发展并取得较大成果。

枣矿集团以煤炭为基础产业，延生出煤焦化工、橡胶化工、热电联营、装备制造的循环经济产业链，调整了企业的产业结构，实现了企业的转型升级，保障了企业的经济效益。其煤焦化工产业链通过引进马钢、沙钢和韩国 SK 等企业的战略投资，保证了煤焦化产品的市场；其橡胶化产业链则是依托八一热电公司的热、电资源，规划建成国内轮胎和输送带的项目，在国外投资建成橡胶加工基地，同时又重组了峄城丰源轮胎公司，补充了轮胎产业的半钢胎发展；其热电联营产业链通过建成 7 座煤矸石（水煤浆）坑口电厂，实现了对泥煤、煤矸石的清洁高效利用，降低了矿区用电成本，提高了经济效益；其装备制造产业链是以其第一、第二机械厂为核心企业，整合期矿区内的机械制造厂点，成立了鲁南装备公司，改变以往的只为煤矿提供维修服务的模式，建立了相关完整的工艺流程，完成了向矿山装备和化工机械等生产制造的转型升级；其物流贸易产业链利用本部的区位优势和运输优势，构建形成了"矿、路、港、航"一体化通道。

3. 向文化旅游延伸

晋煤集团以其古书院矿的地面资源携手华谊兄弟文化公司、浩翔集团，依托北宋时期著名哲学家、教育家、程朱理学创始人之一程颢兴院讲学时设立的古书院和文昌阁，共同发展大型文化旅游项目，是资源型经济转型新生的典范。

陕西煤化工集团则联手复星集团，在西安市和华阴市分别打造"西安红光路世界级城市旅游休闲娱乐度假标杆项目"和"华阴市华冶文旅＋度假小镇项目"，在文化旅游方面进行了探索和实践，形成了"旅游＋文化""旅游＋山水""旅游＋健康""旅游＋工业""旅游＋小镇"的文旅产业体系。

4. 向新能源转型

晋能集团曾以煤炭生产、电力、燃气为支柱产业，现如今也开始涉及光伏制造产业，从传统能源产业向综合能源产业进行转型。

潞安集团结合自身的电厂和煤化工优势特点，构建矿石开采、工业硅冶炼、光伏电池、芯片生产、组建及系统发电等上下一体的光伏产业链，逐渐构建以煤基合成油为核心、集合现代焦化和硝基肥料及化工的新型产业体系，推动煤电一体化发展。

（二）人员安置

产能退出煤炭企业大多通过清退临时用工和外委劳务人员，增加内部分流空间；依托其企业内部优势特点，对外输出劳务或进行外部托管；另外企业还通过延长产业链或者开辟新的产业，增加就业岗位。国内企业在转岗就业方面，多寻求外部劳动产业进行转岗就业，同时依据政策指导意见实行职工内部退养。

1. 淮北矿业集团人员安置经验

淮北矿业集团在人员安置方面针对其企业的特点，通过延长产业链、清退外委劳务，扩大人员安置空间；依托其机电修造中心，扩大材料自制加工、设备修理再制造范围，进而扩大人员安置的空间；依托其优秀的煤炭开采、洗选加工技术，加大相关劳务能力外出托管力度，积极开展劳务输出、外包服务等；积极发展现代服务等新产业、新项目。

2. 淮南矿业集团人员安置经验

淮南矿业集团提出了"六个一批"的职工安置途径：异地分流安置一批；因地制宜扩大经营服务范围、拓展外部市场、带领职工创业创收分流一批；鼓励员工自主创业分流一批；享受国家奖补政策安置一批；职工自愿内退一批；提升技能培训一批。截至 2016 年底，集团分流安置人数达 5356 人，其中转岗安置 5046 人，内部退养 173 人，解除终止劳动合同 137 人。

3. 山西焦煤集团人员安置经验

山西焦煤集团的白家庄矿是山西省政府确定的两个煤矿职工转岗安置试点之一。结合安置人员的岗位、年龄、技能、性别等分类，安置分流人员原岗位或近岗位就业；尽量合并缺员严重的操作岗位，不能合并的从机关和地面单位补员；距退休年龄不足 5 年的职工，鼓励内部退养；对有一技之长、有创业激情的职工，鼓励停薪留职，创业自养。2015 年底该矿 3000 多名职工通过转岗分流，至 2016 年上半年分流了近千人。

4. 晋煤集团人员安置经验

晋煤集团在职工多渠道分流安置工作中采用了个人意愿、双向选择、竞聘上岗的方式，展开内部分流工作。同时还鼓励转岗分流职工自主创业，建立了相关的停薪留职制度。其在人员转岗分流方面还形成了三种模式，即"转产不转移"，将涉及人员转至矿区附近的技术要求较低的非煤产业；"转产加转移"，将涉及人员转至在建或建成的成熟的新兴产业；"转移不转产"，将涉及人员转至即将投产的资源整合矿井或新建矿井。自 2016 年以来，晋煤集团累计分流职工3600 余人。

5. 徐矿集团人员安置经验

徐矿集团通过清理外包队伍和临时用工，新增就业岗位；新兴产业优先招录企业安置职工；开展技能培训、再就业培训，举办专场招聘会等方式分流安置职工。2016 年徐矿 2.13 万名职工基本得到安置分流。

6. 平煤神马集团人员安置经验

平煤神马集团通过投资建立的光伏项目安置职工转岗，同时还和中兴集团联手打造平顶山中兴科技园，优先招录平煤神马集团职工。2016 年平煤神马集团转岗安置 2.4 万人。

7. 山东能源集团人员安置经验

山东能源枣庄集团利用闲置房屋资产，引进低技术要求项目输出劳务，分流安置职工。潞安集团则是通过"5 个结合"的原则，即"去产能"职工转岗安置与提升优质产能结合、"去产能"职工安置与内部挖潜结合、"去产能"职工安置与深化改革结合、"去产能"职工安置与转型发展结合、"去产能"职工安置与创新创业结合，合理安置职工 3645 名，其中煤炭产业安置了 3316 名，非煤产业安置了 257 人，其他方式安置了 62 人。

（三）存量债务处置

1998 年包括煤炭企业在内的国有企业"去产能"过程中，提出了系列存量债务处置措施，也可为本轮化解煤炭过剩产能提供借鉴。由于 1985 年后国家对国有企业采取"拨改贷"政策，国有企业的融资来源集中于银行信贷。国有企业改革导致银行不良贷款由 1997 年末的 1.69 万亿大幅上升至 2000 年末的 3.68 万亿，其中 2 万亿的增幅即是"去产能"所带来的债务。1999 年在国家主导下开启对商业银行不良贷款的处理。主要有三种方式：

1. 财政部发行特别国债，承担部分债务

共计 2700 亿元，期限 30 年，票息利率为 7.2%，向四大行定向发行，所筹资金专项用于拨补资本金，从而增强商业银行处理不良贷款的能力。通过这一方式，处理不良贷款 1500 亿元。

2. 成立资产管理公司，剥离大量债务

1999 年成立四家资产管理公司，用 8200 亿元固息债券和 5700 亿元现金，共计剥离 1.4 万亿的不良贷款，其中定向债券长达 10 年，并后续延期 10 年，有效解决资产管理公司持有债务压力。

3. 商业银行债转股，有效消化债务

对 580 户企业实施债转股，债转股总额达 4050 亿元，同时有效解决幸存企业的高负债和负净利的两大问题。当年债转股企业平均资产负债率降到 50% 以下，80% 的企业当年即实现扭亏为盈。

三、国内外化解煤炭过剩产能的启示

（一）企业转型升级

1. 以煤炭主业为基础，上下游延伸

"鲁尔在发展中也犯过错误，就是涉足了离煤太远的汽车领域，结果失败了。"鲁尔集团实现转型发展、做强做大，首先把握了自身的优势，不盲目延伸其他产业，发展开拓了海外的煤炭资源，延伸了以煤为基础的煤电、煤化工等相关产业。同时开展相关新的业务，如充分利用其企业技术、工艺、设备的优势，进行出口贸易和培训，是我国煤炭企业积极参与"一带一路"倡议的良好借鉴。

2. 研究先行，理性选择转型升级方向

专门设立市场和政府政策研究机构，分析国内外的能源发展趋势，研究煤炭上下游产业的发展，对企业煤炭资源开发乃至整体发展战略作出规划。

3. 紧跟市场，灵活调整

根据市场变化，调整经营范围，追加投资有潜力的产业，关闭亏损和市场前景差的内部资产，调整产业产品结构。如适当的外延房地产等其他有基础的产业。

（二）人员安置

1. 企业转型升级，创造新岗位

德国、英国煤炭企业在煤炭工业大幅收缩的条件下，通过发展煤炭相关工业的技术和装备的出口，建立技术需求低的第三产业以及发展教育培训和科教事业等，创造新的就业岗位。

2. 税费补贴，政府托底

德国、日本、英国政府在调整或退出煤炭产业的过程中，通过设立专门机构、立法，以直接对安置人员进行补贴、为创造就业岗位的企业提供补贴和优惠、政府协调银行提供低息贷款等方式逐步进行人员安置或提供就业岗位。

（三）存量债务处置

1. 市场化运作，择优组合

采用市场化的方式，公开、透明寻找存量债务处置的参与对象，择优选择、研究形成债务处置的方式、途径，发现存量债务的真实价值，盘活存量债务。

2. 多元化途径，因企制宜

存量债务类型较多，单一途径不一定能完全解决存量债务的处置问题，多元化的债务处置手段不可或缺。对不同性质的债权安排不同的清偿方案，按照担保债权、普通债权的分类进行了偿债安排，并对留债情况作出特殊安排，如留债、现金清偿、以股抵债等方式。

3. 政府托底，统筹化解

英国煤矿"去产能"在债务处置过程中，英国政府高度介入，不管是对煤炭企业实行私有化，还是关闭过程中与煤炭工人发生激烈冲突，乃至不惜付出巨额补贴推动煤炭的关闭，都高度体现了政府意志。波兰煤炭行业"去产能"过程中政府通过减免债务、提供补贴等方式积极介入债务重组安排。英国和波兰煤炭企业在去产能过程中所经历的巨额财务损失，主要由财政负担。

（作者：李维明、任世华、李鑫）

多方合力，妥善解决煤炭"去产能"后续问题
——以河北省为例

河北化解煤炭过剩产能颇具复杂性和典型意义，是贯彻落实我国供给侧结构性改革和能源革命战略、助力高质量发展的重要举措，将为全国尤其是中东部煤炭资源城市（区域）提供有益经验借鉴。近年来，河北省强力落实化解煤炭过剩产能工作，超额完成了2016~2017年的"去产能"任务。然而，伴随着煤炭产能的退出，产生的债务处置、人员安置、转型升级等后续问题也在逐步累积凸现，迫切需要多方努力，多措并举，在充分发挥企业主体作用的前提下，通过强化中央与地方政府统筹协调与指导、建立健全"去产能"政策支撑体系、深化国有企业体制机制改革等措施，妥善解决河北煤炭"去产能"后续问题，稳步推进供给侧结构性改革，有力支撑我国高质量发展。

为贯彻落实党中央、国务院关于推进结构性改革、抓好"去产能"任务的决策部署，2016年2月国务院印发了《关于煤炭行业化解过剩产能实现脱困发展的意见》，稳步推进化解煤炭行业过剩产能、推动煤炭企业实现脱困发展。在这一背景下，作为我国中东部煤炭资源城

市（区域）的典型代表之一，近年来河北化解产能过剩工作取得积极进展，但面临的后续问题与挑战不容忽视，亟待多方努力，妥善解决煤炭"去产能"后续问题，推动煤炭行业实现健康可持续发展。

一、河北化解煤炭产能过剩颇具复杂性和典型意义

（一）河北煤炭行业化解过剩产能较其他省份更具复杂性

1. 地处京津冀重点区域，环保要求高、压力大

原环境保护部等联合发布的《京津冀及周边地区 2017 年大气污染防治工作方案》，明确京津冀大气污染传输通道包括"2+26"城市，其中河北省 8 个城市属于该范围；要求实现煤炭消费总量负增长，解决煤炭利用污染物排放问题。

2. 化解过剩产能比重高

按照《河北省煤炭行业化解过剩产能实现脱困发展的实施方案》提出的目标，用 3 ~ 5 年时间，关闭退出煤矿 123 处，淘汰生产能力 5103 万吨 / 年，分别占到 2015 年全省煤矿数量和产能的 62.12% 和 42.05%，远高于全国平均水平。

3. 总量性"去产能"

河北省已探明保有煤炭资源中，已利用资源占 80%，未利用资源占 7%，勘探区占 13%。河北国有控股重点煤矿剩余地质储量约 80 亿吨，其中"三下压煤"46 亿吨，占 57%。由于村庄搬迁征地难、费用高，村庄压煤（占"三下压煤"42%）难以得到解放。现有煤炭产能退出后，已基本无可接续资源，是实实在在的总量性"去产能"。

4. 化解煤炭过剩产能与化解钢铁过剩产能叠加

河北省是全球钢铁重点产地。煤炭是支撑钢铁产业发展的重要基

础。作为河北经济发展的两大重要支柱，煤炭和钢铁行业同时化解过剩产能，为河北经济社会发展带来巨大的挑战。

5.经济发展还将依赖煤炭

河北一次能源消费结构中，煤炭占绝对比重。虽然目前已有的相关产业对煤炭需求会有所下降，但河北正处于快速发展期，并将承接大量从京津地区转移出来的制造业，经济社会发展对煤炭产品的依赖仍将持续相当长时间。

（二）河北化解煤炭过剩产能具有典型意义

它是切实落实国家供给侧结构性改革和"四个革命，一个合作"能源革命战略的具体体现；是推进煤炭供给侧结构性改革、助力高质量发展，提升河北煤炭行业可持续发展能力和河北整体竞争力的重要举措。河北省化解煤炭过剩产能的复杂性远超其他省份。未来我国中东部煤炭资源城市（区域）也将大幅度甚至完全退出煤炭产能，作为典型代表，河北省化解煤炭过剩产能面临的困难和取得的经验教训，将为中东部煤炭资源城市（区域）提供有益经验借鉴。

二、河北化解煤炭过剩产能取得积极进展，但仍面临一些突出共性问题

近年来，河北通过创新工作体制机制、明确企业主体责任、完善政府配套政策等措施，坚持市场倒逼和政府支持相结合原则，强力落实化解煤炭过剩产能工作，在积极应对煤炭市场形势变化的同时，超额完成了 2016 ~ 2017 年的"去产能"任务。然而，伴随着煤炭产能的退出，产生的后续问题十分突出，对河北经济发展和社会稳定造成

多重压力，如不及时解决，将对"去产能"工作的继续开展产生负面影响。

（一）存量债务处置难，严重拖累存续企业生存发展

一是河北两家主要煤炭企业（开滦和冀中能源集团）下属多数矿业子公司资产负债率居高不下，融资性债务利率成本平均6%左右，远超银行企业贷款基准利率，债务负担十分沉重。二是两大煤炭企业均为国有企业，债务关联性复杂，加之前期在整合地方煤矿过程中，改革并不彻底，股权关系复杂，合作模式多样，增加了债务处置格局中的利益诉求复杂性。三是产能退出矿井原有井筒、巷道、支护、运输设施等固定资产虽有财务账面价值，但几乎无使用价值，存量资产价值显著减少，加之土地和房产等资产地处偏远，缺乏变现和盘活能力，严重削弱了煤炭企业债务处置的基础能力。四是"去产能"矿井多数是老矿井，历史遗留问题多，关井后沉重的人员安置负担以及环境治理和土地塌陷补偿（如开滦集团仅房屋修理费及青苗补偿费每年就高达约7000万元）等新的非融资性债务，制约了融资性债务的处置能力。

鉴于目前国家对煤炭"去产能"债务处置尚无专门明确意见，更没有支持性政策，国家发改委等部门刚刚出台的《关于进一步做好"僵尸企业"及去产能企业债务处置工作的通知》对煤炭行业债务处置的特殊性考虑尚不足且落实效果仍有待观察，完全运用市场化手段难有实质性进展，且"去产能"单位仍单独核算，根本无力靠生产经营、"借新还旧"偿还债务，造成存量债务留给存续企业负担，严重拖累存续企业的生存、转型和发展，而且容易造成资金链断裂，进一步增加债务处置的难度。按照河北省化解过剩产能的总体任务安排，2020年前

产能退出煤矿负债总额接近 200 亿元，如不能妥善处置，将对存续企业形成巨大负担，且如果集中爆发或处置，还会对金融系统造成较大影响。

（二）职工分流安置渠道窄、就业岗位少、资金缺口大

1. 职工分流安置渠道窄

由于内部退养有明确的条件（距法定退休年龄不足 10 年）限制且必须职工自愿、解除或终止劳动合同也必须在职工自愿基础上，安置人数有限，大多数职工需要在集团内部进行转岗安置。

2. 职工就业岗位少

一方面，煤矿企业职工综合素质偏低、就业适应能力较差、渠道有限，多数不愿意与企业解除劳动合同，而实施内部退养又有年龄等条件限制，完全依靠企业内部分流安置职工、消化富余人员的难度越来越大。另一方面，国家和地方政府在加大公益性岗位开发力度提供托底帮扶方面还缺少具体可操作性政策，省政府提供的"4050"公益性岗位十分有限，相应的为省属企业提供的公益性岗位则基本为零。再者，"去产能"煤矿大多数都是开采时间较长的国有煤炭企业，本身也不同程度存在人员富余问题，再安置"去产能"煤矿的职工困难较大。

3. 安置资金缺口大

按照国发〔2016〕7 号文件员工安置的相关规定测算，内部退养人员发放生活费、缴纳养老保险和医疗保险，平均每人约需 18.5 万元；解除或终止劳动合同人员按国家规定支付经济补偿金，平均每人约需 9.6 万元；内部转岗安置人员缴纳社会保险，平均每人每年缴费 1.77 万元，仅 3 年就达 5.31 万元。可见，按上述不同渠道安置所需费

用都高于目前人均 4.02 万元的国家奖补标准。同时，内部退养人员发生的费用需要一直支付到其正式退休，后期很可能出现企业无力支付的问题。

（三）转型升级基础薄弱、历史包袱沉重

1. 新兴产业发展基础薄弱

与我国多数传统煤炭企业一样，河北煤炭企业往往围绕煤炭主业发展，有较强的专业性和比较优势，但省内缺乏优势煤炭资源接续，省外整合资源具有一定难度和风险。虽然在热电、煤化工等方面有所布局，但起点低、规模小，面临产能退出和结构调整双重压力。就发展新兴产业、高新技术产业而言，尽管前期开展了一些积极探索，如发展新能源、新材料产业等，但起步晚、基础弱，不足以支撑经济转型、接续发展。此外，河北国有煤炭企业历史悠久，企业办社会包袱沉重，加之前期整合煤矿所形成的巨大包袱，以及退出矿井土地和房屋设施等资产难以处置和盘活，进一步加重了企业未来转型发展负担。

2. 国有企业历史包袱沉重

河北国有煤炭企业历史悠久，发展过程中存在较大数额的非经营性资产，企业办社会包袱沉重。同时，前期整合的小煤矿多是个人投资，产权关系十分复杂，经济利益矛盾突出，管控十分困难；加之企业在申请退出整合主体资格、解除整合重组协议、变更股东股权登记等方面，缺乏政府层面的明确政策和程序，企业实操存在困难，导致产能退出难度大，给企业形成巨大的包袱。此外，退出矿井土地和房屋设施等资产难以处置和盘活，也进一步加重了未来企业转型发展负担。

三、加大地方政府对化解过剩产能的指导、协调与支持

（一）充分发挥省委省政府的协调沟通作用

可由省委省政府出面协调与富煤省份建立沟通机制，在煤炭资源获取、联合开发、技术劳务合作等方面为省内煤炭企业创造更多发展机会；协调与银行等金融机构建立沟通机制，促进银行债转股政策落地，避免企业资金账户和贷款信用因"去产能"而被"一刀切"式冻结；协调与税务部门建立沟通机制，允许"去产能"企业在依法纳税情况下，在规定期限内缓交、欠交相关税款；协调与城建规划部门建立沟通机制，确保在制定城市规划时，尽量避免覆压煤炭资源。

（二）进一步做实聚焦于煤炭工业的国有资本投资运营公司

国有资本投资运营公司具有产业发展使命，侧重以服务河北经济发展战略、做优做强煤炭工业为目标，以市场化融资和产业资本投资为主要手段，积极开展存量资源整合、资产处置和管理、战略性新兴产业培育，改造和搞活所属国有出资企业，优化煤炭领域的国有资本布局，对省内能源及相关领域具有较强控制力和影响力，对战略新兴产业具有较大引导力和带动力。目前冀中能源集团已被确定为国有资本投资运营公司试点单位，下一步要加快做实，积极发挥改造实体企业、促进产业转型、优化调整布局等功能。

（三）加快煤炭领域企业资产的资本化

煤炭领域存量国有资本布局调整一般需要具备三个条件：一是形成调整机制，二是建立调整平台，三是存量资产实现资本化。其中，存量资产的资本化是布局调整的基础。要充分发挥国有资本投资运营

公司的市场化能力，对所属国有企业进行现代化改革，推动煤炭领域更多企业资产上市，实现资本化。

（四）加大公益性岗位供给，促进配套资金落实，加大政策支持

一是加大地方政府公益性岗位开发力度，按各企业"去产能"工作的完成情况，差异化地为"去产能"企业提供公益性岗位。二是积极落实地方"去产能"人员安置、援企稳岗、"4050"人员相关政策补贴和配套资金，保障民生，减轻企业压力；尽快完善相关政策，对产能退出企业的相关历史遗留问题开展调查研究，针对性地出台支持解决产能退出企业历史问题的政策。三是加大对"去产能"企业转型升级相关产业培育的扶持力度。

（五）成立地方煤炭转型发展（补助）基金

可由省级财政出资设立煤炭转型发展（补助）基金，性质为母基金，引导国有资本、保险资金、社保资金、银行资金、私募股权基金、外资私募基金等各类社会资本参与，形成若干股权投资基金，通过市场化运作，为煤炭行业尤其是"去产能"企业并购重组、转型升级等提供资金支持和相关服务。

四、中央应高度重视并通过完善政策体系，统筹解决"去产能"后续问题

（一）进一步强化国家对"去产能"工作的统筹协调

鉴于全球绿色低碳发展的必然趋势以及国内生态文明建设和高质

量发展的内在要求，我国煤炭"去产能"工作将是一项长期而又必须完成的任务，是关系中国实体经济转型和金融体系稳定的全国性乃至世界性议题。同时，考虑到当前这一工作仍然带有一定的行政色彩，并不完全是企业自主经营行为和市场因素导致的结果，"去产能"企业债务处置、人员安置、转型升级等相关工作政府应适度介入。为此，要将"去产能"煤炭企业遇到的问题纳入到煤炭产业的未来定位和转型发展的整体思路下予以应对和解决，在中央政府层面尽快对全国"去产能"煤炭企业的后续问题进行统筹协调和统一安排。

（二）尽快开展"去产能"政策中期评估

针对已经推进的"去产能"政策及其实施成效，尽快开展自我评估和第三方评估。在客观评价各地实践和经验基础上，以妥善解决资产处置、人员安置、转型升级等方面的突出问题为核心，及时对"去产能"方案及配套措施，涉及目标制定、标准设置、资金支持、政策保障、指标考核等方面，进行必要的完善和调整，实现"精准支持"，并部署下一阶段工作安排，切忌急功近利。

（三）加快制定出台专门针对"去产能"煤炭企业债务和资产处置具体实施办法

一是对由存续企业承担的已关闭煤矿所涉及的资产、负债，应允许剥离，进行集中处置，避免让已经"搁浅"的资产及相应的负债继续拖累留存企业发展。在国家未出台明确处置意见前，可允许暂挂账免息，以减轻企业负担。二是对关闭矿井的新增债务要明确规定，以缓解"去产能"企业资金和职工安置压力。三是对"去产能"单位报废、减值的特定资产可以多种形式适当补偿资产处置损失。四是尽快落实市场化债转股配套政策，包括提供财政补贴和税收优惠，明确资本市场对煤炭企业市场化债转股的相关支持，同时出台对"去产能"债转股国有企业移交"三供一业"等剥离社会负担的相关政策支持细则。五是鼓励对"去产能"煤矿采用银行核销、资产管理公司打包收购、市场化债转股等多种组合处置手段，并从政策制定和实施方面给予适当倾斜。六是进一步完善《企业破产法》，规范和简化破产国有企业特别是整合小煤矿的资产处置程序，妥善解决前期整合地方矿井中的民营股份问题，并协调最高法院支持地方资产管理公司取得破产管理人资格。七是着力解决"去产能"过程中的土地综合开发利用或流转盘活等工作遇到的实际问题。如可将"去产能"煤矿中的存量土地由政府集中收购、重新规划；对于"去产能"煤矿转型所需要的工业用地需求予以优先支持等。

（四）加大对"去产能"煤炭企业政策支持力度

一是在科学评估基础上，结合煤炭行业以及不同区域煤炭企业实际，科学确定差异化的煤炭企业"去产能"奖补资金标准，并优化使用范围，更高发挥奖补资金效率。二是出台对"去产能"煤炭企业相关税收优惠政策。降低煤炭产品税率标准，同时扩大煤炭增值税抵扣范围，同时，实施关停企业土地房产税收、"去产能"企业及母公司所得税等优惠，明确给予减征或免征。此外，可对"去产能"企业失业保险金采取缓交、免交等方式，切实减轻企业负担。三是综合利用财税、金融、资源、产业等政策工具，加大对"去产能"企业发展符合国家产业政策的相关产业的扶持力度。四是在煤炭资源配置上向"去产能"存续优势煤炭企业倾斜。五是通过加大中央财政补贴力度、扩大失业保险金使用范围等手段，支持社会保障体系在"去产能"煤矿企业人员安置方面发挥更大作用。六是制定"去产能"煤炭企业人员安置具体实施办法，加大公益性岗位供给，促进各级配套资金落实。

（五）从战略高度重视独立工矿区振兴及其长远可持续发展

加快理念和思路创新，结合乡村振兴、扶贫攻坚、生态文明等国家战略，尽快实施独立工矿区振兴战略，加快制定独立工矿区发展规划，全面加强独立工矿区基础设施、公共服务设施和接续替代产业发展平台建设，创新财政、税收、金融、产业等政策支持，加大煤炭和土地资源配置方面倾斜力度，并确保落实到位，因地制宜、统筹解决独立工矿区尤其是"去产能"后的长远发展问题。

（原载于《中国煤炭》2019 年 1 期，作者：李维明、任世华、田辉）

我国煤炭业态未来发展趋势分析

正确判断煤炭行业未来的业态，是煤炭企业选择转型升级方向和路线的重要前提。本报告在梳理发达国家产能调整后煤炭业态特征的基础上，分析和预测我国未来煤炭业态发展趋势，为我国煤炭企业转型升级提供参考。研究认为，经过产能调整，我国煤炭生产和消费将向大型煤炭基地集中，煤炭生产主体和消费领域将趋于固定，煤炭生产企业将向能源供应商发展，煤田服务公司将成为煤矿建设和运营主体，煤炭利用将向包括 CO_2 在内的近零污染物排放发展。

随着我国经济进入新常态，经济发展对煤炭的需求减弱，煤炭行业进入调整期，从业人员大量分流，未来发展信心不足，企业纷纷寻求转型升级。正确判断煤炭行业未来的业态，是煤炭企业选择转型升级方向和路线的重要前提。本报告在梳理发达国家产能调整后煤炭业态特征的基础上，分析和预测我国未来煤炭业态发展趋势，为我国煤炭企业转型升级提供参考。

一、当前我国煤炭业态及存在问题

（一）分散的产业结构导致过度竞争

我国现有煤矿 5800 处左右，前 11 大企业煤炭产量占煤炭总产量的比例仅 40.5%。分散的产业结构导致了煤炭企业的过度竞争和煤炭产业与相关产业的不公平竞争，特别是在煤炭产量供大于求时，易引起非理性压低煤炭价格。

（二）不健全的交易方式扭曲了煤炭价格

煤炭供需双方交易以现货和一年内短期合同为主，几乎没有执行超过十年的长期合同，以致于产能不足时（2012 年以前的十年、2016 年下半年至今），煤炭价格快速上涨，价格畸高；产能过剩时（2013 年~2015 年），煤炭价格快速下降，甚至低于成本价销售，煤炭价格大幅度波动，不能完全反映煤炭资源稀缺程度、对环境的影响程度和市场长期供需关系。

（三）过度的行政干预弱化了煤炭市场的功能

我国煤炭企业中国企占据主导地位，政府对煤炭行业调控以行政指令、考核指标等直接干预方式为主。非市场化的宏观调控方式，弱化了煤炭市场的反馈调节功能和资源优化配置作用，以至于煤炭行业发展过多地依赖国家政策，煤炭企业市场化意识不够，常出现"一管就死、一放就乱"的现象。

二、发达国家产能调整后的煤炭业态特征

美国、德国、英国等发达国家在 1910 ~ 1950 年经历了煤炭产能快速增长期，而后煤炭产能开始下降或趋于平稳，煤炭生产和消费进入相对平稳期，煤炭业态逐步稳定下来。当前我国刚开始进入煤炭产能快速增长后的调整期，与发达国家一百年前经历的阶段有很强的相似性，发达国家一百年前经历的调整对我国当前煤炭行业的转型升级具有很好的借鉴意义。发达国家煤炭产能经过调整后，逐步稳定下来的煤炭业态主要有以下特征。

（一）寡头垄断型的产业结构

在长期的市场竞争和政府引导下，煤炭产业进入生命周期的成熟段，生产效率高，生产成本平稳下降，市场份额高度向少数几个大型煤炭企业集中，形成寡头垄断型产业结构。美国煤炭产业集中度稳定在 55% ~ 65%，德国煤炭产能向鲁尔等三个主要矿区的煤炭企业集中，俄罗斯四大煤炭企业占据了超过 90% 的市场份额。这种产业结构，既适应了规模经济的要求，又保持了相当的竞争活力，适于长期稳定发展。

（二）市场化的定价机制和长协的交易方式

在经历了煤炭生产和消费快速增长后，美国、德国等煤炭价格机制也逐步稳定下来，总体上遵循市场机制，同时也充分考虑国家宏观调控因素。美国的煤炭价格由供需双方协商决定，主要依据市场供求关系、生产成本及各种税费，同时考虑合理的利润率。煤炭生产商和煤炭用户一般会签订长期合同，类似于期货合约，能保持平稳的煤炭

供应和稳定的价格。

（三）基于市场化的宏观调控方式

发达国家形成的市场经济是法治经济，通过立法推动安全生产、环境保护，而不采取直接行政干预的方式。美国 1977 年出台《联邦矿山安全与健康法》和与之匹配的《联邦法规》第 30 卷"矿产资源和开采卷"，推动煤矿安全事故快速下降，直至基本消除；1970 年颁布了《洁净空气法》，1990 年颁布了《洁净空气法修正案》，严格的环境法规和政策有力推动了煤炭清洁高效利用发展，促进了煤炭消费向电力部门集中。

三、我国煤炭业态未来发展趋势

经历了"黄金十年"后，2014 年我国煤炭生产和消费量开始出现下降趋势。随着我国煤炭消费总量控制、大气污染治理等政策的陆续出台和实施，短期内煤炭生产和消费在能源结构中的比例仍将进一步下降。然而，按照客观规律，煤炭行业自身也将针对挤压生存空间的压力进行优化调整。优化调整提升的生命力和外界的压力将在一段时间后趋于平衡，预计将在 2020 ~ 2030 年进入煤炭生产和消费相对平稳的平台期，此后将稳定相当长一段时间。随着煤炭生产和消费进入平台期，煤炭业态也将适应性变化，预计将呈以下发展趋势。

（一）煤炭生产和消费向大型煤炭基地集中

我国于 2006 年开始大型煤炭基地建设，2014 年 12 月国家发展改革委批复新疆大型煤炭基地是国家第十四个大型煤炭基地，我国煤炭开发将继续延续基地化的发展趋势。2005 年大型煤炭基地产量占煤炭产量的不到 60％，2010 年提高到 87％，2017 年提高到 94.3％。按照《关于促进煤炭安全绿色开发和清洁高效利用的意见》（国能煤炭〔2014〕571 号）提出的目标，到 2020 年大型煤炭基地煤炭生产能力将占全国总生产能力的 95％左右。预计到 2030 年这一比例将进一步提高。

当前，我国煤炭主要消费在东南沿海地区的城市群。随着城市对能源的要求逐步升级，作为终端能源消费的煤炭将逐步由电力、天然气等清洁能源替代。煤炭在生产地转化为清洁的电力、油气等，利用高等级电网、管道输送到城市将是必然的发展趋势。目前，煤炭在产地消费的比例仅有 30％左右，预计到 2030 年前后有望提高到 50％甚至更高。

（二）煤炭生产主体和消费领域趋于固定

我国煤炭资源整合自 2008 年始于山西，之后陆续推广到河南、内蒙古、陕西、山东及贵州等省份，实现了资源向优势企业集中的态势。2018 年全国煤矿数量 5800 多处，比 2005 年减少近一半。随着 2014 年以来煤炭行业调整的急剧深化，一些开采条件差、历史负担重的煤矿和煤炭企业陆续退出或被重组，预计 2020 年前煤矿和煤炭企业数量减少的态势仍将持续。此后，进入煤炭产量平台期，煤炭行业进入门槛抬高，利润保持在相对合理的水平，新进入者和退出者大幅度减少，煤炭生产主体趋于固定。

我国煤炭主要用于燃煤发电、工业炉窑、煤化工，燃煤发电占 50％左右，工业炉窑占 20％左右，煤化工占 20％左右，剩余 10％左右民用。多年来，随着节能减排的要求逐步提高，用于发电的煤炭消费比重不断提高，工业炉窑、民用等分散用煤比重逐渐减少。按照《煤电节能减排升级与改造行动计划(2014—2020年)》（国办发〔2014〕31号）提出的目标，到2020年电煤占煤炭消费比重将提高到60%以上，到2030年可能提高到70%左右。电力行业集中度较高，企业数量相对较为稳定。随着污染物排放标准更加严格以及我国水泥、钢铁等产量的回落，分散燃烧的煤炭消费一部分将由天然气、电力等清洁能源等替代，未能替代的用煤也将向用煤相对集中的大型窑炉发展。预计到2030年前后，分散燃煤比重有望下降到目前发达国家的水平（占比5%以下），分散燃煤用户的数量也将大幅度减少。此后，煤炭消费将集中在发电、转化等大型用户，煤炭用户也将保持相对稳定，煤炭的生产供应格局趋于稳定，长期合同成为生产者和用户之间的主流交易方式。

（三）煤炭生产企业向能源供应商发展

目前，我国煤炭企业以向市场提供煤炭产品为主，有的直接出售原煤，产品结构单一，市场竞争激烈。随着我国能源需求升级，终端用户将更多的是需要清洁能源产品，而不是煤炭本身。煤炭行业也将按照供给侧结构性改革的要求，充分利用煤矿的优势，在煤矿区将煤炭资源转化为电、热、气等对外供应，煤矿转变为清洁能源生产基地，煤炭企业转变为清洁能源供应商。特别是煤炭坑口发电与可再生能源发电优化组合，可充分利用燃煤发电的稳定性，规避可再生能源发电的不稳定性，提高电力的整体清洁化水平，在很大程度上减轻单纯燃煤发电的污染物减排和碳减排压力。

（四）煤田服务公司将成为煤矿建设和运营的主体

煤炭生产技术的快速进步要求有与之适应的生产组织方式。近二三十年煤炭生产技术快速进步，而煤炭生产组织方式未发生根本性变化，目前的大多煤炭企业集团依然更像是小型社会，功能齐全，专业化程度不够。随着社会化分工越来越深入，煤炭行业将按照社会细化分工的总体要求，形成类似油服公司的勘探、掘进、采煤、机电、洗选、矿区服务等专业化的煤田服务公司，重构煤炭行业生产运行方式，提高煤炭行业的整体生产运行效率、人员组织效率、资本运作效率。煤炭企业集团从复杂的小型社会形态解脱出来，成为以资本运作为核心的投资产业集团。在获取资源后，将煤炭由资源到产品的全部开发工作分配给专业化的煤田服务公司完成，煤田服务公司成为煤矿建设和运营的主体。

（五）煤炭利用向包括CO_2在内的近零污染物排放发展

随着环保要求的提高，我国煤炭清洁高效利用水平逐步提高。目前，我国正在推进燃煤发电机组超低排放改造，烟尘、SO_2、NOx排放分别可达到$10mg/m^3$、$35mg/m^3$、$50mg/m^3$以下。近年大量推广的高效煤粉工业锅炉，采用布袋除尘器使烟尘排放低于$10mg/m^3$，采用低硫煤和湿法脱硫装置使SO_2排放低于$50mg/m^3$，采用低过量空气系数、空气分级燃烧技术使NOx排放低于$200mg/m^3$，达到天然气锅炉排放标准。随着技术革新和先进技术推广应用，燃煤发电、燃煤工业锅炉的常规污染物排放将超越燃气排放水平，向近零排放发展。预计到2025年后，煤炭利用将主要考虑的是CO_2排放问题，也同样是石油、天然气等化石能源面临的问题。届时CCS/CCUS技术有望具备推广应用条件，煤炭利用向包括CO_2在内的近零排放发展。煤制清洁化工品、

IGCC 等具有能效高，硫等可资源化利用，CO_2 排放浓度高、压力高有利于减排和利用等特点，未来将成为我国煤炭利用的重要方式。

四、结论和建议

经历了快速发展阶段后，我国煤炭行业即将进入产能调整后的平台期。结合发达国家煤炭行业进入平台期的业态特征，分析认为，我国煤炭行业未来业态将呈现生产和消费向大型煤炭基地集中、生产主体和消费领域趋于固定、生产企业向能源供应商发展、煤田服务公司成为煤矿建设和运营主体、煤炭利用向包括 CO_2 在内的近零污染物排放发展等发展趋势。这些趋势的推进将主要依靠市场自身的力量，但也需要政府改变直接干预的宏观调控方式，依法依规对现有涉煤行政审批事项和相关收费进行全面清理，制定与国民经济发展水平相适应的、统一的污染物排放收费标准，以排放标准控制能源消费量，调控和优化能源消费结构，重塑公平的能源竞争环境。

（原载于《煤炭经济研究》2016 年第 4 期，已做更新处理，作者：任世华、李维明）

清洁高效篇

加快煤炭分级分质利用，
切实推动我国能源生产革命

  煤炭分级分质利用是实现煤炭清洁高效利用、切实推动我国能源生产革命的重要途径。近年来，伴随资源环境约束的不断趋紧，尤其是重雾霾天气的频繁出现，煤炭清洁高效利用作为我国能源战略的重要组成部分被提高到前所未有的高度，包括煤炭分级分质利用在内的技术创新不断提速并取得积极进展。但总体来看，我国煤炭分级分质利用水平仍较低，与推动能源革命的总体要求不符，仍然面临理念认识不足、系统配套技术落后、行业标准缺失、政策支持力度不够等问题，建议转变观念、高度重视，并将其纳入国家"十三五"规划并制定专项规划；加快系统性关键技术攻关和示范；研究制定洁净煤替代散烧煤的质量标准和纳入京津冀洁净煤供应网络的具体方案；健全相关管理机制和财税支撑体系。

  煤炭作为一种资源，本身并无"肮脏"与"清洁"之分。理论与实践均已表明，不科学的煤炭利用方式是造成当前能源环境问题的重要原因。由我国能源资源禀赋和开发利用现状所决定，实现煤炭清洁高效利用是推动我国能源革命战略的必然选择。近年来，为有效缓解资源环境压力，尤其是做好大气污染防治工作，煤炭分级分质利用作为提高煤炭清洁高效利用水平的重要途径开始引起政府关注。2014 年 6 月 27 日，为贯彻中央财经领导小组第六次会议和新一届国家能源委员会首次会议精神，国务院办公厅下发《能源发展战略行动计划（2014—2020 年）》，明确要求"积极推进煤炭分级分质梯级利用"。2015 年 5 月，国家能源局印发《煤炭清洁高效利用行动计划（2015—2020 年）》，再次提出要"着力推动煤炭分级分质梯级利用"。伴随这些文件的出台以及政府重视程度的日益提高，近年来我国煤炭分级分质利用取得积极进展，但也在理念认识、配套技术、标准制定、政策支持等方面面临诸多挑战，严重制约着我国煤炭清洁高效利用战略和能源革命战略的实施，亟须通过纳入顶层设计、建立行业标准、鼓励产业示范、加强政策支持、强化部门协同等途径，加快推进煤炭分级分质利用。

一、煤炭分级分质利用是实现我国煤炭清洁高效利用战略和能源生产革命战略的重要途径

煤炭分级分质利用是基于煤炭各组分的不同性质和转化特性，以煤炭同时作为原料和燃料，将煤的热解（干馏）与燃煤发电、煤气化、煤气利用、煤焦油深加工等多个过程有机结合的新型能源利用系统（下图）。与其他煤炭清洁高效利用方式不同，煤炭分级分质利用属于源头控制，其低温热解过程主要属于物理过程[1]，热解产物为低成本的

---

[1] 煤制油、煤制气等传统煤化工属于化学过程，耗水高、耗能高、废水循环利用难等问题突出。

洁净煤、煤气和焦油产品①。据中国工程院组织 30 位院士、400 多位专家和 95 家单位历时两年完成的《中国煤炭清洁高效可持续开发利用战略研究》（2014 年）认为："以煤的部分热解气化制高级油品、洁净煤发电、灰渣综合利用为主要特点的煤分级转化技术，与现有煤燃烧与煤气化技术相比，在能耗、环保以及经济性方面具有优越性，可以跨越式提高煤炭利用效率、环境效益和经济性，有望改变现有煤炭利用方式，促进传统产业的升级改造。"

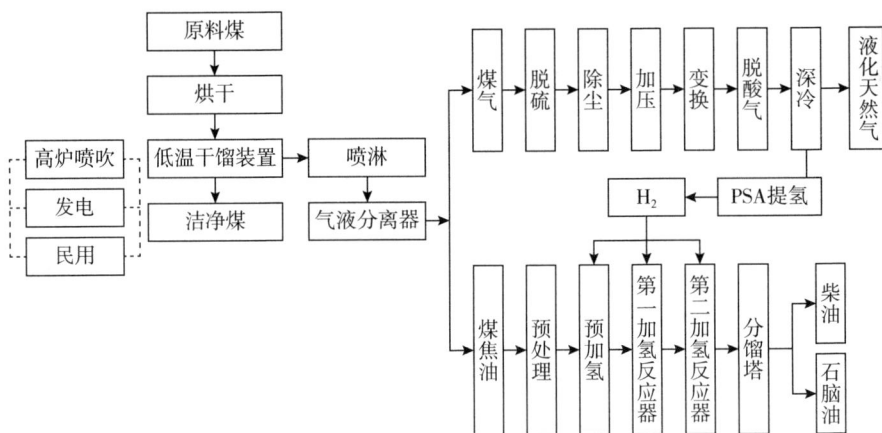

图1　煤炭分级分质利用技术路线

（一）有助于减少污染物排放和节约能源资源

当前，中小工业锅炉、窑炉、取暖炉、炊事用炉等分散燃煤占到我国煤炭消费量的 20%，量大面广、集中度低、缺乏有效的污染物控制手段，每年排放二氧化硫接近 1000 万吨（与电力行业齐平）、氮氧化物 320 多万吨（仅次于电力和机动车）②，是我国节能减排的当务之急。如以分级利用的煤气替代人口集中区的分散燃煤，可有效缓解当

①　热解所产洁净煤又称半焦，产率约为原料煤的70%左右；考虑到目前我国低阶煤现状，本报告相关计算中热解产油率按7.1%、产甲烷气率按4.2%估算，低于目前一些企业的现场标定数据。
②　倪元锦："治理'散煤'燃烧是治霾着力点"，载于《中国煤炭报》，2014年8月1日。

前城市煤改气过程中天然气供应不足的难题；以分级利用的洁净煤替代非人口集中区的分散燃煤，不但能减少分散燃烧用煤量、污染物排放量，而且不增加成本。以京津冀地区农村散烧煤每年用量4224万吨计算[1]，全部以分级利用的洁净煤替代，同时分级利用过程中产生的184万吨天然气和314万吨燃料油全部用于替代城市分散燃煤，可减排二氧化硫12.66万吨、氮氧化物0.82万吨、烟粉尘8.72万吨（分别占两市一省的8.57%、0.42%和6.85%）以及二氧化碳1107.66万吨。以分级利用的洁净煤替代电厂用煤，入炉煤水分降低、热值提高，发电效率可提高2~5个百分点。以2014年发电用低阶煤14亿吨左右计算，全部热解分级后再发电，将减排二氧化硫210万吨、氮氧化物124万吨、烟粉尘41万吨，分别占到全国的7.34%、5.72%和3.15%。此外，煤炭热解的物理实现过程不但耗水很少，还会产生一定水分（煤中含水）。

（二）有助于推动煤炭产业转型升级

采用分级分质利用的新型煤炭利用方式，在全国大型煤炭煤电基地建设煤油气电多联产项目，可改变煤炭单一用于发电的产业结构，形成煤炭清洁高效利用战略性新兴产业链，进而增加煤炭有效需求、培育和形成新的经济增长点。具体而言，洁净煤脱除了挥发分等轻质组分及氧、硫、氮、磷等杂质，热值提高，更加清洁，可替代无烟煤、贫煤、瘦煤，广泛用于发电、高炉喷吹、民用、化工等领域；煤气可作为制氢、天然气及化工生产的原料，也可脱硫脱氮后直接燃烧发电；煤焦油可提取苯、酚、吡啶等几十种甚至上百种精细化工产品，也可加氢制取柴油、石脑油等清洁液体燃料。这对于实现煤炭行业转型升级、化解产能过剩危机有着重要意义。

---

[1] 环保部华北督查中心2014年上半年进行的专项督查数据。

（三）有助于增加油气供给

我国每年消费近 40 亿吨煤炭中的 55% 以上含有丰富的油气组分，若全部实现分级利用相当于增加 1.43 亿吨燃料油、0.84 亿吨液化天然气供应，仅燃料油就相当于我国每年石油进口量的一半。我国已探明适于分级分质利用的煤炭储量 8758.32 亿吨，其中蕴藏着约 657 亿吨油品和 51 万亿立方米天然气，分别相当于已探明石油可采储量的 20 倍、已探明天然气可采储量的 11 倍（中国煤炭工业协会数据，2014）。发展煤炭分级分质利用，可在一定程度上缓解我国油气资源对外高度依赖局面，对于提升我国能源安全保障程度意义重大。

二、近年来我国煤炭分级分质利用取得积极进展

煤炭热解是煤炭分级分质利用的先导技术。根据热解对煤炭粒度的要求，可分为块煤热解技术和粉煤热解技术。我国块煤热解采用直立炉，技术成熟，在山西榆林、内蒙古乌海等地有一定规模的应用，生产能力近 5000 万吨 / 年，但技术较为落后，单套装置生产能力低于 10 万吨 / 年，污染物控制手段不到位，对环境影响较大。同时，随着我国煤炭大型机械化开采的普及，煤矿生产出来块煤的比重越来越小（不到 20%）。

在传统块煤热解面临发展瓶颈的同时，粉煤热解技术获得突破。我国从 20 世纪 50 年代就开始研究粉煤热解技术，在国家 "863" "973" 计划等的支持下，浙江大学循环流化床煤炭分级转化多联产技术、大连理工大学固体热载体（DG）工艺、北京柯林斯达科技有限公司带式炉改性提质技术、大唐华银电力有限公司与中国五环工程有限公司合作开发的洁净煤技术（LCC）工艺、北京神雾环境能源科技集团股

份有限公司蓄热式无热载体旋转床干馏技术、神华模块化固体热载体技术及广东肇庆市顺鑫煤化工科技有限公司褐煤热溶催化等诸多煤炭粉煤热解利用技术目前均已完成中试，不同程度地攻克了一些重大热解技术难题。需要指出的是，这些技术多因煤粉与焦油易混合粘在热解炉壁上形成堵塞，导致均未能实现大规模产业化。

2014 年，河南龙成集团低阶煤旋转床低温热解分质利用技术研究获得突破，解决了粉煤热解的技术难题。通过多管道燃烧加热技术及物料与多燃管动态热交换技术，实现燃气多管道梯级供热、智能化精确温控；通过高效旋风—特种膜组合分离工艺，实现了 4 微米以上固体颗粒物回收与油气分离，解决了煤料加热不均匀及煤料传热慢难题；通过高温旋转动态密封技术，解决了油气外泄、空气内漏难题。同时，通过特殊的萃取工艺和萃取剂，实现油酚协同萃取，使热解废水达到生化处理的标准，并与成熟的生化处理技术相结合，实现循环利用、近零排放。据中国石油和化学工业联合会现场标定，应用该技术建设的单系统年处理原料煤百万吨级的生产线已能够实现长周期稳定运行，洁净煤产率 71.53%，煤焦油产率 11.05%，煤气产率 9.87%，能效达 90.70%；总规模 1000 万吨 / 年的煤炭分级分质清洁高效利用项目已初步建成，为我国煤炭分级分质利用的发展起到了良好的示范作用。

此外，在技术和设备的投资费用方面，与主要煤化工项目相比，煤炭分级分质利用的投资产出比高、经济性好。煤制气、煤制油的技术和设备费用占总投资的 80% 以上，而煤炭分级分质利用项目的技术和设备占比为 68%，且核心设备实现国产化，相对于动辄投资超百亿的煤化工项目，成本较低且下降空间大，经济性优势明显。以龙成集团低阶煤旋转床低温热解分质利用技术为例，据调研，其制成品油成本为 1944.64 元 / 吨，不到煤直接液化的一半，制 LNG 成本为 1.48 元 / 立方米，是煤制气成本的 2/3；其投资强度仅为 0.7 亿元 / 万吨油品，而神华、伊泰煤制油项目投资强度为 1.39 亿和 1.75 亿元 / 万吨油品。

三、煤炭分级分质利用仍面临诸多挑战

（一）思想认识亟待提升

尽管目前煤炭分级分质利用已引起国家重视，但其定位还很笼统，国家还没有专门的规划（仅在《煤炭清洁高效利用行动计划（2015—2020 年）》中有简单描述），下一步工作如何开展还未布局，且与其他国家相比，明显落后。早在 20 世纪 30 年代，德国就开始研究和应用煤炭分级分质利用技术并建立了工厂，成功地获取煤焦油，加工成柴、汽油，成为第二次世界大战期间德国油品供应的重要来源。日本通产省在《21 世纪煤炭技术战略》报告中，特别提到了提高燃料利用率的高增值技术，其中把低温快速干馏制取燃气、燃油及高价值化学品作为重要研究项目。美国能源部也把煤中提取部分高品位液体燃料和化学品列入"21 世纪能源展望"计划中一项重要内容。同时，社会各界对于煤炭分级分质利用的内涵特别是重要性的认识非常有限，行业外多数人甚至不知道煤炭分级分质利用这一概念，即使业内对其认识也大多停留在 20 世纪六七十年代，多数还不清楚煤炭分级分质近年来发生的根本性变化。

（二）部分系统性配套技术有待攻克

目前，煤炭分级分质利用部分系统性配套技术有待进一步解决和完善。一是热解装置能否大型化是影响煤炭分级分质利用经济性、环

保性、安全性的重要因素。煤炭主体是碳，要拿出规模产量的焦油、煤气，必须将整体规模做大。尽管旋转床低温干馏分质利用技术已建成单系统百万吨级干馏装置并实现工业化应用，但仍有进一步放大的空间。二是煤炭热解后的洁净煤如何与钢铁、建材、发电、民用、化工等产业实现有机连接、系统耦合，既是影响煤炭分级分质利用现实经济效益、社会效益和环保效益的重要一环，又是一个技术难点。热解所产洁净煤具有可磨指数高（提高 10% ~ 15%）、有害元素低、发热量高、挥发分适中等特点，可替代无烟煤、贫煤、瘦煤，可广泛用于发电、高炉喷吹、民用、化工等领域。由于现有钢铁用高炉喷吹煤、电煤、民用散煤、化工用煤等均有一套严格的质量指标标准，洁净煤需要通过控制工艺来调控挥发分、热值等指标，以满足用户需求。因此，目前，工业上洁净煤广泛用于铁合金、电石、钢铁冶炼行业，但用于发电、民用烟煤替代、化工等耦合技术仍处于初步探索阶段，尚不成熟。三是热解所产焦油成分复杂，含有的有机物超过 1000 种，主要是芳香族化合物，烷烃、烯烃化合物较少，有少量含氧、含氮和含硫的化合物。目前，工业上的焦油提质技术仍不成熟，煤焦油提取高附加值组分技术仍需要攻关。

（三）缺乏科学的洁净煤质量标准

原料煤经低温热解，降低了挥发分，脱除了部分硫、氮、重金属等有害元素，可用作民用洁净燃料，尤其适合作民用型煤。2014 年 6 月国家能源局与京津冀三省市及相关能源企业签订的《散烧煤清洁化治理协议》明确提出"到 2017 年底，基本建立以县（区）为单位的全密闭配煤中心、覆盖所有乡镇村的洁净煤供应网络，优质低硫散烧煤、洁净型煤在民用燃煤中的使用比例达到 90% 以上"。但由于目前洁净煤质量标准缺失，导致分级分质利用所生产的洁净煤并未纳入到各地供应方案；同时由于单个生产厂商规模普遍偏小、生产过程中易掺混有少量焦油，一些洁净煤利用还产生刺激性气体，导致洁净煤产品质量参差不齐、以次充好。当然，除民用外，洁净煤用于分散燃烧、发电、化工同样要有相应质量要求，而目前尚缺乏科学的质量标准，极易发生"劣币祛除良币"现象。

（四）政策支持力度明显不够

研发、应用和推广煤炭分级分质利用技术是一项跨行业、跨领域、跨部门的系统工程，涉及煤炭、油气化工、电力等多个行业，由于我国长期的行业分割，目前无论电力或化工领域的管理、技术人员对煤炭分级分质利用技术的认识都不够全面、系统，尚未形成合力。同时，尽管国家有关部门已在相应政策规划或行动计划中提出要鼓励煤炭分级分质利用示范推广，但由于该技术属近年来提出并开发的一种新型煤炭利用方式，目前对这类技术仍未形成一套专门、系统、健全的示范鼓励和产业扶持政策，煤制油、煤制气等现代煤化工项目均建有示范项目，而煤炭分级分质利用示范仍是空白，加之目前洁净煤市场供应面狭窄、推广受限，在很大程度上限制了煤炭分级分质利用技术的应用和推广。

四、推动煤炭分级分质利用科学发展的建议

（一）转变观念、高度重视，将煤炭分级分质利用纳入国家"十三五"规划并制定专项规划

政府部门要深刻认识加快煤炭分级分质利用是实现煤炭清洁高效

利用、切实推动我国能源生产革命的重要选择。有鉴于此，建议将煤炭分级分质利用纳入《国家能源发展"十三五"规划》，甚至可考虑纳入《国民经济和社会发展第十三个五年规划纲要》。根据技术发展状况、区域煤炭资源条件、市场承接能力、水资源承载力和生态环境容量等因素，研究制定煤炭分质分级利用发展规划和行动计划，明确煤炭分质分级利用的适宜区域、发展规模，加快制定煤炭分级分质利用技术和装备标准，研究建立煤炭分级分质利用技术和装备评价机制，及时向社会发布先进技术和装备目录。同时，要充分利用多种媒体，加强宣传，提高全民认知程度，促进煤炭分级分质利用高起点、高水平发展。

（二）加快推进煤炭分级分质利用系统性关键技术攻关和示范

将煤炭分级分质利用技术列入国家"十三五"国家重点研发计划优先启动专项，组织力量开展热解装置工艺优化与设备定型、热解与燃煤锅炉发电耦合、煤焦油加氢、煤气制氢联产 LNG 等技术攻关。鼓励并加快开展煤炭分级分质利用产业化示范和规模化利用，鼓励利用成熟的热解技术，在国家规划的煤炭煤电基地建设一批煤炭分级分质利用示范项目，推进煤—化—电—热一体化发展，实现"分质分级、能化结合、集成联产"；待项目稳定运行、通过国家层面的验收后，有计划、有步骤地在全国范围内推广应用。

（三）研究制定洁净煤替代散烧煤的质量标准和纳入京津冀洁净煤供应网络的具体方案

为提高洁净煤替代散烧煤效果，避免以次充好，替代散烧煤的洁净煤应达到一定的质量要求，建议参照民用无烟煤的相关指标要求，从挥发分、硫分、灰分、焦油含量等方面制定洁净煤（洁净煤型煤）的质量标准。同时，加快论证以神府煤田圈为基础建立低温干馏洁净煤规模化生产示范基地和京津冀地区消费示范基地的可行性，研究制定将煤炭分级分质利用技术所产洁净煤、洁净煤型煤纳入京津冀洁净煤供应网络的具体方案，推动该区域民用散烧煤替代。此外，建议组织洁净煤供应企业与京津冀电厂、钢铁厂、化肥厂等大型煤炭用户以及洁净煤供应网络对接，鼓励形成长期定制化供应机制，大型用户提出洁净煤质量要求，供应企业依要求定制化生产，实现洁净煤与设备匹配，上下游配套，减少中间过程损耗，提高利用整体效率，减少污染物排放。

（四）健全相关管理机制和财税支撑体系

鼓励和推广煤炭分级分质利用技术需要发改、能源、工信、环保等多部门形成合力、协同支持，为此应建立部门间联席制度和协同管理机制，各有关部门根据职责分工，协调配合，加快完善有利于煤炭分级分质利用的资源管理、产业规划、政策标准、技术装备支撑等体系建设。同时，制定煤炭分级分质利用相关财税政策，如在《环境保护、节能节水项目企业所得税优惠目录》中，增列"煤炭分级分质利用相关设备及产业化项目"类别；制定鼓励金融机构支持创新型、战略型企业的融资政策，尤其对具有革命性的煤炭低温热解分级分质清洁高效利用技术示范项目应给予低息、长周期的专项贷款。

（原载于《煤炭经济研究》2016 年 2 期，作者：李维明、任世华）

推动煤炭洗选发展，减少空气污染

提高煤炭洗选比例和深度，是当前经济社会发展应对空气污染的最现实选择。尽管近年来，煤炭洗选规模不断加大，洗选比例不断提高，但总体发展水平仍较低，与改善空气环境质量的总体要求不匹配，仍存在思想认识不足、价格体系不完善、标准体系不合理等问题，亟须通过提升科研能力、建立洁配用煤制度、完善用煤标准体系、加强市场监督等途径加以解决。

一、提高煤炭洗选比例是减少空气污染的现实选择

（一）用煤质量差是造成我国空气污染的重要原因

能源禀赋条件和经济社会发展阶段决定了煤炭是我国基础能源的地位在 2030 年甚至 2050 年前难以改变。然而，我国煤炭资源总体质量较差，中高硫煤、高硫煤占 15.5%，褐煤占 13.0%，高灰煤占 10.0%，累计占我国煤炭资源量近一半，这在很大程度上决定了我国

终端用煤质量不高。占我国煤炭消费 50% 左右的发电用煤，灰分长期徘徊在 28% 左右，较美国、澳大利亚等国灰分 9.5% ~ 11% 高近 20 个百分点；占煤炭消费超过 20% 的工业锅炉、工业窑炉及民用等分散用煤，仍大量使用低质的高灰、高硫原煤。这些不仅导致我国主要工业品能耗比先进国家高出 20% ~ 60%，而且给我国大气带来了严重的污染。

（二）提高煤炭洗选比例是减少空气污染的重要抓手

利用煤和杂质（矸石）的物理、化学性质的差异，通过物理、化学或微生物等方法使煤和杂质有效分离，可脱除煤中 50% ~ 80% 的灰分、30% ~ 40% 的硫分，并实现均质化，可有效保护环境、节约能源资源、节省运力运费，是当前应对气候变化、改善空气质量的最有效途径。脱除的灰分、硫分等污染物留在矿井集中治理，可比终端用户分散治理降低一半成本。燃用选后优质煤，可减少供电煤耗 3 ~ 7gce/kWh，提高工业锅炉和窑炉热效率 3% ~ 8%。通过洗选排除煤矸石，可节约运力 15% ~ 20%，对远距离调运煤炭的全过程节能减排效果更明显。

（三）提高煤炭洗选比例是当前解决空气污染的现实选择

煤炭洗选可实现原煤→运输→民用采暖全过程常规污染物减排 33% ~ 61%，二氧化碳减排 33%；可实现原煤→运输→工业锅炉供热全过程常规污染物减排 29% ~ 58%，二氧化碳减排 30%；可实现原煤→运输→发电全过程常规污染物减排 5% ~ 50%，二氧化碳减排 6%，且不增加全过程成本。通过洗选提高用煤质量实现减排的成本，仅相当于天然气、可再生能源替代燃煤成本的一半不到。在当前我国居民（特别是非城市核心区居民）的经济承受能力范围内，煤炭洗选是解决空气污染的现实选择。

二、煤炭洗选尚不适应改善空气环境的需要

尽管近年来煤炭洗选规模不断加大，洗选比例不断提高，但总体发展水平仍较低，与改善空气环境质量的总体要求不匹配。

（一）洗选比例和深度仍然较低

自 2000 年以来，我国对煤炭洗选的重视程度不断提高，煤炭洗选量由 2006 年的 7.8 亿吨提高到 2018 年的 26.4 亿吨，洗选比例由 32.9% 提高到 71.8%。但与美国、澳大利亚、加拿大等主要煤炭消费国家 80% 以上的煤炭洗选比例相比，仍有较大差距。特别是我国动力煤洗选比例仅 50% 左右，且有相当部分仅仅是简单筛分，对提高终端用煤质量的作用有限。

（二）洗选技术水平发展不平衡

我国既有大批具有世界先进水平的大型、超大型优质高效选煤厂，在技术、装备、管理上达到了世界一流水平，也有大量的选煤方法落后、环节不配套、产品质量差的中小型选煤厂。国有大型企业入选比重高，单厂规模大，地方煤矿尤其是乡镇煤矿入选比例低，且单厂规模小。炼焦煤选煤厂发展快，技术先进、装备较好，而动力煤选煤厂发展比较慢，技术相对落后，不能全入选，产品质量较差而且不稳定。我国东部地区洗煤规模发展较快，而中西部地区发展较慢。

（三）洗选装备制造水平不高

目前在用的振动筛、离心机、重介质分选机等关键设备多数是20世纪80年代前设计研制的，设备效率低、能耗高、可靠性差、寿命短，不能根据用户要求及时调整产品质量，精煤损失大、产品灰分高、分选效果差；2000年后研制的现代化设备还不到40%。虽然我国已经建立了选煤设备制造体系，用国产设备可以装备400万吨/年及以下能力的选煤厂，但受我国整体工业水平的限制，机械设备的制造质量差，可靠性低，自动控制水平不高，尚不能满足我国煤炭洗选的需要。

三、提高煤炭洗选比例仍面临诸多挑战

（一）对煤炭洗选的作用认识不足

由于国家目前的污染物排放罚款、收费远低于用户采用减排技术所增加的投入和成本，加之一些地方环境执法不严，许多用户习惯于用原煤，对使用优质煤带来的效率提高、设备寿命延长、环境效益改善等缺乏正确认识，尚不能把发展煤炭洗选提高到作为调整产业、产品结构，减少燃煤污染，转变经济增长方式，以及开展资源节约综合利用和走新型工业化道路发展循环经济的高度来认识。

（二）现有用煤质量标准不反映清洁利用的要求

我国已制定《冶金焦用煤技术条件》（GB/T397-2009）、《煤化工用煤技术导则》（GB/T23251-2009）、《发电煤粉锅炉用煤技术条件》（GB/T7562-2010）、《水泥回转窑用煤技术条件》（GB/T7563-2000）、《链条炉排锅炉用煤技术条件》（GB/T18342-2009）等多项用煤标准，但体现环境要求的较少，且大多用煤条件标准为非强制性标准，不强制执行，至今做不到为不同用煤设备供应性质不同的、可满足设计要求的系列化煤炭产品。

（三）尚未形成动力煤优质优价的市场机制

我国动力煤交易一直以来采用以热值为主要指标的计价方式，虽然近年来不断提高有害元素对煤价的影响力度，但灰分、硫分、微量有害元素含量对煤价的影响程度仍不够。脱除有害元素带来的价格提高，不能弥补洗选成本，难以形成优质煤优价市场和用户使用选后优质煤的有效机制，洗选厂不能开工生产或不能满负荷生产，动力煤洗选发展速度与保护环境的要求相差较远。

四、推动煤炭洗选科学发展的措施

（一）提高科技研发能力，升级煤炭洗选装备

针对振动筛、破碎机、离心机等国外技术占优势的设备，要进行技术攻关和技术创新，掌握关键及核心部件制造的相关技术，拥有自主知识产权，提高大型选煤设备可靠性和自主开发水平。以建设年洗选能力 600 万吨的炼焦煤和 1000 万吨的动力煤选煤厂为重点，研发主要选煤工艺和装备，着力解决当前大型选煤装备存在的主要问题。

（二）扩大煤炭洗选总量，提高洗选产品质量

应用先进技术装备，建设不同层次、不同类型的优质高效选煤厂，提高煤炭洗选的整体规模和技术水平。鼓励炼焦煤选煤厂采用效率高、技术先进的工艺，实现全粒级分选，尽可能回收更多精煤资源。鼓励根据用户用煤质量的不同要求，建设具备脱硫降灰、均质化以及脱除

汞、砷、磷、氯有害元素等功能的全粒级入选的精细化选煤厂。

（三）建立洁配用煤制度，实现煤炭优质优用

提高商品煤质量标准，研究建立类似成品油标号的洁配用煤等级制度，煤炭产品必须归入某一洁配度等级才能进入市场销售，用户必须采购符合设备要求的洁配度等级的煤炭产品，从制度上推行优质优用。随着技术发展和环保要求的提高，逐步提高煤炭设备用煤设计规范，提高设备的用煤等级。

（四）完善法律法规标准，营造自觉使用氛围

继续完善强制性煤炭洗选政策和法规，同时制定合理的商品煤优质优价的比价标准体系。结合用煤质量和技术可达性，制定和完善有利于使用优质煤的污染物排放收费标准，按照谁污染谁付费的原则，加大排污收费力度，提高排污收费标准，使其略高于环境治理成本，以提高使用劣质煤的成本，促进选后优质煤的推广和应用。

（五）加大执法检查力度，促进市场良性发展

加大对煤炭生产和供应商的商品煤质量、煤炭用户的煤炭质量监管和检验频次，促使煤炭生产和加工企业必须生产和出售符合标准的煤炭产品，煤炭用户必须使用符合标准要求的煤炭产品。加大燃煤用户污染物排放监控，坚决避免"违法成本低于守法成本"的现象出现，让使用劣质煤的污染物排放全部转化为使用成本，形成良性的市场规则，使选后优质煤替代劣质煤落到实处。

参考文献

[1] 煤炭科学研究总院.煤炭发电与非煤能源发电节能减排比较研究[R]，2016.

[2] 煤炭工业洁净煤工程技术研究中心.清洁煤先进技术应用研究[R]，2012.

[3] 任世华.煤炭资源开发利用效率分析评价模型研究[J].中国能源，2015，37（02）：33-36.

[4] 任世华.洁净煤技术贡献量化分析模型研究[J].煤化工技术理论与实践，2009.

[5] 任世华，罗腾，赵路正.煤炭开发利用碳减排潜力分析[J].中国能源，2013，35（11）：24-27.

[6] 煤炭工业洁净煤工程技术研究中心.煤炭开发利用碳排放清单分析及减排潜力研究[R]，2012.

[7] 煤炭科学研究总院，国家能源局规划司."十三五"煤炭清洁高效发展若干重大问题研究[R]，2013.

[8] 中国工程院重大咨询项目.不同发电能源的温室气体排放研究[R]，2015.

（原载于《中国能源》2017年第06期，已做更新处理，作者：任世华、李维明）

对我国煤炭工业发展低碳经济的思考

  从《联合国气候变化框架公约》到《京都议定书》再到《巴黎协定》，发展低碳经济正由科学共识转变为全球行动。国家主席习近平已向世界庄严做出承诺，中国在"国家自主贡献"中提出将于2030年左右使二氧化碳排放达到峰值并争取尽早实现，2030年单位国内生产总值二氧化碳排放比2005年下降60%～65%，非化石能源占一次能源消费比重达到20%左右，森林蓄积量比2005年增加45亿立方米左右。在这一新的历史条件下，作为高碳能源产业的煤炭工业发展低碳经济的任务十分艰巨。

  低碳经济是以低能耗、低污染、低排放为基础的经济模式，其实质是能源高效利用、清洁能源开发、追求绿色GDP，核心是能源技术和减排技术创新、产业结构和制度创新以及人类生存发展观念的根本性转变。煤炭工业发展低碳经济，指的是在可持续发展理念指导下，以构建安全、稳定、经济、清洁的现代产业体系为宗旨，以加快转变煤炭的生产与利用方式为突破口，依靠科技进步，通过采用节能降耗、清洁生产、高效循环利用、清洁能源开发、国际 CDM 项目合作、碳捕捉和回收利用等手段，尽可能地减少高碳产品的消耗，减少温室气体排放，达到经济社会发展与生态环境保护双赢的一种经济发展形态。煤炭工业坚持走低碳经济发展之路，对于实现我国发展战略目标、保障国家能源安全、积极应对气候变化，进而实现能源、环境与社会的统筹协调发展具有十分重要的意义。

一、我国煤炭工业发展低碳经济的机遇

（一）大型煤炭集团的多元化经营战略

近年来，我国多数大型煤炭集团都一直坚持着煤炭开采为基础的多元化发展战略。例如，神华集团坚持煤、电、路、港、油一体化开发、产运销一条龙的经营理念；中煤集团重点发展煤炭生产、煤化工和煤机装备制造三大核心业务，努力完善以煤炭为主的产业链的延伸和以资本运营为主的外延式增长的延伸；陕煤化集团不断创新经营理念，坚持走"煤炭开发为基础、煤化工为主导、多元发展"跨越式发展道路。此外，一些煤炭集团还参与了非常规油气资源、新能源和可再生能源等的开发。通过多元化经营，我国煤炭工业正在逐步形成合理的产业和业务结构，培育着新的经济增长点。随着国家越来越重视低碳发展，必将出台一系列鼓励低碳能源（如煤层气、煤炭清洁转化产品等）、新能源和可再生能源发展的产业政策，这将有利于煤炭工业低碳化战略目标的实施。

（二）前期循环经济与节能减排工作的开展

煤炭工业开展循环经济是以资源的高效利用和循环利用为目标，

遵循"减量化、再利用、再循环"原则，通过拉伸主导产业链条和闭合循环发展，最终实现资源的合理开发和高效利用；煤炭工业实施节能减排则是以节约能源和减少环境有害物排放为目标，坚持优化设计与强化管理相结合，坚持应用先进技术与淘汰落后工艺相结合，坚持清洁生产与资源综合利用相结合，通过切实转变发展观念，创新发展模式，来提高发展质量，进而实现节能减排目标，促进煤炭工业节约、清洁、安全和可持续发展。因此，结合低碳经济的内涵，煤炭工业循环经济和节能减排工作的实施，对于形成以低能耗、低污染、低排放为基础、以低碳生产与低碳消费为特征的可持续发展模式意义重大。

（三）我国丰富的煤层气资源及其广阔的开发利用前景

我国煤层气资源十分丰富，根据最新一轮资源评估结果，埋深2000米以浅的煤层气资源量达31.46万亿立方米，与陆上常规天然气资源量相当。煤层气的主要成分是甲烷，过去未加利用直接排向大气，增加了大气中的温室气体；如果加以利用就能够成为比煤炭清洁的能源，所以利用煤层气是一项双赢举措。在当今世界能源短缺与环境压力并存的情况下，煤层气的开发利用在减少温室气体排放、增加清洁能源供应、培育新的经济增长点等方面均具有重要意义。立足于我国实际，未来国家将出台更多有利于加快煤层气产业发展的配套政策，必将迎来煤层气产业的巨大发展。

（四）国外先进技术与资金的支持

我国作为发展中国家，在发展低碳产业时，可以充分利用目前《京都议定书》框架下的清洁发展机制和联合履行机制，以获取国际上的资金和技术支持，这是发展其他产业所不具备的外部条件。通过国际合作（如煤矿瓦斯发电、碳汇项目等），必将进一步提升我国煤炭工业低碳经济产业的竞争优势。

二、我国煤炭工业发展低碳经济的挑战

（一）我国能源结构与现阶段经济社会发展水平决定了我国目前正处于温室气体排放的高峰期

我国的资源禀赋条件决定了我国的能源结构以煤炭为主的现状。2018年，我国的能源消费中煤炭占到59%。与石油、天然气等燃料相比，产生单位热量燃煤引起的碳排放比燃用石油、天然气分别高出约36%和61%。根据我国的实际情况，以煤为主的能源供给和消费结构在未来相当长时间内将不会发生根本性改变，这将使我国在降低单位能源的 CO_2 排放强度方面比其他国家面临更大的困难。此外，当前我国正处在工业化中期，经济发展方式粗放、能源结构不合理、能源技术装备水平低和管理水平相对落后的现状导致了单位 GDP 和主要耗能产品能耗都高于世界上主要能源消费国家的平均水平。随着中国经济的不断发展，煤炭消费和 CO_2 排放量必将持续增长。减少温室气体排放将使中国面临全新的、开创型的可持续发展模式的挑战。

（二）生产观念落后，对发展低碳经济缺乏积极性，节能减排压力日趋增大

我国煤炭工业生产方式整体粗放，多数企业观念落后，只关注眼前经济利益效益，忽视粗放发展所付出的资源代价、生态环境代价、生命代价、后续发展能力代价。当前煤炭行业是国家确定的 9 大重点能耗行业之一，其整体能源利用效率偏低，约为 28%，比全国能源利

用率低 4 个百分点，比发达国家低 10 多个百分点。随着煤炭开采机械化水平的提高、采深的延伸，煤炭的单位产品电耗正以每年 4% 的速度增长，更多安全、环保设施的投入也增加了生产的能耗。同时煤炭产量的大幅增长，势必加大矿井水、煤矸石和煤层气等煤炭共伴生物和废弃物的排放量，煤炭工业节能减排的压力日趋增大。这对于低碳经济的开展极为不利。

（三）未来将面临新能源和可再生能源产业的市场冲击

《能源发展战略行动计划（2014—2020 年）》提出要着力优化能源结构，把发展清洁低碳能源作为调整能源结构的主攻方向。要提高天然气消费比重，大幅增加风电、太阳能、地热能等可再生能源和核电消费比重，形成与我国国情相适应、科学合理的能源消费结构，大幅减少能源消费排放，促进生态文明建设。据规划，到 2020 年，非化石能源占一次能源消费比重达到 15%，天然气比重达到 10% 以上。不难发现，在国家政策导向激励和规划强力实施之下，今后我国新能源和可再生能源产业将会迅速崛起，在国家能源结构中新能源所占比重定会逐步上升。在由"高碳经济"向"低碳经济"发展转变过程中，新能源将不可避免的替代部分煤炭能源，煤炭需求量的减少决定了煤炭企业的煤炭主业将受到较大的市场冲击，市场竞争会更趋激烈。

（四）国内财税环境可能更为趋紧，国际经营形势也不容乐观

为配合低碳发展战略的实施，国家将出台一系列限制或控制传统化石能源生产与消费的相关财税政策，如资源税、消费税、环境税、碳税等。煤炭企业生产成本会有所提高，财税环境可能更为趋紧。同时，西方一些发达国家也会借低碳发展之名行贸易保护之实。通过征收碳

关税等手段，使我国煤炭企业在煤炭资源进口贸易上付出更大的经济代价，在下游煤化工产品及以此为原料的国内其他产品的出口贸易上，我国煤炭企业的生产成本可能会进一步增加，甚至可能面临国际贸易壁垒和制裁，并因此造成国际竞争力下降，这种影响进一步传导，会对上游的煤炭生产经营产生影响，经营形势不容乐观。

（五）低碳技术面临诸多挑战，且技术与投资等方面存在"锁定效应"

煤炭企业的技术优势主要集中在煤炭生产上，在煤的清洁转换、煤层气开发利用、新能源、可再生能源及提高能效、节能减排等方面技术研发能力有限，整体技术水平相对落后，存在诸多薄弱环节和技术"瓶颈"，特别是缺少具有自主知识产权的核心技术、专有技术和特色技术，面临较大的技术挑战。与此同时，低碳技术与投资等方面还存在"锁定效应"。所谓"锁定效应"是指基础设施、机器设备以及个人大件耐用消费品等，其使用年限都在 15 年乃至 50 年以上，其间不大能轻易放弃，即技术与投资都会被"锁定"。因此，如何在经济发展的过程中，超前运筹，避免锁定效应的束缚和后患，是一项紧迫而现实的挑战。

三、我国煤炭工业发展低碳经济的思路

我国煤炭工业发展低碳经济，必须立足于当前我国经济社会发展阶段以及煤炭工业发展现状，认真审视低碳经济的内涵和发展趋势，形成具有中国特色的煤炭工业低碳发展之路。

（一）以节能减排为抓手，提高能效和减少能耗

一要积极推进结构调整，淘汰落后产能和工艺。切实贯彻落实节能减排相关政策措施，一方面要从严控制，防止低水平、高耗能项目上马；另一方面则要控制高耗能、高排放过快增长，对不具备安全生产条件、资源浪费和环境污染严重的要坚决淘汰，积极推进煤矿整顿关闭和资源整合。二要优化生产布局，强化工序节能。通过加强科学规划，合理安排煤矿采掘、运输、通风、排水、提升、供电、供水和通信等系统布局和生产过程中各系统运行的衔接，减少各工序间相互干扰和影响，提高系统的运行效率；同时优化各生产系统，强化系统内部的过程管理，加强煤矿信息化建设，实现矿井提升、排水、运输和通风等系统的自动化和智能化，减少因工序不合理而造成的无效能耗。三要依靠科技创新，促进节能减排技术创新。加快开发关键、共性和前沿节能减排技术并在全行业积极，同时，科研院所应坚持自主创新，积极开展煤矿高耗能设备相关的节能技术攻关。此外，要大力推广先进适用的节能减排工艺、技术和装备。四要通过加强选煤实现节能减排。首先，要逐步实现选煤厂的大型化、规模化、集约化生产，淘汰落后的选煤方法，大力采用先进、高效、合理简化的煤炭分选工艺；其次，要加大科技开发投入力度，积极引进消化国际先进技术，加快研发大型化、自动化、高效节能的选煤技术装备；此外，还要提高选煤废弃物资源化利用水平。

（二）依托循环经济，切实转变煤炭经济发展方式

一要在总结国家煤炭循环经济试点单位经验的基础上，结合企业实际，有重点、分层次、全方位推进具有产业链发展特点的循环经济工业园区建设。二是新建项目要统筹考虑大型煤炭基地建设、大型坑

口电厂建设、煤焦化工产业发展。同时，煤炭生产规划要与下游产业发展规划有效衔接，合理布局，积极推进煤电一体化、煤化一体化、煤路港航一体化、煤炭的深加工与综合利用等联合生产经营。三要鼓励煤气共采、煤矸石和矿井水利用，实现煤与共伴生资源在产业链条上"再利用、再循环"。以煤层气产业为例，当前应以资源为基础，市场为导向，在"采煤采气一体化"的框架内，以大企业、大集团为龙头，做到掘、抽、采平衡，勘探、开发、利用相配套，燃气、气代油、发电并举，实现煤层气与煤炭的协调有序开发，逐步推进城市民用和工业燃气气源置换及 CNG、LNG 等气代油工程体系建设。

（三）加强低碳技术创新，发展煤化工，积极推进煤的低碳化转化及利用

在煤炭开发利用规划中，我国煤炭工业应该遵循"分配得当、各得所需、梯度利用"的原则，大力发展煤基多联产技术，尤其是大力推进低碳技术的创新，坚持以煤气化为基础，以煤制油、煤制氢或煤制化学品与燃气、蒸汽联合循环发电为主线的多联产体系，辅助 CCS，实现 CO_2 的零排放。但现阶段，考虑到我国国力的现状以及能源结构的特点，应该发展符合国情、便于现阶段大规模推广的煤炭加工、转化等低碳技术，促进国民经济和环境保护的协调发展。

（四）积极参与国际碳减排合作

煤炭企业可以利用清洁发展机制及其规则，将煤层气开发利用、碳汇项目延伸为清洁发展机制（CDM）项目，通过积极开拓国际碳交易市场，引进国外的先进技术、设备和资金，推进我国温室气体减排的发展，获取更大收益。

（五）适机开发利用新能源、可再生能源

煤炭工业在积极投身节能、降耗、温室气体减排项目之外，条件适合的（如有的煤矿处在风能、太阳能或页岩气资源等丰富的地区等）还应有选择、有重点地选择合适形式发展低碳能源，注重其盈利性与战略性，尝试在新的发展条件下谋求新的经济增长点和实现企业价值再造。

四、我国煤炭工业发展低碳经济的政策评价

近年来，我国不断制定和完善涉及煤炭工业的《矿产资源法》《煤炭法》《节约能源法》《环境影响评价法》《清洁生产促进法》《循环经济促进法》《环境保护法》《大气污染防治法》《森林法》等一系列法律法规，以及《中国洁净煤技术"九五"计划和2010年发展规划》《关于促进煤炭工业健康发展的若干意见》《煤炭工业节能减排工作意见》《中国应对气候变化国家方案》《煤炭工业发展"十二五"规划》等多个规划文件和行动方案，表明我国推动节能减排、发展低碳经济的决心，也为煤炭工业发展低碳经济确立了初步的发展方向。但与此同时，国家相关政策在推进实施过程中仍存在诸多不完善之处。

（一）政策手段单一，制度建设不健全

目前，煤炭工业低碳经济的推行主要是政府部门通过行政指令向地方政府和煤炭企业下达减排指标，依靠指标的层层分解来约束地方政府和企业，行政色彩浓厚。大多数国有大型煤炭企业集团，凭借其行业垄断地位，获得超额利润，能源环境成本的约束作用弱化，企业低碳化发展的内在动力和外部压力不足。低碳经济的发展，要靠法律

来保障，靠政府来引导，靠市场来运作。仅仅靠政府的行政指令是远远不够的。没有完备的法律法规体系，煤炭工业发展低碳经济就会缺乏保障，各级部门、煤炭企业的行为也会缺乏强有力的硬性约束。没有市场化的运作，没有经济手段的激励约束作用，企业缺乏研发低碳技术、参与低碳发展、保护环境的主动性和积极性，低碳经济难以推进。

（二）低碳技术政策不够系统和细化，缺乏成体系的低碳技术产业化指引

目前我国的低碳技术主要应用在煤炭加工、煤炭高效洁净燃烧、煤炭转化、污染排放控制与废弃物处理四个领域，已建设了一大批示范工程，个别技术甚至已领先于国际水平。早在 1997 年，《中国洁净煤技术"九五"计划和 2010 年发展规划》就得到国务院批准。国务院 2005 年发布的《关于促进煤炭工业健康发展的若干意见》提出，由国家发改委制定规划，完善政策，组织建设示范工程，并给予一定资金支持，推动洁净煤技术和产业化发展。2006 年，煤的高效洁净利用技术作为先进能源技术进入《我国应掌握自主知识产权的关键技术和产品目录》；2009 年 3 月，推进洁净煤技术产业化和核电、风电、太阳能发电等清洁能源发展一道，被列为由多个部委负责的落实《政府工作报告》的重点工作。但遗憾的是，这些政策都不够系统和细化。到目前为止，我国还没有成体系的低碳技术产业化指引以及配套的支持措施，而原有的相关鼓励政策存在规划多落实少，且政出多门、力量不集中、资金筹集渠道不畅，同时缺乏对低碳技术发展总体布局的政策和延续规划等问题，已不能满足现实需要。

（三）低碳产业发展的相关扶持政策尚不完善

低碳产业的培育过程投入大、回收期长，相关扶持政策的不完善导致各方在推进过程中积极性不高，我国煤炭工业低碳化发展状况并不理想。一方面，引导低碳产业发展的相关政策体系（涉及财政、信贷、税收、产业、环保等）尚不健全。以煤层气产业为例，发展初期投入高、产出周期长、投资回收慢，由于国家财政和金融方面对该产业扶持力度尚不够，致使资源勘探投入不足，资源评价不适应开发需求；煤层气开发企业在产业发展初期积极性不高；开发利用煤层气的煤矿企业处于亏损状态，普遍存在重抽采轻利用，矿井平均瓦斯利用率低下等问题。另一方面，针对相关基础理论研究和技术创新的扶持力度不够。我国低碳技术的开发从理论和技术方面都存在许多关键性难题，如对煤与瓦斯突出机理还没有根本认识，一些公益性、前瞻性、基础性、共性关键技术与装备等技术研究，从人才、基础设施到资金都缺乏必要的支撑，特别是社会公益性研究被大大削弱，相关方面的技术研究和创新进展缓慢。此外，低碳产业发展的相关体制和机制改革相对滞后，相关利益的协调与竞争机制尚不健全，投资主体较为单一。

（四）资金保障措施不到位

在现有政策框架下，煤炭工业发展低碳经济的资金保障措施并不到位。煤炭工业需要改造升级现有技术及设备、发展循环经济、实施资源整合、购买后备资源，上缴不断增加的各种税费，资金压力非常之大，试点企业可持续发展基金回用与上缴的比例太小，许多节能减排项目、煤的清洁转化项目资金需要自筹，严重影响了低碳经济工作开展的积极性和实施效果。地方煤炭企业很难争取到国家和省级节能减排专项资金，提取的环境恢复治理保证金还要上交财政部门管理，节能减排、CDM 项目存在项目审批难、资金使用难等问题。

五、我国煤炭工业发展低碳经济的建议

为推进我国煤炭工业的低碳化发展，在充分总结和借鉴国内外经验基础上，建议从以下几方面着手。

（一）加大宣传力度

积极发挥政府部门和主流媒体的作用，充分利用多种形式，宣传煤炭工业发展低碳经济的重要性、必要性，及时向社会通报节能减排进展情况、取得成效和存在的不足。要有计划地组织相关业务学习和培训，提高煤炭工业战线职工对发展低碳经济的认识，增强资源忧患、节约和环境保护意识，以增强发展低碳经济的自觉性。

（二）加强组织领导

国家有关部门应联合组成推进煤炭工业发展低碳经济的部际领导小组，研究确定煤炭工业应对低碳经济要求的重大战略、规划、方针和对策，协调解决发展低碳经济过程中的重大问题。各地煤炭行业管理部门和环境保护部门要对所辖区内的相关工作，本着分工合作、目标一致的原则，采取有效措施，如组成联合督导组等，加强监督与管理工作，使这项系统工程能够沿着正确的轨道前行。

（三）建立健全激励约束机制

一要制定煤炭工业低碳发展中长期战略规划，使其同国家及相关

部门出台的"发展规划""能源规划""循环经济规划"和"节能减排规划"相衔接。二要建立促进低碳经济发展的多元资金投入机制。包括财政、碳金融公司、科技风险投资、国外双边和多边基金、企业技术研发资金等多渠道投入，为煤炭工业低碳化发展提供资金保障。三要建立健全低碳技术产业化保障机制。积极构建以政府为主导、企业为主体、产学研相结合的低碳技术创新体系和低碳技术网络平台；完善财务会计制度，使采用低碳技术所产生的外部成本能够实现内部化，进而推进低碳技术的推广和应用；实施新建煤炭企业低碳技术水平准入门槛，鼓励新节能产品推广；对于积极采用低碳技术且取得明显效果的要给予奖励。四要改革资源税费制度，适时开征碳税，努力构建能够促进煤炭低碳发展的税收体系。五要探索建立和完善碳排放交易机制。积极创造条件，探索建立和发展碳排放与碳平衡交易市场；充分利用清洁发展机制（CDM），将煤层气开发利用、碳汇项目延伸为 CDM 项目，通过开展国际互惠交易，积极开拓国际碳交易市场。

（四）制定低碳经济标准体系

参照国际标准和通用做法，结合我国煤炭工业发展低碳经济的实际，紧紧围绕节能降耗、提高能效、清洁能源开发、碳交易与合作、碳捕获与封存、产品能效标识与认证等方面，制定具有中国特色的煤炭工业低碳标准体系，以保障我国低碳经济工作的顺利推进以及国际标准话语权的争取。体系设计可包含低碳经济基础标准、低碳管理标准、低碳技术标准和低碳工作标准四个方面。其中低碳技术标准对于低碳技术的研发至关重要，应涉及碳排放标准、碳源控制标准、清洁能源标准、碳捕集与封存标准、碳汇建设标准、碳交易与合作标准以及低碳产品标准等等。

（五）加快推进低碳经济立法

在尽快构建和形成一整套完善系统的低碳经济法律体系框架基础上，将煤炭工业发展低碳经济纳入该法律体系，进而形成一个与国际大趋势吻合、充分体现国家意志、符合煤炭工业实际、具有可操作性的煤炭工业发展低碳经济的法律法规。

（原载于《宏观经济管理》2012 年 9 期，已做更新处理，作者：李维明）

煤炭企业清洁高效开发利用水平综合评价研究

　　本报告从可持续发展角度引入清洁高效开发利用概念，借助专家咨询的定性和定量信息构建了反映煤炭企业清洁高效开发利用水平的评价指标体系，并利用FPPSI方法对某煤炭企业进行了实证研究。在此基础上，借助综合评价结果找出了该企业规划实施过程中的薄弱环节与存在的机会，进而有针对性的提出了政策建议。该研究可为提升我国煤炭企业清洁高效开发利用水平提供决策参考。

　　改革开放以来，煤炭在我国一次能源生产和消费中的比重始终在70%左右，其作为主体能源，在我国国民经济和社会发展中发挥了巨大作用，但与此同时，也应清醒地看到，其所面临的资源、环境与安全方面的压力在不断加剧，形势并不容乐观。在这一背景下，根据国家产业经济调控政策导向，立足于转变经济发展方式这一主线，深入贯彻落实科学发展观，将煤炭工业发展的重点，放在资源的高效开发、综合利用和环境保护、安全生产上来，促进实现资源、环境、安全全面协调可持续发展，积极推进建设资源利用率高、安全有保障、经济效益好、环境污染少的可持续发展的新型煤炭工业，意义重大。

本报告所研究的煤炭清洁高效开发利用即针对我国煤炭产业所面临的资源、环境、安全等方面的压力，努力遵循可持续发展原则，在实现煤炭安全高效开发的同时，将其对于环境的破坏程度减少到最低，并最终实现煤炭开发利用—经济—社会—环境复合系统的良性循环。可见，在当前，实现我国煤炭的清洁高效开发利用，任务艰巨，刻不容缓。而通过对其现状实施综合评价，可为提升我国煤炭企业清洁高效开发利用水平提供决策参考。

纵观国内外文献，目前专门针对煤炭企业清洁高效开发利用水平及其评价的研究还几乎没有，但就其所兼顾子目标实现情况的研究却不少且多为综合评价。其中，针对清洁生产与利用的评价，国内学者普遍采用模糊综合评价方法，借助所构建的指标体系，对生产利用过程的各个环节实施综合评价，通过实证结果分析可识别出该过程的薄弱环节和机会，进而为指导矿企生产实践提供决策参考。关于高产高效水平的评价，除构建相关指标体系外，诸多学者通过设定新型功效函数或采用其他评价方法，如灰色系统分析法、层次分析法、人工神经网络法等，对矿井赋存、生产、技术、管理、绩效、安全、环境等方面进行系统评估，以增强对矿井生产能力或经济效益的认识，旨在为建设高产高效矿井和有的放矢地制定相关发展战略提供依据。而针对煤炭企业可持续发展水平的评价，指标的选择基本围绕经济—社会—环境—资源四个方面考虑，模型和方法除模糊综合评判外，系统动力学模型、神经网络模型等其他领域的方法也被引入到研究当中，通过对不同煤炭企业进行动态实证分析，进而有针对性的提出了其实施可持续发展战略的具体对策。

一、评价指标体系的建立

（一）指标选取的原则

评价煤炭企业清洁高效开发利用水平的指标选取原则如下。

1. 科学性

要客观体现煤炭企业清洁高效开发利用这一系统的科学内涵，并能真实反映该系统的结构功能、基本状态与变化特征。

2. 系统性

要用系统论思想全面审视所研究对象的整体性、层次结构性和动态性，以确保煤炭企业清洁高效开发利用系统的组成特征、功能及其相互关系能够得以充分体现。

3. 完备性

要从整体目标出发，从其所兼顾子目标的实现状况及其保障能力来选取一些敏感性强且颇具代表性、能够全面反映研究对象特征的指标。

4. 可操作性

相关指标数据的获取应具有可行性，且能够通过现有统计手段和检测方法实现。

5. 相对稳定性

煤炭企业清洁高效开发利用水平的提升是一个长期过程，故指标应在相当长一段时期内具有引导和存在意义，短期问题暂不考虑。

（二）指标体系框架

本研究从安全高效开发状况、清洁开发与利用状况、保障能力状况三个子系统着手，选取代表性指标对煤炭企业清洁高效开发利用水平进行科学评价。指标筛选过程采用基于专家咨询定量和定性信息的统计分析来完成：淘汰半数以上专家认为不重要的指标；归并强相关性的指标；选择相对容易获取的指标；列入经过 3 轮专家咨询、80%以上专家认同的指标。经过以上步骤，最终形成的指标体系框架见图 1。

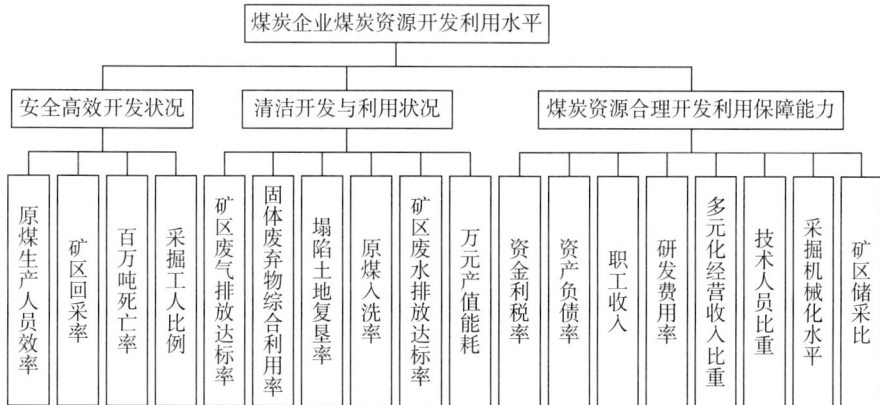

图1 煤炭企业清洁高效开发利用水平评价指标体系

注：采掘工人比例为采掘工人数与期末总人数之比。

二、评价方法——FPPSI

本报告选取的评价方法是全排列多边形综合图示法（Full Permutation Polygon Synthetic Indicator，简称 FPPSI）。其基本思想为：设有 n 个指标，经标准化处理后，以这些指标上限值为半径可构成一个中心正 n 边形，而连线各指标值则构成一个不规则中心 n 边形，该不规则 n 边形的顶点是 n 个指标的一个首尾相接的全排列，由此，n 个指标可构成（n+1）!/2 个不同的不规则中心 n 边形，而其综合指数值则定义为所有不规则多边形面积均值与中心正多边形面积之比。

采用如下标准化函数对指标进行标准化处理：$F(X) = a\dfrac{X+b}{X+c}$

$$F(X)\big|_{X=L} = -1$$

其满足：$F(X)\big|_{X=T} = 0$

$$F(X)\big|_{X=U} = 1$$

其中：L、T、U 分别代表变量 X 下限、阈值和上限。

将上述约束条件代入 $F(X)$，可得：

$$F(X) = \frac{(U-L)(X-T)}{(U-L-2T)X + UT + LT - 2LU}$$

经证明，当 $X \in [L, U]$ 时，$F(X)$ 具有如下性质：

（1）$F(X)$ 有意义（即在定义区间无奇异值）；

（2）$F'(X) \geqslant 0$；

（3）$X = (U+L)/2$ 时，$F'(X) = 0$，此时 $F(X)$ 为线性函数；

（4）$X \in (T, U)$ 时，$F''(X) > 0$；

（5）$X \in [L, T]$ 时，$F''(X) < 0$；

（6）$X = T$ 时，$F''(X) = 0$。

由此，通过标准化函数 $F(X)$，可将位于区间 $[L, U]$ 的指标映射到 $[-1, +1]$ 区间，且映射后的值使得原有指标的增长速度发生改变，即在标准化之前沿 x 轴线性增长，而标准化后则转变为快—慢—快的非线性增长（临界值为转折点）。

对第 i 个指标，标准化计算公式为：

$$S_i = \frac{(U_i - L_i)(X_i - T_i)}{(U_i - L_i - 2T_i)X_i + U_iT_i + L_iT_i - 2L_iU_i}$$

显然，当 n 个指标所构成图形为中心正 n 边形时，其中心点为 $S_i = -1$ 时的值，顶点为 $S_i = 1$ 时的值，中心点至顶点线段为各指标标准化值所在区间，而 $S_i = 0$（$X_i = T$）时的多边形为指标的临界区。临界区的内部区域代表各指标的标准化值为负且位于临界值之下；而外部区域则表示各指标标准化值为正且位于临界值之上（图2）。

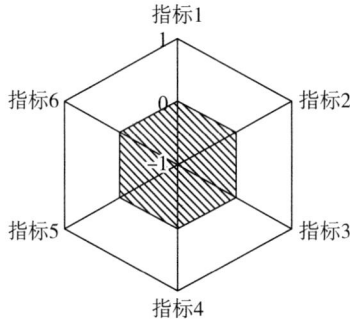

图2　FPPSI方法示意图

表1　　　　　　　　　煤炭企业清洁高效开发利用水平的分级准则

等级	综合评价值（S）	意义
I	>0.75	良好
II	0.50–0.75	较好
III	0.25–0.50	一般
IV	<0.25	较差

n个指标所形成的所有不同n边形的区域总面积：

$$\left(0.5\sin(\frac{2\pi}{n})\sum_{i\neq j}(S_i+1)(S_j+1)\right)\times\frac{n!}{2}\times\frac{2}{n(n-1)}$$

而（n–1）!/2个规则n边形（半径为2）的总面积：

$$0.5\times4\times n\times\sin(\frac{2\pi}{n})\times\frac{(n-1)!}{2}$$

则FPPSI计算公式为：
$$S=\frac{\sum_{i\neq j}(S_i+1)(S_j+1)}{2n(n-1)}$$

将区间[0，+1]均分为四，利用标准化函数将其映射至[–1，+1]之间，即可得到一个4级的分级标准（较差、一般、较好、优良），分别代表不同的煤炭企业清洁高效开发利用水平（参见表1）。

三、实证研究

（一）数据来源与预处理

以某煤炭企业为例，分别找出其在评价指标体系三级指标中的取值（因企业数据涉密，故未列出）。其中，指标上/下限参照规模以上煤炭企业相应指标的最高/最低值设定，而临界值则根据其平均值及《企业绩效评价标准值》确定（且可根据规划目标和当地情况适当调整）。真实值（2010年）与规划值（2015年、2020年）的详细基础数据主要通过参阅《中国煤炭企业100强分析报告2011》、该煤炭企业"十二五"及中长期发展规划和其所在区域的相关统计资料等来最终设定，其中部分未能获取的2020年指标规划值按"十一五"期间发展水平近似推算。

（二）结果分析与讨论

借助FPPSI方法，对指标进行标准化处理，在此基础上，按照不同的规划阶段，对企业的安全高效开发状况、清洁开发与利用状况、保障能力状况以及总体状况实施综合评价。实证结果如下。

（1）安全高效开发状况。目前该企业的安全高效开发水平综合指数为0.55，处于Ⅱ级偏下水平；到2015年达到0.65，处于Ⅱ级偏上水平；2020年将增至0.93，届时达到Ⅰ级良好水平。由图3可见，努力调整采掘工人比例、大力提升煤炭企业回采率，是确保该企业安全高效开发状况实现规划目标的关键。

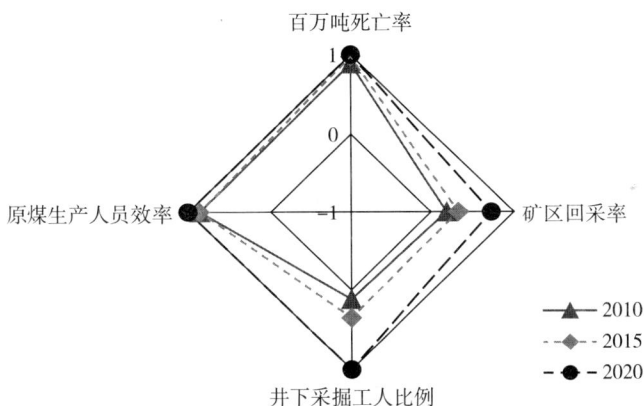

图3 安全高效开发状况评价

（2）清洁开发与利用状况。目前该企业的清洁开发与利用水平综合指数为0.37，处于Ⅲ级水平；随着规划时段的推移，到2010年将达到0.67，处于Ⅱ级水平；到2020年达到0.83，处于Ⅰ级良好水平。由图4可知，导致目前指数偏低的原因主要是一些指标如塌陷土地复垦率、原煤入洗率、固体废弃物综合利用率、万元产值能耗等偏低。为此，该企业要实现2015年、2020年规划目标，就必须要对这些指标进行改善。

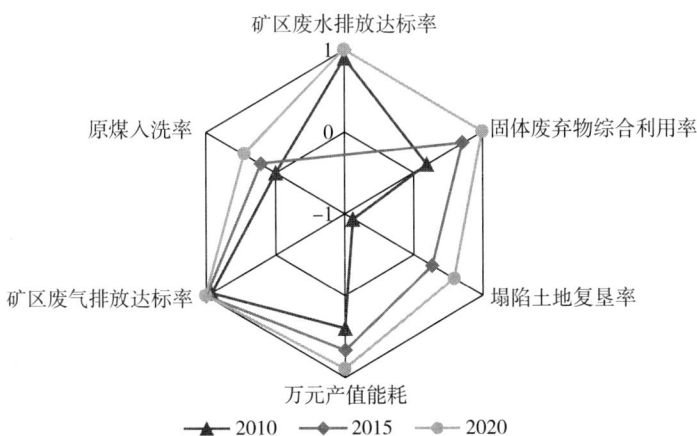

图4 清洁开发与利用状况评价

（3）保障能力状况。目前该企业清洁高效开发利用保障能力状况的综合指数为0.45，处于Ⅲ级水平；到2015年规划期，将达到0.58，处于Ⅱ级水平；到2020年将增至0.90，达到Ⅰ级良好水平。目前的指数并不理想，究其原因，主要是由技术人员比重、研发费用率、采掘机械化水平（重点是掘进机械化程度的提高）、资金利税率偏低所致（参见图5）。总体来说，该企业要实现2015年、2020年规划目标，同样需要在提升这些指标的保障能力上做文章。

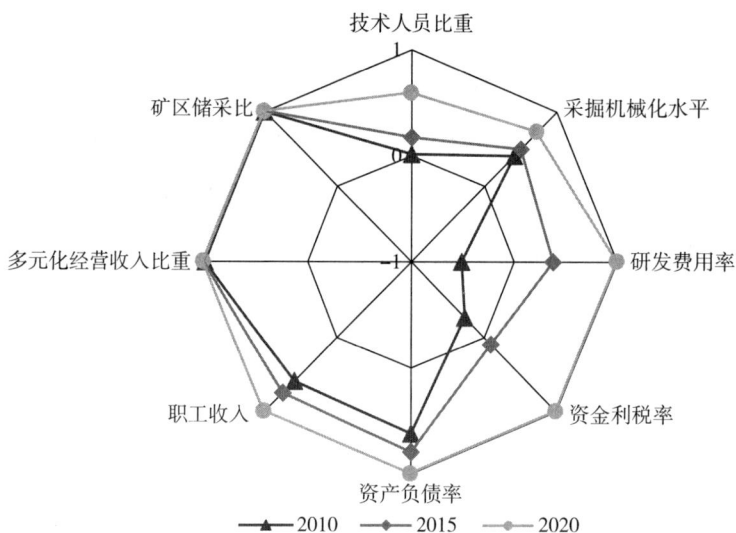

图5　清洁高效开发利用保障能力评价

（4）清洁高效开发利用总体水平状况。目前该企业清洁高效开发利用整体水平综合指数为0.45，处于Ⅲ级水平，发展能力一般，主要原因是尽管该企业安全高效开发状况略好于清洁开发与利用状况及保障能力状况，但这三者整体水平并不突出。如果该企业能够按照2010年、2020年规划目标发展，它的各项指标都将趋好。2010年综合指数将达到0.65，进入Ⅱ级较好水平；而到2020年将达到0.89，进入Ⅰ级良好水平（参见图6）。

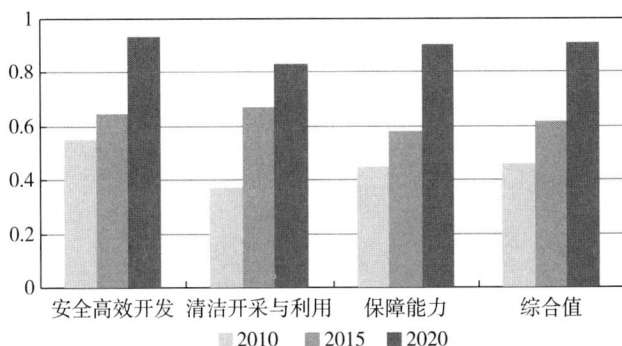

图6 清洁高效开发利用整体水平的综合评价

（三）政策建议

（1）针对该企业技术人员比重偏低，建议进一步完善和创新人力资源管理制度，全面实施人才开发与管理策略，重点在吸引、培养、评价、选拔、用好人才等方面加大力度，进而为员工创造良好的发展平台，为企业全面发展奠定坚实的人才保障。

（2）针对该企业研发费用率偏低这一状况，考虑到其研发模式以自身为主，建议通过与研发企业建立战略联盟方式，合理加大对高新技术的研究、开发、成果推广与应用力度，进而实现产业结构调整和产品升级换代，最终形成企业的科技成果转化与自主创新能力。

（3）针对改善该企业的经营状况，建议从如下几方面做起。一是实施成本领先战略。对煤炭主业，充分发挥其产品低成本优势，加大规模化生产；对于煤化工产业，可通过实施一体化战略和建立战略联盟，包括与科研机构、相关企业进行联合等形式，对现有煤化工企业进行资源整合和技术改造，进一步优化产业布局和格局，加快推动其发展壮大，实现以规模求效益。二是继续坚持"技改、新建、转化、联合"并举方针，充分发挥资源比较优势，进一步增强煤炭主业的核心竞争力。三是以优化产业结构为目标，合理实施多元化经营，积极推进经济发展方式转变。四是加大产品创新力度，提高其市场竞争力，增强抗风险和自我发展能力。

（4）针对该企业清洁生产与利用状况不佳，建议以煤炭洗选为龙头，以煤电、煤化两大主导产业为核心，以煤层气开发利用为突破口，加快绿色开采技术与洁净煤技术发展，积极推进产业结构转变，努力构建起具有明显循环经济特色的特大型现代煤炭生产基地。

四、总结

FPPSI 方法实用性强，可同时包含单项指标与综合指标、几何直观图示与代数解析数值、静态指标与动态趋势；同时，其与传统简单加权法相比，权重确定无需专家主观评判，只要参考与决策相关的上限、下限和临界值即可，极大的减少了主观随意性；此外，该方法一改传统加法为多维乘法，能够使得整体大于或小于部分之和的系统整合原理得以充分体现。

煤炭企业清洁高效开发利用水平的评价指标体系属于复杂软系统范畴，经专家咨询方法筛选而出，在不同煤炭企业应用时可根据实际情况进行适当增加或删减以及取值范围调整，但多数指标通用，故可用于比较不同煤炭企业的清洁高效开发利用水平。本报告以某煤炭企业为例进行实证研究，找出了其薄弱环节，并有针对性的给出了政策建议，为提升我国煤炭企业清洁高效开发利用水平提供了借鉴。

参考文献

[1] 王斌等.矿山清洁生产评价体系的建立[J].矿业快报.2006（2）：32-34

[2] 张明慧.煤炭清洁生产和利用的经济分析及对策研究[D].太原理工大学.2002

[3] 徐德峰. 高产高效矿井经营绩效的系统评价[J]. 中国煤炭. 2005, 31（3）: 35-38

[4] 张建平. 高产高效矿井综合评价指标体系研究[D]. 太原理工大学. 2003

[5] 李堂军. 煤炭企业可持续发展动态分析与适应性对策[D]. 中国矿业大学. 2000

[6] 张幼蒂. 综合集成化人工智能技术及其矿业应用[M]. 中国矿业大学出版社.2004

[7] 吴琼、王如松等. 生态城市指标体系与评价方法[J]. 生态学报. 2005, 25（8）: 2090-2095

[8] Feng Li. Measurement indicators and an evaluation approach for assessing urban sustainable development: A case study for China's Jining City[J]. Landscape and Urban Planning. 2009, 90（3-4）: 134-142

[9] 国务院国资委财务监督与考核评价局. 企业绩效评价标准值[M]. 经济科学出版社. 2011

[10] 中国煤炭工业协会编辑. 中国煤炭企业100强分析报告2011[M]. 中国矿业大学出版社, 2010

（原载于《煤炭经济研究》2012 年 7 期，作者：李维明）

综合利用篇

加快落实和完善国家政策，
进一步推进我国煤层气开发利用
——基于山西沁南等气田的实地调研 [①]

　　开发利用煤层气可变害为利、变废为宝，具有显著的社会和经济效益。近年来，在国家相关财税、科技等政策扶持下，煤层气产业稳步发展，在减少温室气体排放、增加清洁能源供给、保障煤矿安全等方面取得显著成效，并已成为我国构建绿色、高效、安全的现代能源体系和实现能源可持续发展战略的重要支撑。然而对山西沁南等气田的实地调研发现，煤层气开发利用仍存在一些问题亟待解决，突出表现为矿业权重叠纠纷不断、部分政策落实不到位、资金支持力度不够、行业标准体系建设滞后等，严重影响煤层气"十二五"规划目标的实现。为此建议：应进一步完善煤层气矿业权制度，切实落实和完善煤层气价格和财税政策，加快拓展煤层气开发投融资渠道，进一步健全煤层气开发利用标准体系。

　　煤层气，俗称煤矿瓦斯，是近几十年来在世界上兴起的一种新

---

　　① 为2014年研究成果。尽管"十三五"煤层气开采利用中央财政补贴标准已提高到了0.3元/立方米，但力度仍然不够，面临的问题依旧。

型气体清洁能源。我国拥有丰富的煤层气资源，其地质资源量（埋深2000米以浅）与常规天然气相当，位居世界第三，开发利用前景十分广阔。然而，在过去相当长的一段时间内，由于认识、技术等方面的局限，加之采煤过程中恶性瓦斯爆炸事故的时有发生，以及经济快速发展所形成的煤炭供不应求的局面，导致煤层气一度被视为"煤炭副产品""有害气体"被大量排弃。随着安全生产、环保等工作的开展以及煤层气资源价值的显现，国家开始把煤层气作为一种资源来管理，并予以了高度重视。

2006年，为加快煤层气的开发利用，国务院出台《关于加快煤层气（煤矿瓦斯）抽采利用的若干意见》（国办发〔2006〕47号）；之后，各部委推出"一揽子"利于煤层气产业发展的扶持政策；2013年9月，为适应煤层气产业化发展的新形势，国务院再次出台《关于进一步加快煤层气（煤矿瓦斯）抽采利用的意见》（国办发〔2013〕93号）；2014年4月18日，国务院总理李克强在主持召开新一届国家能源委首次会议时更是强调，要进一步促进煤层气等非常规油气资源开发。

煤层气开发利用政策措施的出台和实施，极大地促进了我国煤层气产业发展，并取得显著的经济和社会效益。然而通过近日对山西沁南、延川南等气田 ① 的调研发现，我国现行煤层气政策仍存在矿业权制度不完善、地方落实不到位、激励政策和措施力度不够、标准体系不健全等诸多问题，严重制约煤层气产业发展。2013年我国煤层气产量仅为138.13亿立方米（其中地面开采量29.26亿立方米），与煤层气开发利用"十二五"规划提出的目标（2015年达到300亿立方米，

---

① 山西沁南、延川南气田分别指的是沁水盆地南部煤层气田和鄂尔多斯盆地延川南煤层气田，是目前我国煤层气勘探开发的重点地区。据统计，鄂尔多斯盆地和沁水盆地的煤层气资源量之和约为16.33万亿立方米，占到全国煤层气资源量的44.36%。

其中地面开发 160 亿立方米）差距巨大。为此亟待抓住当前有利时机，尤其是煤炭市场持续低迷给煤层气发展所带来的机遇，加快落实和完善相关政策，推进我国煤层气产业持续健康发展，确保我国能源安全。

一、社会和经济效益显著

（一）保障煤矿安全生产

煤层气（煤矿瓦斯）是煤矿安全生产的最大威胁。国家煤矿安监局统计数据显示，全国煤矿矿井中约有 44% 为高瓦斯矿井，瓦斯事故死亡矿工占到煤矿事故总死亡人数的 30%～40%。其中，在一次死亡 3 人以上重特大事故中，瓦斯事故约占 55%；一次死亡 10 人以上特大事故中，瓦斯事故则高达 80%。近年来，国家通过实施"采煤之前先采气"等一系列措施，从根本上降低了煤矿瓦斯事故发生概率，极大地改善了煤矿安全生产条件。从 2001 年到 2013 年，全国煤炭产量由 14.7 亿吨增至约 37 亿吨，矿井煤层气抽采量由 9.8 亿立方米增至约 138 亿立方米，死亡人数则由 2463 人减少到 348 人。其中"十一五"期间，全国煤层气产量增长近 3 倍、利用量增长近 5 倍，而瓦斯事故总量则减少 65%，瓦斯事故死亡人数减少 71.3%，重特大瓦斯事故减少 73.1%，瓦斯事故死亡人数占煤矿事故死亡人数的比例减少 10.7 个百分点。

（二）增加清洁能源供给

煤层气是与煤伴生，以吸附状态储存于煤层内的一种非常规天然气，其成分与常规天然气大致相同，甲烷含量可达 95%，燃烧值在 33.44KJ/m³ 以上，是一种优质的气体清洁能源。我国煤层气资源丰富，根据最新一轮资源评价结果，埋深 2000 米以浅的煤层气地质资源量为 36.81 万亿立方米，埋深 1500 米以浅的煤层气可采资源量为 10.87 万亿立方米。近年来，随着国家政策推动和技术发展，煤层气作为一种优质能源，被广泛用于民用燃料、工业燃料、发电和化工原料。2013 年，我国煤层气产量占到全国天然气产量约 11.4%，煤层气已成为我国气体清洁能源最现实、最可靠的补充资源。

（三）减少温室气体排放

煤层气（主要成分是甲烷）在我国是仅次于二氧化碳的温室气体。国际能源机构（IEA）的资料显示，直接排放 1 立方米煤层气产生的温室效应，相当于排放 21 ~ 24 立方米（约 15 千克）的二氧化碳。由此可以推算，每年我国因煤矿开采向大气排放煤层气约 300 亿 ~ 400 亿立方米，相当于排放二氧化碳 4.5 亿 ~ 6 亿吨。加快煤层气开发和综合利用，在一定程度上避免了因采煤造成的煤层气资源浪费，同时大大减少了煤矿开采过程中的温室气体排放。国家能源局统计数据显示，2013 年，我国煤层气利用量约 66 亿立方米，相当于减排二氧化碳约 9900 万吨；"十一五"期间，我国煤层气开发利用累计达 95 亿立方米，相当于减排二氧化碳 14250 万吨。

二、煤层气开发利用仍存在一些突出问题

（一）矿业权制度仍不完善

为解决煤层气矿业权重叠问题，国家相继出台了一系列政策措施，相关部门也多次协调，确实取得了一定的成效。但由于一些地方政府为了眼前利益，继续支持无证企业侵权开采煤层气，在煤层气矿

业权内继续颁发煤炭矿业权，形成了新的矿业权重叠。例如，某地方国土部门在煤层气矿业权人不知情情况下，在煤层气矿业权区域内颁发煤炭采矿权证 226 个，形成新的重叠面积 612 平方千米。煤层气、煤炭矿业权"重叠—治理—再重叠"的恶性循环，严重影响煤层气产业健康发展，并最终危及煤矿安全生产。此外，在前些年煤炭供不应求、煤层气生产不得不让位于煤炭生产的背景下，国土资源部于 2007 年停止办理煤层气探矿权；同时，按照矿业权管理办法和国办发〔2006〕47 号文、国土资发〔2007〕96 号文要求，一些煤层气公司还退让部分煤层气探矿权给煤炭企业，导致近年来我国煤层气探矿权不增反减，目前全国煤层气探矿权仅剩 5.9 万平方千米，勘查面积不足问题越来越突出，难以支撑 2015 年实现煤层气产量 300 亿立方米、"十二五"期间新增探明地质储量 1 万亿立方米的宏伟目标。

（二）价格和部分财税政策措施难以落实

一是市场定价机制尚未落实。国办通〔1997〕8 号文明确规定煤层气实行市场定价原则，发改价格〔2007〕826 号文和国办发〔2013〕93 号文再次重申这一原则，但一些地方政府仍出台相应对策，违背了上述规定。如某市人民政府以纪要文件形式，要求煤层气公司以指定价格（每立方米 1 元）向管道或集气站供气（该价格约为华北油田煤层气进入西气东输结算价格 1.56 元 / 立方米的 64%）。

二是增值税"先征后退"政策尚未有效落实。财税〔2007〕16 号文规定，煤层气抽采企业的增值税一般纳税人抽采销售煤层气实行增值税先征后退政策。但由于增值税为中央（75%）和地方（25%）共享税种，地方政府在给企业退税时要么设置烦琐的审批程序，要么延长退税时限，甚至仅退返部分税款，使得该政策在实际中难以执行到位。

三是财政补贴"缩水"严重。财建〔2007〕114 号文规定，中央财政按 0.2 元 / 立方米煤层气（折纯）标准对煤层气开采企业进行补贴。然而，煤层气开发利用财政补贴被征收企业所得税（25%），导致实际补贴只剩下 0.15 元 / 立方米，政策缩水幅度达 1/4。

（三）激励政策和措施力度不够

一是财政补贴标准有待提高。煤层气项目具有投资大、回收期长、勘探风险大等特点，加之目前开发技术不够成熟、开采费用较高，很多项目处于亏损状态。调研发现，资源条件相对较好的沁水盆地煤层气开发尚不能盈利（生产每立方米煤层气至少亏损 0.35 元），其他地区煤层气开发成本可能更高，投资风险更大。

二是投融资扶持政策不足。尽管近年来在国家相关政策的支持下，我国煤层气开发利用进展顺利，但国家每年煤层气的地质勘探费和资源补偿费仅 2000 万～ 3000 万元，这与美国政府在煤层气产业发展早期（1987 ～ 1995 年）60 亿美元的巨额投资形成了极大反差。因勘探资金投入不足，目前煤层气探明储量仅占总资源量的 3‰左右，导致未来没有足够的可动用储量可供开采，严重影响我国煤层气产业的持续发展。

（四）行业标准体系不健全

近年来国家研究制定了一批急需标准，促进了煤层气产业规范发展，但仍无法满足其快速发展的需要。目前，煤层气标准存在体系不完善、交叉重复、基础工作薄弱等方面的问题。统计数据显示（煤炭科学研究总院），已出台标准只占计划出台总量的 1/7，而且已发布标准主要集中在煤层气上游环节（资源勘查和钻采等方面），中游集输、下游终端利用以及安全、环保等标准还十分欠缺。此外，煤层气作为一个新兴产业，标准制定工作需要开展大量的基础工作，尤其是调查研究工作。而目前的标准研究投入严重不足，研究支撑机构积极性不高，标准研究人员相对匮乏，导致相关基础工作开展严重滞后，难以满足大量标准制定任务的需要。

三、若干对策建议

（一）进一步完善煤层气矿业权制度

一是严格遵守解决煤炭、煤层气矿业权重叠的相关规定。要严格遵守国办发〔2006〕47号、国土资发〔2007〕96号、国办发〔2013〕93号文件和《煤层气产业政策》（2013）的相关规定，对煤炭规划5年后开始建井开采的区域，要坚持"先采气、后采煤"原则，同时做好采气采煤施工衔接。在国家煤层气规划区和大型煤炭基地内推行"煤炭、煤层气矿业权统一设置"制度，真正实施"采煤采气一体化"管理制度。

二是尽快完善解决煤炭和煤层气矿业权重叠问题的管理办法。鼓励煤炭开采企业与煤层气开采企业签订重叠区块矿业权合作勘探开发协议，并在国土资源管理部门的监管下按照市场原则执行。在无法达成重叠区块矿业权合作协议的情况下，可参照征地管理中的占补机制，建议国土资源管理部门实施退补平衡机制，在综合考虑资源丰度、地质和地理条件等因素的基础上，为选择退出的矿业权人增补新的煤层气矿业权。此外，在当前煤炭产能过剩背景下，可考虑择机新设煤层气矿业权，增加煤层气矿业权数量，扩大煤层气矿业权面积。

（二）切实落实和完善煤层气价格和财税政策

一是切实落实煤层气由市场定价的原则。要求地方政府必须严格按照国办发〔2013〕93号文件要求，尽快放开对煤层气的价格管制（含指导价），并按不低于同等热值天然气的价格确定进入城市公共管网的煤层气售价。

二是提高财政补贴标准。深入研究煤层气生产全生命周期成本，在综合考虑开发利用成本和市场销售价格等因素基础上，参照页岩气开发利用补贴政策（财建〔2012〕847号），适度提高煤层气（煤矿瓦斯）开发利用的中央财政补贴标准。

三是增值税实行"即征即退"政策。参照煤层气引进技术减免进口环节增值税的做法，对煤层气销售环节增值税由"先征后退"改为"即征即退"，以减少中间环节，切实落实增值税优惠政策。

四是加大企业所得税优惠力度。明确规定煤层气开发利用的中央财政补贴部分，免征企业所得税；参照《企业所得税法》第二十七和二十八条规定，减计企业所得税计税收入（按70%）和降低企业所得税税率（按15%）。

（三）加快拓宽煤层气开发投融资渠道

在国家层面，建议每年安排专项资金用于煤层气的风险勘探，或者通过建立煤层气产业发展基金等形式解决煤层气风险勘探资金缺乏的问题；引导各类商业金融机构加大对煤层气开发利用项目的支持力度，鼓励保险公司为煤层气开采企业提供财产、产品责任等保险服务。

在社会层面，完善市场机制，逐步破除民营企业投资煤层气开发利用项目的不合理壁垒；鼓励民间风险投资机构设立和完善煤层气创业专项风险投资基金，消除社会资本进入煤层气风险投资领域障碍。

在涉外层面，完善外资投资政策，为煤层气项目国际融资营造良好市场环境；鼓励符合条件的境内煤层气开采企业，通过国外商业贷款和境外股票债券市场进行融资。

（四）健全煤层气开发利用标准体系

进一步完善煤层气标准体系，尽快研究出台煤层气勘查、钻井、压裂、开采、集输、利用等方面标准。一要研究编制煤层气标准制定和修订规划，明确煤层气标准制定的程序、分工责任和时间表，加快标准制定进度。二要加强煤层气标准机构力量，通过引进优秀技术人才，完善专业知识结构，建立系统培训和经验交流机制，不断提高标准研究队伍技能和水平。三要进一步研究拓宽标准项目经费渠道，加大煤层气标准资金投入，研究建立激励奖励机制，调动标准研究机构和企业参与积极性。四要建立由煤矿瓦斯防治部际协调领导小组办公室牵头、煤层气标准管理部门及相关委员会参加的煤层气标准协调机制，加强标准制定工作的有机衔接，保证标准内容衔接统一。

参考文献

[1] 国土资源部，国家发展改革委，财政部.新一轮全国油气资源评价—煤层气资源评价报告，2006

[2] 中联煤层气有限责任公司.我国与国外煤层气、页岩气开发潜力和政策比较研究，2012

[3] 申宝宏，陈贵锋.煤矿区煤层气产业化开发战略研究.北京：中国石化出版社，2013

[4] 叶建平，傅小康，李五忠.2013年煤层气学术研讨会论文集：中国煤层气勘探开发技术与产业化.北京：地质出版社，2013

（原载于《中国经济时报》2014年8月7日D05版，作者：李维明）

附录

2005年以来我国煤层气开发利用部分政策汇总

文件号	发布单位	政策、法规名称	主要内容
财建〔2005〕168号	财政部、发展改革委、安全监管总局、煤矿安监局	《关于调整煤炭安全生产费用提取标准加强煤炭安全生产费用使用管理与监督的通知》	调整大中煤矿、小型煤矿安全生产费用提取标准，完善安全费用提取和使用监管措施
发改能源〔2005〕119号	发展改革委、科技部等	《关于印发煤矿瓦斯治理与利用实施意见的通知》	坚持治理与利用原则，支持瓦斯利用示范工程建设等
发改能源〔2005〕457号	发展改革委、安全监管总局、煤矿安监局	《关于印发〈煤矿瓦斯治理经验五十条〉的通知》	总结淮南、阳泉、平顶山、松藻等煤矿瓦斯治理经验
教高〔2006〕4号	教育部、安全监管总局、发展改革委、财政部	《关于加强煤矿专业人才培养工作的意见》	提出培养、吸引和稳定人才多项措施
财关税〔2006〕13号	财政部、海关总署、税务总局	《关于煤层气勘探开发项目进口物资免征进口税收的规定》	进口设备、仪器、专用工具等免征进口关税和进口环节增值税
发改办〔2006〕1044号	发展改革委	《煤层气（煤矿瓦斯）开发利用"十一五"规划》	首次将煤层气列入国家发展规划
国办发〔2006〕47号	国务院办公厅	《关于加快煤层气（煤矿瓦斯）抽采利用的若干意见》	宏观指导煤层气勘探开发利用享受优惠政策
国办通〔1997〕8号	国务院办公厅	国务院批复通知	煤层气价格按照市场经济原则，由供需双方协商定价，国家不限价
安监总煤装〔2007〕188号	安全监管总局、煤矿安监局	《关于加强煤矿瓦斯先抽后采工作的若干指导意见》	提高煤矿瓦斯先抽后采认识，完善先抽后采工作机制
国土资发〔2007〕96号	国土资源部	《关于加强煤炭和煤层气资源综合勘探开采管理的通知》	采煤采气一体化，解决矿业权问题

续表

文件号	发布单位	政策、法规名称	主要内容
财税〔2007〕16号	财政部、税务总局	《关于加快煤层气抽采有关税收政策问题的通知》	实施增值税先征后返、设备加速折旧、减免所得税等措施
发改价格〔2007〕826号	发展改革委	《关于煤层气价格管理的通知》	民用煤层气出厂价格由供需双方协商确定
发改能源〔2007〕721号	发展改革委	《关于利用煤层气（煤矿瓦斯）发电工作的实施意见》	煤层气（煤矿瓦斯）电厂上网电价比照当地脱硫燃煤机组标杆上网电价，补贴0.25元/千瓦时
财建〔2007〕114号	财政部	《关于煤层气（瓦斯）开发利用补贴的实施意见》	发电之外的利用，中央补贴0.2元/立方米，地方适当补贴
GB21522—2008	环境保护部、质检总局	《煤层气（煤矿瓦斯）排放标准（暂行）》	煤层气（煤矿瓦斯）的排放限制
发改能源〔2008〕318号	发展改革委、安全监管总局、煤矿安监局、科技部	《关于印发2008年煤矿瓦斯防治工作要点的通知》	布局2008年煤矿瓦斯防治工作要点，促进煤层气产业化基地整体开发，推进示范工程建设
安委办〔2008〕17号	国务院安委会办公室	《关于进一步加强煤矿瓦斯治理工作的指导意见》	遏制重特大事故系列举措，包括应抽尽抽，抽采达标，全面落实治理和利用政策
财建办〔2008〕34号	财政部办公厅	《关于组织申报煤层气（煤矿瓦斯）开发利用财政补贴资金的通知》	用于煤层气民用、锅炉燃料、汽车、化工、非发电企业申报补贴
发改能源〔2009〕239号	发展改革委办公厅	《关于印发煤矿瓦斯防治2008年工作总结和2009年工作安排的通知》	2008年多渠道加大投入，推动煤层气开发；2009年继续加快产业基地建设，加大煤层气综合利用
发改能源〔2009〕1494号	发展改革委、能源局、安全监管总局、煤矿安监局	《关于组织开展大中型煤矿瓦斯专项整治的通知》	贯彻落实"先抽后采、监测监控、以风定产"方针，加大瓦斯抽采和利用力度

续表

文件号	发布单位	政策、法规名称	主要内容
发改能源〔2009〕889号	发展改革委、能源局、安全监管总局、煤矿安监局	《关于组织开展小煤矿瓦斯专项整治的通知》	整治小煤矿，建立瓦斯抽采系统，实施先抽后采、抽采达标和有效防治瓦斯突出
国能煤〔2009〕100号	能源局	《关于组织开展全国重点煤矿区煤层气抽采利用规模化建设工作的通知》	2010年抽采量1亿立方米矿区数达18个；2015年达36个
2011年12月	发展改革委、能源局	《煤层气（煤矿瓦斯）开发利用"十二五"规划》	提出了"十二五"时期的发展目标和主要任务
发改能源〔2012〕3383号	发展改革委	《天然气发展"十二五"规划》	提出了涉及煤层气的发展目标和主要任务
2013年3月	能源局	煤层气产业政策	明确了我国煤层气产业发展目标、市场准入条件等内容
国办发〔2013〕93号	国务院办公厅	《关于进一步加快煤层气（煤矿瓦斯）抽采利用的意见》	进一步加大政策扶持力度，加快煤层气（煤矿瓦斯）抽采利用，促进煤矿安全生产形势持续稳定好转
财建〔2016〕31号	财政部	《关于"十三五"期间煤层气（瓦斯）开发利用补贴标准的通知》	煤层气（瓦斯）开发利用标准从0.2提高到0.3元/立方米
国能煤炭〔2016〕334号	国家能源局	《关于印发煤层气（煤矿瓦斯）开发利用"十三五"规划的通知》	指导煤层气（煤矿瓦斯）开发利用、引导社会资源配置、决策重大项目、安排政府投资

注：根据公开资料整理。

提高煤矿瓦斯利用水平的建议

　　加强煤矿瓦斯防治和综合利用，对促进煤矿安全生产、节约能源资源、保护生态环境等方面意义重大。近年来，在一系列安全、财税、科技等方面的激励政策下，我国煤矿瓦斯防治与综合利用工作取得积极进展，煤矿瓦斯抽采、利用量快速上升，然而，我国煤矿瓦斯的利用率并不高，且近年来整体呈现不增反降的态势，亟待引起高度重视。调研发现，重视度不够、经济效益差、项目审批烦琐、技术和人才制约、上下游不衔接等问题都在一定程度上影响着煤矿瓦斯利用水平的提升。为此建议：应进一步提高对煤矿瓦斯利用的重视程度，加大瓦斯利用政策扶持力度，简化瓦斯利用项目审批流程，加快提升低浓度瓦斯利用水平，进一步加快管网及基础设施建设步伐。

　　一直以来，党中央、国务院高度重视煤矿瓦斯[①]综合利用工作。2005年，国务院常务会议决定成立煤矿瓦斯防治部际协调领导小组（由

[①]　也称井下抽采煤层气，指的是井下煤矿开采过程中，从煤层中解析逸散到采矿空间的煤层气。瓦斯是煤矿安全生产的重大威胁，但加以利用又是优质清洁能源。

12 个部门和单位组成），统筹协调解决煤矿瓦斯防治重大问题。随后，领导小组办公室启动全国煤层气（煤矿瓦斯）开发利用"十一五"和"十二五"规划编制工作，并陆续经国家发改委公布。2006 年和 2013 年，国务院办公厅分别颁发《关于加快煤层气（煤矿瓦斯）抽采利用的若干意见》（国办发〔2006〕47 号）和《关于进一步加快煤层气（煤矿瓦斯）抽采利用的意见》（国办发〔2013〕93 号）文件，明确了一系列鼓励和加快煤矿瓦斯开发利用的有利措施。在此意见基础上，国务院有关部门和地方政府积极贯彻部署，出台了煤矿瓦斯先抽后采、抽采利用企业税费减免、财政补贴、瓦斯发电上网等一系列配套政策，极大地促进了我国瓦斯产业发展，并取得显著的经济和社会效益。然而调研发现，尽管近年来我国煤矿瓦斯抽采、利用量持续增加，但利用率却十分低下。以 2017 年为例，我国煤矿井下瓦斯抽采量为 128 亿立方米，约占煤层气总产量的 72%，而其抽采利用量仅为 49 亿立方米，抽采利用率仅为 38.3%。大量瓦斯未被利用而排空，不仅造成严重的资源浪费，还加剧了温室效应。为此亟待分析原因，有针对性的提升煤矿瓦斯利用水平，保障国家能源和生态安全。

一、我国煤矿瓦斯抽采、利用量持续增加，但利用率低下

（一）我国煤矿瓦斯抽采量快速增长

"十一五"以来，在瓦斯防治工作的推动及"抽采达标"和优惠政策的激励下，企业抽采瓦斯积极性大大提高，瓦斯抽采量大幅增长。数据显示，在 2005 年前，煤矿瓦斯抽采增速缓慢，每年的增幅 3 亿立方米左右；2005 年我国煤矿瓦斯抽采量仅为 22 亿立方米，而 2017 年煤矿矿区瓦斯抽采量达到了 178 亿立方米，比 2005 年增加了

156 亿立方米，增幅达到 7 倍多，年均增量 13 亿立方米，年均增速达19%。

（二）我国煤矿瓦斯利用量也逐年增长

从 2005 年开始，在"以利用促进抽采、以抽采促进安全"政策的指引下，随着瓦斯利用优惠政策的出台，我国瓦斯利用量也出现了一定幅度增加，但增速较缓。数据显示，2005 年煤矿瓦斯利用量为 8 亿立方米，2018 年利用量达到 60.5 亿立方米，利用量增加了 6 倍多，年均增速 16.8%。在我国，目前民用瓦斯用户近 100 万户，瓦斯发电装机容量超过 100 万千瓦。瓦斯利用量的增加，加大了清洁能源供应，缓解了部分能源短缺问题，还保护了大气环境。与此同时，瓦斯利用方式逐步扩大，改变了原来局限于民用和工业燃料的低端利用方式，向着综合化、高效化的利用方式转变。瓦斯利用技术的提高和利用方式的多样化，为提高抽采瓦斯利用量提供了保障。

（三）我国煤矿瓦斯利用率却十分低下，且无明显改善的迹象

随着煤矿瓦斯抽采量的增加，瓦斯抽采利用率却逐渐下降，且十分低下，仅为 30% ～ 40%，远低于"十三五"规划目标（50%）。数据显示，2000 ～ 2017 年，我国煤矿瓦斯利用率整体不增反降，2001 年利用率为 46.9%，到 2017 年利用率仅为 38.3%。利用率的下降，导致近年来我国未被利用瓦斯量呈持续增长态势。据估算，2000 ～ 2017 年我国煤矿抽采瓦斯累计未利用量达 785 亿立方米，数量惊人。此外，每年还有大量风排瓦斯未被利用而排空，更加剧了瓦斯利用率低下的局势。

二、我国煤矿瓦斯利用率低下的原因

（一）认识和重视程度不够

我国是煤炭生产大国，煤矿瓦斯是我国煤矿安全生产的巨大威胁。据国家安监局统计，我国瓦斯突出矿井约占煤炭矿井总数的一半；全国 70% 以上的煤矿重大安全事故都与瓦斯爆炸有关。一直以来，在国家"安全第一""生产必须安全、安全才能生产"等相关政策要求下，煤矿企业对瓦斯抽采的重视程度非常之高，目前煤矿瓦斯事故并未从根本上杜绝，煤矿企业抽采瓦斯的主要目的就是保障煤矿安全生产，这也是近年来我国煤矿瓦斯抽采量急剧上升的主要原因。但相比之下，在瓦斯利用上的重视程度则显得不够，还远未认识到瓦斯利用所带来的巨大效益。只有不断提高对瓦斯利用的理念认识，才能以理念支配行动，构建瓦斯综合治理利用的先进体系。

（二）瓦斯利用效益低下、投资乏力问题突出

提升煤矿瓦斯利用效益，是煤矿瓦斯产业发展的关键所在。煤矿瓦斯开发利用具有高投入、高风险的特征，初期及配套项目所需资金较大，单纯依靠企业自身实力难以承担。尽管近些年国家及地方政府已出台过鼓励和优惠政策，但仍不足以支撑产业发展需求，存在对煤矿瓦斯开发利用投资不足、补贴偏低的现象，导致成本倒挂、无利可图、资金短缺问题突出，难以促进企业煤矿瓦斯开发利用的积极性，不利于煤矿瓦斯利用产业的可持续发展。以山西某大型煤炭集团为例，2013 年煤矿瓦斯利用总成本达 2 亿元，由于全部自用电，并没有销售收入，仅获财政补贴 2214 万元。对于中高浓度瓦斯发电来讲，现行 0.25 元/千瓦时的电价补贴基本能达到基准收益率（12%）的要求，但对

于低浓度与极低浓度瓦斯发电来讲，这一补贴标准远不能使 IRR（内部收益率）达到基准收益率，企业没有积极性。因此，直接经济效益不明显甚至亏损，加上国家现有的扶持政策不能满足当前利用的需要，不仅难以吸引外部资金投资利用瓦斯资源，就连煤矿本身积极性也不大。尤其在当前煤炭经济形势持续恶化、行业亏损面不断扩大背景下，企业的主观投资愿望更加低下，已无力投资瓦斯利用项目，再加上银行也对煤矿等高危行业的贷款从紧，势必大大抑制企业的投资行为和煤矿抽采瓦斯的利用。

（三）瓦斯利用项目审批难

目前，煤矿瓦斯利用项目审批不顺畅、周期过长，给项目建设带来严重不利影响。据调研，一个新型瓦斯利用项目的落地，在省发改委出具开展前期工作函以后，需要编制的上报材料繁多（有的达上百项），手续十分复杂，而且难度较大，大大延长了前期手续办理时间，导致瓦斯利用项目不能及时完成，抽采瓦斯不能得到完全利用，只能烧掉或排空，造成严重的资源浪费。以瓦斯发电站项目建设为例，涉及用地审批、环境评估、发电许可、电量交易等程序，从立项到获准建设，需经过省政府发改委、经信、国土、环保、消防等多个部门审核，手续烦琐，层层报批。许多煤炭企业由于困难的项目审批过程，只能放弃或推后瓦斯利用项目的建设，也有很多小煤矿为了避免烦琐的审批手续，则直接将瓦斯向大气中排放。

（四）低浓度瓦斯利用技术尚不成熟

我国地面抽采煤层气（甲烷浓度高于80%）以及中高浓度煤矿瓦斯（甲烷浓度为30%～80%）利用技术相对成熟，利用率较高，但比重很小；利用水平的欠缺主要体现在大部分被排空的低浓度瓦斯（甲烷浓度为 1% ～ 30%）和极低浓度瓦斯（风排瓦斯）（甲烷浓度小于 1%）上。而我国煤矿地下抽采的瓦斯浓度普遍偏低（其中 30% 以下的低浓度瓦斯占了很大比例），且浓度不稳定，加之 2010 年之前（《煤矿安全规程》）规定瓦斯浓度低于 30% 的不允许利用，导致我国煤矿低浓度瓦斯利用起步较晚。目前，我国高浓度瓦斯发电已向工业化和商业化发展，（极）低浓度瓦斯发电、风排瓦斯利用、瓦斯浓缩、液化和汽车燃料技术虽然有了一定的发展，但仍不成熟。低浓度尤其是极低浓度瓦斯利用工艺复杂、技术含量高，尽管目前已经研发出了低浓度瓦斯输送和利用技术，部分煤炭生产企业已开始利用低浓度瓦斯进行发电，但由于受煤矿低浓度瓦斯的高效浓缩提纯、安全输送和利用技术制约，利用量很少，尚未实现规模化应用，难以满足工业利用和化工产品的要求，导致瓦斯利用率低下，大量抽采出的低浓度煤矿瓦斯不能有效利用，被直接排放到大气中，既浪费了大量清洁能源，又对大气产生严重污染。此外，专业技术人才匮乏也对瓦斯利用及技术研发形成制约。目前我国煤炭行业专业技术人员占从业人员的比重很低，特别是能从事瓦斯利用等新兴技术的专业人员更是凤毛麟角，部分省份的高瓦斯矿井和煤与瓦斯突出矿井，平均每个矿分摊不到 1 名专业技术人员。

（五）产业体系尚不完善，上、中、下游发展不协调

我国煤矿瓦斯产业体系尚不完善，抽采项目规模小、浓度变化大，中游（集输）管道建设滞后，下游（利用）市场不完善、利用设施不健全，导致上中下游发展不协调，造成瓦斯利用率的低下。一方面，目前我国瓦斯开发利用已进入商业试运营初级阶段，但煤矿瓦斯利用

设施建设力度滞后于抽采设施建设力度，导致上游抽采出的煤矿瓦斯缺少有效利用途径或与之配套的利用设施，煤矿瓦斯利用量的增加难以消化抽采量的增加，大量煤矿瓦斯未有效利用。另一方面，目前我国天然气管网建设相对国外还不发达，部分瓦斯项目管道建设等配套工程滞后，加之我国大部分煤矿远离城镇居民区，可利用的天然气／煤层气管道匮乏，而输送管道铺设投入大，利用方式较单一，民用瓦斯规模难以扩大，造成开发出来的瓦斯无法和市场链接，不得以放空，限制了瓦斯的利用。尽管目前我国管网建设已经取得了一定进展，但总体看来瓦斯利用相关的下游管网及基础设施建设力度仍显不够，瓦斯上下游产业不能很好衔接，制约整体发展。以山西省为例，全省已初步建成了"三纵十一横"的国家主干管网和省内支线管网系统。截至 2013 年底，全省管线总里程为 7003 公里，其中，途经省内的国家级干线总里程为 1620 公里，省内支线 5383 公里，覆盖 11 个设区市、100 余个县（市、区），气化人口达 1200 万。但其抽采利用率并不高，且近年来不升反降。据估计，2018 年山西省煤矿企业井下抽采利用量为 27.56 亿立方米，利用率仅为 42.78%。瓦斯自用用量的有限，加之无法输送给外界用户与市场链接，只能向大气直接排放，造成大量瓦斯资源浪费，限制了瓦斯的抽采。

三、提高煤矿瓦斯利用水平，促进资源节约和环境保护

（一）进一步提高对煤矿瓦斯利用重要性的认识

充分认识提高煤矿瓦斯利用率是增加清洁能源供给的有效措施，也是减少大气环境污染的重要举措，同时加强煤矿瓦斯利用也是促进抽采防治瓦斯的治本之策。在当前煤炭经济形势并不景气、产能严重

过剩背景下，亟待进一步提高对煤矿瓦斯利用的认识和重视程度，把煤矿瓦斯利用真正放在生命工程、资源工程、环境工程的高度，加大煤矿瓦斯利用力度，促进煤炭行业生态文明建设。要进一步建立健全煤矿区瓦斯利用考核激励机制，将煤矿区瓦斯利用情况作为安全生产、节能减排的重要指标，纳入地方和企业业绩的考核内容，形成定期通报制度，以此来约束瓦斯直接排放行为，促进瓦斯综合利用。还要尽快完善煤矿瓦斯利用方面的标准体系，加快推进瓦斯锅炉、瓦斯发电、低浓度瓦斯浓缩提纯等相关标准的制修工作，要进一步完善财政补贴、税收优惠、瓦斯发电上网电价等方面的政策措施，加强部门间的协调，有效推动政策的贯彻落实。

（二）加大瓦斯利用政策扶持力度

加快落实《关于进一步加快煤层气（煤矿瓦斯）抽采利用的意见》（国办发〔2013〕93 号）精神，在煤矿瓦斯抽采利用立项、土地、价格、税费等方面出台更为优惠的扶持政策，特别是提高瓦斯利用财政补贴标准和加大税费优惠减免政策力度，让企业在瓦斯利用上有利可图，调动企业积极性，促进煤矿瓦斯产业规模化发展。建议：一是降低发电上网门槛，提高国家对低浓度与极低浓度瓦斯发电项目上网电价补贴，并将目前电价补贴由各省电网公司承担改由国家财政承担；二是提高价格补贴标准，国家对企业销售瓦斯产品的补贴标准，由目前的0.30 元 / 立方米，调整到 0.40 元 / 立方米以上；三是扩大补贴和支持范围，实施有利于调动企业利用瓦斯积极性的奖励制度，将瓦斯利用作为新兴产业来对待，在税费征收、科技投入、产业政策等方面给予必要的优惠政策，将井下瓦斯抽采、输配管网及利用设施、瓦斯利用示范项目、瓦斯利用技术装备研发等纳入相应的财政支持范围；四是出台基于瓦斯商品量和矿井瓦斯利用率的阶梯价格制度，鼓励瓦斯利用企业形成规模效应，激励煤矿企业提高矿井抽采瓦斯的利用率；五是将低浓度瓦斯和煤矿风排瓦斯利用列入循环经济范畴，出台相应的财政补贴优惠政策，尤其是对低浓度瓦斯提纯、发电以及风排瓦斯氧化等投资大、收益低的项目实施有效补贴制度，提高煤炭企业投资瓦斯利用项目的积极性，有效降低矿井甲烷排放量，对于地方小煤矿，支持建设不同规模的瓦斯分布式发电站，鼓励煤矿区瓦斯发电上农网，小范围进行瓦斯利用，并给予农网补贴；六是国家应当考虑建设项目的地质条件和产量差异等因素，出台分区域扶持政策，使投资环境较差、瓦斯治理灾害严重地区能够得到更多的优惠政策支持；七是完善促进瓦斯开发利用的市场环境，构建多元化的瓦斯项目投融资平台。开辟投资渠道，加大煤矿区瓦斯抽采利用的资金投入，支持瓦斯利用重点示范项目建设。设立煤矿瓦斯减排基金和专项补贴，鼓励企业利用瓦斯，或按吨煤提取瓦斯综合利用专项费用，专款专用。同时协调项目融资，提供低息或无息贷款，并提供授信和担保，为项目建设提供资金保证。此外，还应放宽条件，积极培育瓦斯综合利用CDM项目，借助国外技术与资本，缓解资金压力、减少技术阻碍，促进瓦斯综合利用水平的提升。

（三）简化项目审批程序

针对目前煤矿瓦斯利用项目审批不顺畅、审批难度大、周期过长等问题，建议简化瓦斯综合利用类项目的审批程序和环节，加强监管信息化系统建设，建立此类项目审批的绿色通道，并择机将部分审批权限下放至地市一级（含扩权强县），确保整个过程做到审批流程简化，时间缩短，监管制度明确，责任归属清晰。目前，部分地区已经开展瓦斯利用项目审批制度改革，例如重庆市发改委已出台《关于切实做好取消和下放投资审批事项工作的通知》，明确向区县下放 7 项投资核准权限，实行属地化管理。煤矿瓦斯发电的审批权限亦在其中。为提高服务效率，重庆市要求，每个投资项目须在 20 个工作日内办结，大大提升了瓦斯利用相关项目审批效率。与此同时，审批制度改革必然对地方政府监管能力提出了更高的要求，尤其要注重事中事后监管能力的提升。地方政府和有关部门必须充分厘清政府和市场的关系，明确政府在瓦斯利用产业发展中的作用，在此基础上，进一步规范程序、简化手续，制定具体明确的监管规则及监管制度，确保监管过程的透明化和法制化以及可问责，同时建立健全高效的监管组织体系，加大监管手段创新力度，并注重公众参与，全面提升监管效率。

（四）加快提升低浓度瓦斯利用水平

一是加大低浓度及极低浓度瓦斯利用科技攻关和研发力度，加大科技投入，并争取尽快取得突破。从国家层面成立低浓瓦斯综合利用研究中心，继续实施国家科技重大专项计划，对瓦斯储存、液化技术、低浓度瓦斯提纯技术及安全输送利用技术、乏风利用技术、瓦斯利用监控、计量和网络信息化技术等继续加大研究力度并期望尽快取得突破，引导企业更好地对低浓度瓦斯进行利用。积极开展煤矿瓦斯利用基础理论研究，帮助企业解决煤矿瓦斯利用的关键技术和难题。同时，建议国家有关部门重视瓦斯政策研究工作，鼓励并支持相关企业进行瓦斯利用方面的政策研究，加大瓦斯软科学的研究投入。

二是在全国范围内积极推广先进的煤矿瓦斯利用技术，对适用不同条件的瓦斯利用技术要继续加大示范范围，并优选一批成熟的先进技术和装备，组织力量在全国进行推广。同时积极推动低浓度瓦斯利用技术的资本化和服务的产业化，充分发挥优势企业的作用，提高先进技术（如国内先进的瓦斯综合治理技术、瓦斯"零排放"技术）的使用范围和使用效率。

三是加大专业人才培养力度，针对瓦斯利用进行专门的培训，促进科技成果转化，为煤矿瓦斯产业发展提供技术支撑。鼓励高校与用人企业合作，采用订单式等培养模式，联合培养瓦斯利用特别是低浓度瓦斯利用相关人才，加强人员沟通、学习与交流。

四是加强对外合作，鼓励技术引进和自主创新相结合。加强国际合作和交流，积极引进瓦斯勘探开发利用先进技术，并以最终国产化为目标，实现技术跨越。同时，利用国际甲烷市场化机制，争取国际机构的碳减排资金，用于我国瓦斯的综合开发利用。此外，还可通过技术合作、合作开采、利用贷款等方式，吸引国际投资机构和外国企业投资我国低浓度瓦斯的综合开发利用。

（五）进一步加快下游管网及基础设施建设步伐

进一步加大下游管网及基础设施建设力度，有效衔接上下游产业，促进瓦斯产业的整体快速发展，确保大量抽采的煤矿瓦斯得到有效利用。具体来讲，一要根据资源分布和市场需求，统筹规划煤层气和天然气管网建设，兼顾两种资源管输要求和未来区域资源输出需要；制定瓦斯质量标准，并补充和修订相关技术标准、技术规范等，加快下游管网的互联互通。二要在国家主导区域性专用管网建设前提下，按照就近利用和余气外输相结合原则，支持地方和企业加快专用管网建设；同时，积极发展混合所有制经济，鼓励民间资本投资、吸纳境外资金参与下游管网等基础设施建设。三要进一步加快重点产气区如山西沁水盆地、内蒙古鄂尔多斯盆地东缘及豫北地区的配套输气管道及基础设施的规划与投资建设步伐，尤其要加快已通过审批的输气管线建设，如山西省金沙滩—山阴—朔州、山阴—原平、岚县—离石、晋中—阳泉、东观—长治等。四要出台相应法律法规，确保管道公司不参与煤层气销售，解除捆绑式销售，使运营商转变为专业独立的天然气输送商，从而保证输气管网运营企业为煤矿瓦斯用户提供公平、公正的管道运输服务。五要加快下游市场利用步伐，重点实施城市燃气工程，加快加气站、应急调峰设施群以及燃气电厂建设。

参考文献

[1] 国土资源部，国家发展改革委，财政部.新一轮全国油气资源评价——煤层气资源评价报告，2006

[2] 中联煤层气有限责任公司.我国与国外煤层气、页岩气开发潜力和政策比较研究，2012

[3] 申宝宏，陈贵锋.煤矿区煤层气产业化开发战略研究.北京：中国石化出版社，2013

[4] 李维明.加快落实和完善国家政策 进一步推进我国煤层气开发利用.国务院发展研究中心调查研究报告第84号（总4583号），2014.5.22

[5] 李维明.加快落实和完善煤层气开发利用政策的若干建议.国务院发展研究中心调查研究报告择要第75号（总2272号），2014.5.26

（作者：李维明）

科学有序加快发展煤制甲烷，
统筹能源安全和环境保护

作为煤炭第一生产和消费大国，我国迫切需要找到一种效率高、清洁、成本可接受的煤炭使用方式。经过多年探索和借助国内外经验，我们认为，应该加大力度、重点推进煤制甲烷科学有序发展。但我国煤制甲烷产业处于刚刚起步阶段，在生产利用中不仅技术系统集成有待优化和突破，还存在二氧化碳大量集中排放、引发区域水资源供需失衡等问题。为此建议：尽快制定煤制甲烷的发展战略和中长期规划，科学有序发展煤制甲烷产业；统筹煤制甲烷的运输和利用，尽快推进大气污染防治行动计划；鼓励利用二氧化碳，并加强排放源等环节的监管力度；加强水资源和水源地保护，探索建立水权流转的交易机制；将技术引进与自主创新相结合，大力支持企业自主创新。

作为世界能源生产和消费大国，我国面临能源资源供给紧缺、环境污染问题不断恶化的严峻形势。我国未来的发展还将需要更多的能源、产生更多的排放，我国面临的资源和环境压力更大，统筹能源安全和环境保护的任务更为艰巨。在我国的能源结构中，煤炭的生产和消费一直占主导地位。加快发展煤制甲烷等比煤炭更清洁的能源，既是高效清洁利用煤炭资源、调整能源产业结构、推动能源产业可持续发展的紧迫任务，也是改善国内能源供给、增强国家能源安全、落实大气污染防治行动计划、培育新的经济增长点的战略举措。目前，我国是世界上唯一大规模生产、利用煤制甲烷的国家，煤制甲烷的技术不断趋于成熟，产业发展蓄势待发，迫切需要通过有效机制设计、政策扶持和完善技术，推动煤制甲烷科学有序发展。

一、煤制甲烷是高效、清洁、经济的优质能源

加快发展高碳能源低碳利用及低碳产业，有利于促进经济发展向高能效、低能耗、低排放模式转型，将为我国实现经济社会可持续发展提供新的不竭的动力。我国能源资源现状表明，今后相当长的历史时期内，煤炭仍将是我国基础能源和主体能源，煤炭的清洁利用应是我国新一轮能源变革追求的重要方向。新型煤化工是以煤为原料生产洁净能源和可替代石油、天然气原料的化工产品为目标，采用煤转化高新技术并优化集成的煤炭清洁利用生产体系，具有经济高效、资源节约、环境友好等优点，而煤炭大型气化是其中起核心作用的技术体系，其中煤制甲烷是最重要的产品之一。

煤制甲烷通常称为"煤制天然气"，简称为"SNG"，是指以煤为原料，采用气化、净化和甲烷化技术制取的合成甲烷气，其组分与常规天然气、页岩气等相当。

煤制甲烷具有以下特点。

一是使用范围广泛。煤制甲烷可以广泛地用于民用（家用、供暖）、工业（窑炉）、交通运输（燃气汽车）、发电等领域。

二是利用效率高。从能源转化效率来看，煤制甲烷能效可达56%～60%，而煤间接制油、煤制甲醇仅在42%～50%，超临界煤电、超超临界煤电也仅约为40%和45%，相比而言，煤制甲烷能效比煤间接制油等高约25%～50%（见表1）。

表1　煤制甲烷与煤化工项目能效、资源消耗、碳排放量比较

项目	转换能效（%）	煤耗（折标准煤）	新鲜水耗（吨/吨标煤）	碳排放量
煤制甲烷	56～60	2.0～2.3吨/千标方天然气	2.0～2.5	4.9吨/千标方天然气
煤间接制油	42～47	3.4～3.6吨/吨油品	2.5～2.75	6.1吨/吨油品
煤制甲醇	45～50	1.3～1.4吨/吨甲醇	2.5～3.0	4.5吨/吨甲醇
煤制烯烃	40～44	4.0～4.4吨/吨烯烃	2.5～3.0	11.1吨/吨烯烃

资料来源：根据中国石化集团公司经济技术研究院《煤化工发展趋势及中国石化煤化工发展策略》等资料整理。

研究结果表明，在供暖领域，全生命周期（在所有应用领域的分析中，煤炭资源地与消费市场距离均取1000公里）能效煤制甲烷要优于火电10%左右（见图1），并可解决京津冀地区直接燃煤带来的大气严重污染问题。具体分析结果如下：SNG路线，煤炭开采—煤制甲烷—管道输送—负荷中心燃气锅炉，能效为40%～51%；发电路线1，煤炭开采—坑口发电—电网输送—电暖气，能效为29%～39%；发电路线2，煤炭开采—铁路运输—负荷中心发电—电暖气，能效为35%～42%；燃煤锅炉路线，煤炭开采—铁路运输—负荷中心燃煤锅炉，能效约为49%。

在工业窑炉领域，全生命周期（在所有应用领域的分析中，煤炭资源地与消费市场距离均取1000公里）能效煤制甲烷要比火电高5%～10%（见图2）。具体分析结果如下：SNG路线，煤炭开采—煤制甲烷—管道输送—燃气窑炉，能效为37%～39%；发电路线1，煤炭开采—坑口发电—电网输送—电窑炉，能效为 29% ～ 35%；发电路线 2，煤炭开采—铁路运输—负荷中心发电—电窑炉，能效为 31% ～ 38%。

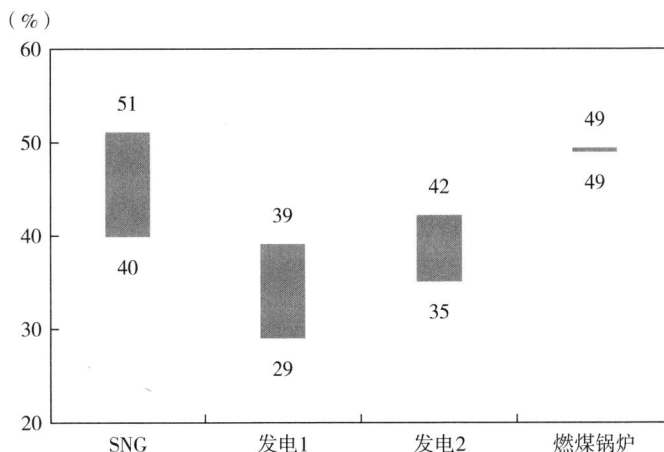

图1 煤制甲烷与火电、煤直接燃烧供暖的全生命周期能效比较

资料来源：石油和化学工业规划院。

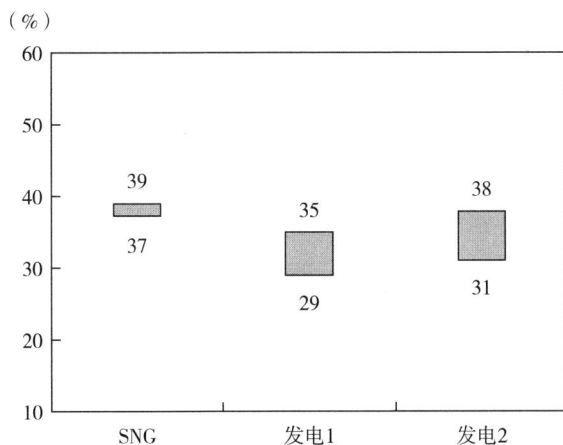

图2 煤制甲烷与火电供工业窑炉的全生命周期能效比较

资料来源：石油和化学工业规划院。

三是煤制甲烷可通过集中处理而降低污染物及二氧化碳等气体排放（见表 1）。与等热值燃料相比，煤制甲烷产生的二氧化碳排放量

比石油低约31%（见表2，指在燃烧过程中），氮氧化物等污染物排放也低很多，而且基本不含铅尘、硫化物以及可入肺颗粒物（PM2.5）等有害物质。

四是具有较好的经济性。从成本来看，煤制甲烷的全生命周期成本与煤层气相当，而低于页岩气（见表3）。统计数据显示，目前煤制甲烷价格比进口气价格（管道气和液化天然气）低约0.5～1.5元/立方米，比等热值汽油价格低约20%～50%左右，具有一定的市场竞争优势。

五是安全可靠。煤制甲烷输送便利，可用管道进行长距离输送，在一定条件下可液化以提高储运的便利性，是最可靠的优质能源之一。

表2   煤制甲烷与石油在燃烧过程的二氧化碳排放量比较

原料	单位排放二氧化碳	每千克标油排放二氧化碳	排放对比
煤制甲烷	2.09千克/立方米	2.35千克	1.00
石油	2.76千克/升	3.07千克	1.31

注：车用燃气与燃油相比，二氧化碳、碳氢化合物、氧化硫、一氧化碳、氮氧化物排放可分别下降25%、80%、99%、90%和80%左右。

资料来源：根据IPCC资料整理。

上述的技术经济特征决定了大规模生产、利用煤制甲烷，有序推进、开发"煤改气"项目切实可行，并可有效缓解大气污染形势日益严峻的压力，促进大气污染防治行动计划的有效落实。

统计数据显示，华北地区（北京、天津、河北、山西和内蒙古）年煤耗量达11亿吨左右（天津市年煤耗量与英国相当，内蒙古、山西和河北的年煤耗总量超过美国）。研究结果表明，如果每年用2000亿立方米的煤制甲烷替代煤炭（约相当于4.5亿吨标准煤），与等热值煤炭相比，每年可减排二氧化碳约8.7亿吨、二氧化硫约970万吨

（2011 年全国二氧化硫排放总量为 2218 万吨）、烟尘约 360 万吨。这将有效缓解华北地区大气污染日益恶化的严峻形势。

总之，煤制甲烷具有高效、清洁、经济、安全等优点，有望成为我国清洁能源最重要的接续利用资源之一。加大力度发展煤制甲烷，可大大提高我国清洁能源的供给能力，成为有效缓解资源和环境压力的重要途径。

表3　　　　煤制甲烷与页岩气、煤层气的经济性特征比较

种类	成本（至用户端）				可采资源量（亿立方米）	目前需攻克的关键技术
	生产成本（相当于美元/桶原油）	输送成本（元/立方米）	全生命周期外部成本（元/立方米）	全生命周期成本（相当于美元/桶原油）		
页岩气	60～100	0.55	0.2	80～120	25万	水平井技术、水力压裂技术
煤层气	50～90	0.38	0.2	65～105	10.8万	压裂技术、环保技术
煤制甲烷	30～70	0.55	0.6	65～105	年产0.2万	新型煤气化技术、自动化集成体系

注：国际能源署（IEA）、英国石油公司（BP）等机构预测，近两年的国际油价将在80～100美元/桶区间波动，而今后上涨的概率较大。

资料来源：课题组根据《中国车用能源展望2012》（清华大学中国车用能源研究中心·著）等资料整理、估算。

二、发展煤制甲烷应重视的问题

（一）缺乏独立的发展战略和规划

近年来，我国相继出台的《中国的能源政策（2012）》白皮书、《能源发展"十二五"规划》《天然气发展"十二五"规划》等文件，比较系统地阐明了我国天然气的发展现状、发展战略和目标以及政策措施等。这些政策措施对我国天然气发展具有重要的作用，但其中缺

乏针对煤制甲烷的发展战略和规划。《天然气发展"十二五"规划》提出，2015 年煤制甲烷产量为 150 亿～ 180 亿立方米，占国产天然气产量的 8.5%～ 10%，这是远远不能满足市场供需的。其原因：一是对煤制甲烷的重要性认识不足。从目前的产业布局看，我国煤制甲烷的产量将快速上升，到 2020 年的年产量有望达到 2000 亿立方米左右，届时可提供天然气消费总量（占一次能源消费结构的比重约为 10%）的一半资源量，而目前一些地区不顾煤炭资源、水资源和环境承载能力，盲目规划、违规建设、无序发展煤制甲烷等现象时有发生。二是对煤制甲烷的特殊性认识不足，总是将其与常规天然气"捆绑"在一起，没有体现出其特殊性，即以煤炭为原料，集中在煤炭富集区制取，生产技术方面属于煤炭清洁利用生产技术体系。

（二）生产过程中将产生大量的二氧化碳

按照目前的技术设备水平，煤制甲烷在生产过程中会产生大量的二氧化碳，难以妥善处理这些二氧化碳是制约煤制甲烷发展的主要瓶颈。试验结果表明，制取每千立方米煤制甲烷所排放的二氧化碳约为 4.5～ 5 吨。如果我国煤制甲烷的年产量达到 2000 亿立方米，若直接排放将每年新增二氧化碳约 10 亿吨。

值得关注的是，在我国，二氧化碳捕集、封存（CCS）技术已进入工业化示范阶段（内蒙古鄂尔多斯的神华集团煤直接制油项目设计年捕集、封存二氧化碳 10 万吨），该技术可用于处理煤制甲烷生产过程中产生的二氧化碳。在美国，二氧化碳在石油开采、微藻生产生物质燃料等领域得到了广泛应用，而且在 2009 年 6 月出台了《美国清洁能源及安全法案》，对应用与推广 CCS 技术作出了详细的规定①。

（三）引发区域水资源供需失衡

我国大部分地区煤炭资源主要蕴藏在水资源比较短缺的地区（见表4），而大部分煤制甲烷项目属高耗水项目（生产每千立方米煤制甲烷耗水约 5～6 吨）。目前，一些地区不顾水资源供给约束，盲目发展煤制甲烷；一些企业继续采用高耗水技术装备，严重浪费水资源；一些政府、企业工作人员节水意识淡薄，这些都将对区域水资源平衡造成难以估量的影响。

表4 我国大部分地区煤炭资源与水资源呈逆向分布

地区	煤炭资源全国排名	煤炭资源（亿吨）	水资源（亿立方米）	水煤比
新疆	1	21901	816	1：22
内蒙古	2	12250	312	1：30
山西	3	3899	87.4	1：45
陕西	4	2031	304	1：7
贵州	5	1897	1141	1：2
全国		45521	27434	1：2

资料来源：第三次全国煤炭资源普查。

（四）生产利用系统集成及关键技术有待突破

目前，我国煤制甲烷生产利用系统集成及关键技术亟须突破。煤

---

① 《美国清洁能源及安全法案》规定，为扫清碳捕获与封存（CCS）技术在商业应用上所存在的法律、法规障碍，在该法案颁布的一年内，制定碳捕获与封存的国家战略，并用一系列监管规定和经济刺激方式确保新建燃煤电厂（包括煤化工厂）实施碳捕捉和封存技术。该法案规定，2020年以后新建的燃煤电厂必须使用CCS技术，在2012年到2015年间获得批准新建的燃煤电厂如果没有使用CCS技术，联邦政府将不予财政支持，而且规定最迟至2025年必须改装CCS技术；2009年至2015年获准建立的新燃煤电厂，如果在开始运行5年内没有改装CCS技术，将不能获得联邦政府财政支持，而且最迟至2025年必须改装CCS技术。2014年至2017年，将投资100亿美元用于开发、推广CCS技术。而且，规定主要排放源每排放一吨二氧化碳或其等价物都要获得相应的排放权。

制甲烷的关键技术涉及空分、煤气化、碳氧变换、酸性气体脱除、甲烷化、煤气水分离技术，以及酚回收、氨回收、硫回收、吸收制冷、二氧化碳回收等工艺技术和设备。近年来，我国虽然在煤制甲烷产业链的理论与工程实践方面取得了较大进展，但气流床等大型化、清洁化、多样化的新型煤气化技术以及加工设备、载运工具等都相对落后，与国外先进水平相比还有较大差距；系统集成工艺包有待优化；产业链中包括二氧化碳回收、污水处理等环节的关键技术以及生产与研发基地的基础设施也比较薄弱，远不能满足产业发展的要求。

（五）经济性生产面临诸多不确定性

煤制甲烷项目的投资根据项目的规模、建设地点、工程建设内容及外部配套工程的不同，单位产能投资略有差别（见图3），从总体上看投资规模巨大（年产能40亿立方米需投资260亿元左右），煤炭成本（占生产成本的40%～45%左右）、全球天然气价格等因素影响煤制甲烷项目的经济性（煤炭价格上涨10%，内部收益率降低

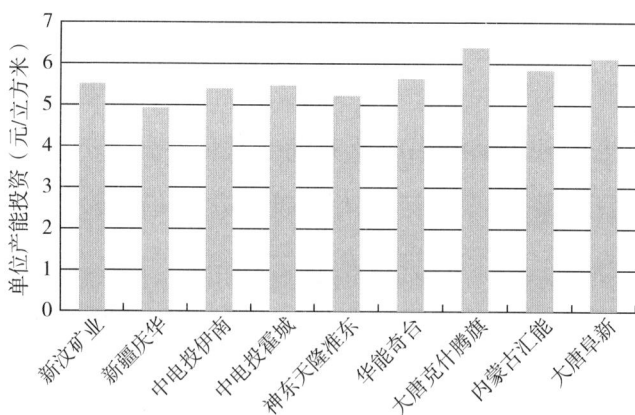

图3　煤制甲烷项目的单位产能投资

资料来源：根据中国石化集团公司经济技术研究院《煤化工发展趋势及中国石化煤化工发展策略》等资料整理。

0.62%；天然气价格降低 10%，内部收益率降低 2.78%），从而使煤制甲烷投资充满不确定性。此外，天然气长途运输管网等建设不足，基础设施建设滞后，严重影响了新疆、内蒙古等煤制甲烷基地的建设和运营。

从国际经验看，1984 年投产的美国大平原项目是目前国外唯一投入商业运行的煤制甲烷项目。该项目设计能力为日处理褐煤 1.85 万吨，生产煤制甲烷 389 万立方米 / 天，至今已运行二十多年。该装置 20 世纪 80 年代投入运行后，由于遇到全球天然气价格长期处于低位，工厂一直处于亏损和微利状态，即使在对外销售二氧化碳和其他副产品增收情况下，曾一度艰难度日。一直到 2003 年，国际油价、天然气价格大幅上涨后才实现盈利。除价格因素外，目前该项目能保持盈利还有两个主要原因：一是煤价较低。吨煤价格约为 110 元人民币（美元比人民币汇率为 1 : 6.2 左右），与神华榆林项目 180 元 / 吨煤价相比，项目内部收益率提高约 2 个百分点；二是副产的二氧化碳得到了很好的利用。其每年副产的 270 万吨二氧化碳以原油价格的 7% 出售给油田用于驱油，按照原油价格 80 美元 / 桶估算，二氧化碳价格约为 40 美元 / 吨，副产的二氧化碳可提高其收入约 20%，内部收益率可提高 5 个百分点。

三、科学有序加快发展煤制甲烷的政策建议

（一）尽快制定煤制甲烷发展战略和相关规划，科学有序发展煤制甲烷产业

应重新认识煤制甲烷在能源领域的地位、作用及其有别于常规天然气的特殊性，重视和加快发展煤制甲烷。煤制甲烷是资源密集型、

资金密集型和技术密集型产业，加快发展需要的外部配套条件较多，不仅涉及煤炭开采与转化、水资源保障、技术的集成及优化，还要有与其配套的输气管网等基础设施，是一个比较复杂的产业体系。为此建议：应从国家能源总体战略和保障国家能源安全的高度，结合天然气发展规划，制定发展煤制甲烷的相关规划和产业政策。要按照可持续发展的循环经济理念，统筹规划、合理布局，科学引导产业有序发展。应尽快完善和规范市场准入，进一步加强项目审批管理，严格审批程序。应结合我国煤炭资源与水资源禀赋特点，优选水资源保障程度较好的新疆北部、内蒙古东南部等地区，在满足最严格的环保要求的前提下，有序开发利用两种资源（煤炭和水），加快煤制甲烷产业化和规模化步伐，促进我国煤制甲烷产业健康、有序、科学发展。

（二）统筹煤制甲烷的运输和利用，尽快推进大气污染防治行动计划

要根据大气污染防治行动计划中长期目标，综合考虑资源承载、能源消耗、环境容量、管网设施等上中下游配套条件，按照统筹兼顾、因地制宜的原则，统筹管网、配送、市场消纳等环节，科学发展煤制甲烷运输和利用项目，尽快建立和完善煤制甲烷的运输和利用政策。要加强供需衔接和需求侧管理，有序开发"煤改气"利用项目。加大政府投入，利用市场机制优化配置城乡基础设施建设资金，优先确保家用、供暖等涉及居民生活的"煤改气"项目；健全财政补贴政策，鼓励公交车、出租车和私家车改装为燃气、燃油两用车，鼓励购买燃气汽车；工业生产用气项目要科学论证、正确决策，不可盲目扩张，避免低水平重复建设带来的新问题；大力推动分布式能源等高效利用项目，合理布局气电发展的规模和项目。另外，应改进投资项目的管

理方式。尽快取消投资项目的行政审批，但对项目投资详细信息应在相关部门备案。政府部门、行业协会可以发布煤制甲烷领域投资规模和分布情况，引导企业理性投资。

（三）鼓励对煤制甲烷生产过程中产生的二氧化碳进行合理利用，并加强排放源等环节的监管力度

国际上（如美国）已成功采用二氧化碳混相驱采油工艺，以使用和封存二氧化碳。在我国，胜利、克拉玛依、中原、长庆等油田也进行了大量的试验。研究结果显示，目前我国需要并适合采用二氧化碳混相驱采油工艺以提高采收率的低渗、特低渗石油储量约为 50 亿吨，可提高采收率 10% ～ 15%、增产原油 6 亿吨左右。按每增产 1 吨原油需使用 4 ～ 6 吨二氧化碳计算，共需使用二氧化碳 25 亿～ 35 亿吨。因此建议：一方面，加大政府投入。应尽快推广试验和示范工程项目，鼓励大规模使用和封存二氧化碳；对采用二氧化碳混相驱采油工艺提高采收率的生产企业，给予使用和封存二氧化碳每吨 50 ～ 100 元的财政补贴；对 2025 年以后新建的煤制甲烷厂要求必须使用 CCS 技术，对 2020 年之前获准建立的煤制甲烷厂要求最迟至 2025 年必须改装 CCS 技术，没有使用或改装 CCS 技术的煤制甲烷厂每排放 1 吨二氧化碳或其等价物均须获得相应的排放权；组织力量研究和完善适合于中国煤制甲烷技术装备特点的碳排放评价方法学，建立相关的国家温室气体排放清单指南。另一方面，加强煤制甲烷对大气环境和水环境影响的监管力度。强化对排放源的监督管理，进一步加强环境监管和水资源监管，对排放源实施生产全过程控制；加强大气污染执法力度，提高违法成本；加强对使用和封存二氧化碳技术设施的监控。

（四）加强水资源和水源地保护，探索建立水权流转的交易机制

加强水资源和水源地保护，探索通过市场机制解决与煤制甲烷项目用水相关的水资源开发、利用和保护问题。应重点建立水权流转的交易机制，并根据不同流转方式在各流域、区域制定相关的执行细则，其中交易机制应包括水权流转的分级分类管理制度、水权流转论证制度、水权流转的评价和审批制度等。应优化与推广行业间水权流转，重点开展以下工作：一是扩大水权转换试点范围，在供需矛盾突出地区试点建立区域总量控制基础上的水权转换；二是推进省内跨地市的水权转换，以区域总量控制为基础，以主体功能区规划等为依据，择时启动跨地区水权转换试点工作；三是完善水权流转价格论证制度，建立监测与评价体系；四是保护涉农水权流转中农民的权益，建立并完善补偿机制。另外，尽快组织调研，加快推进、着手建设南水北调西线工程。

（五）应将技术引进与自主创新相结合，大力支持企业自主创新

应将大型煤气化设备和甲烷化关键技术、提高能效梯级利用技术、微藻生物柴油成套技术以及污水处理技术等关键技术，列入国家重大基础研究项目计划并给予优先安排，加大技术研发和应用方面的投入，加快技术引进，大力支持企业自主创新。应依托现有煤制甲烷示范工程项目，加强对煤种适应性广、气化压力高、生产能力大、气化效率高、耗水量低、对环境污染少的新一代煤气化工艺等关键技术的自主创新和攻关，推进高温甲烷化合成和反应器等技术装备的研发，逐步形成适合我国煤质特点的生产利用核心技术和自动化集成体系。同时，加

强产学研结合，支持关键共性技术研发，实施自主化依托工程推进煤制甲烷技术和装备的自主化、国产化；通过技术改造等手段扶持掌握自主技术的骨干企业，巩固和提高其核心竞争力；加大人才培养力度，支持建立企业技术研发中心与博士后科研流动站。

参考文献

[1] 清华大学中国车用能源研究中心.中国车用能源展望.科学出版社，2012年

[2] 中国能源中长期发展战略研究项目组.中国能源中长期（2030、2050）发展战略研究（中国工程院重大咨询项目）.科学出版社，2011

[3] 何祚云.煤化工发展趋势及中国石化煤化工发展策略.中国石化集团公司经济技术研究院

[4] 林明彻、颜晓莉、杨富强.可再生能源是空气污染的终结方案.世界环境，2013（2）

[5] 赵俊霞.《美国清洁能源与安全法案》对我国的启示.对外经济贸易大学

[6] 虞海燕等.1951～2009年中国不同区域气温和降水量变化特征.气象与环境学报，2011（4）

〔原载于《国务院发展研究中心调查研究报告》2013年第219号（总4468号），作者：郭焦锋、高世楫、李维明、洪涛、武旭、王海芹、戚爱华〕

企业管理篇

基于资本控制的战略协调型管理模式研究

　　结合我国煤炭大企业集团实际，对其现行管理模式存在的突出问题进行了深入挖掘。在此基础上，提出基于资本控制的战略协调型管理模式，通过新旧模式对比指出了其新特点，论证了其可行性，并针对新模式实施过程中的条件要求提出了相应的建议。

　　中国 2003 年设立了国资委，中央政府和地方政府分别代表国家对煤炭企业集团履行出资人的职责。这一背景下，早期的行政集权型管理模式的弊端开始凸显，以股权纽带为依据实施集团管理的理念得以加强，煤炭大企业集团开始积极探索适合自身的管理模式。这一阶段政府掌握煤炭企业集团大量股权，既是国民经济的管理者，又是煤炭企业集团股东权利行使者；同时，由于长期受计划经济体制的影响，以党委会、工会和职代会为代表的"老三会"依然发挥着重要作用，旧有管理模式的残存使得行政性的管理理念和习性根深蒂固，大多数煤炭企业权力高度集中，母公司习惯发布号令，管理决策层对子公司的干预普遍较多，普遍实行"六统一"（即统一人事管理、统一战略规划、统一财务管理、统一资源配置、统一市场布局、统一技术研发），大部分审批权限集中于集团总部，子公司开展业务的主动性和灵活性受到极大影响，对母公司有很强的依赖性；此外，我国煤炭大企业集团多由矿务局翻牌或由多个翻牌公司联合重组而成，这种并不规范的非市场化的组建方式所诞生的企业集团，产权观念淡薄，往往只是集团组建的纽带，更多的则表现为集团成员之间的行政隶属关系。这一阶段的集团管理模式是一种过渡模式，本质上属于行政导向模式。

一、现行煤炭企业集团管理模式存在的突出问题

现行管理模式对于保持煤炭行业的健康、稳定发展，确保煤炭稳定供应和国家能源安全确实起到了一定作用，但也不难发现，现行管理模式仍然存在着一系列问题。

（一）功能错位

由企业集团的产生动因及本质特征所决定，其管理模式应当关注的是如何将企业集团经营好、使其集团效应得以有效发挥进而实现整体价值最大化，如何能够为其实施国际化战略提供管理支撑，如何在实现其经济效益的同时有利于集团承担一定的社会责任。而目前，受传统计划经济体制影响，我国煤炭大企业集团并没有彻底摆脱将自身作为政府"附属物"的功能定位。

（二）决策效率低下

受多重因素影响，我国煤炭大企业集团现行管理模式效率并不理想。据调研，多数煤炭大企业集团存在管理层次过多、管理链条过长、

控制范围过宽等问题，集团总部直接面对几十个生产经营和后勤服务单位，决策效率与管理效率无法得到有效保证。同时，在国有煤炭企业大集团中，"新三会"与"老三会"混合并存，造成领导多头，权责不清，再加上尚不完善的法人治理结构，使得管理错位、越位、缺位更加严重，也导致了决策效率的低下。

（三）管理失控

现行管理模式下，煤炭大企业集团管理上有两种倾向。一是集权过度，受行政管理惯性影响，母公司对子公司的生产经营活动统得过死、插手过深，严重影响集团中子公司积极性的发挥。另一种倾向是分权过度，集团与子公司之间缺乏产权、战略、资本和财务纽带，各成员企业各自为政现象严重，不能实现集团公司的整体资源的优化配置效应和规模经济效应，导致重大经营活动该管的没管住，从而影响集团公司核心竞争力的发挥。在这两种情况下，集权、分权莫衷一是，放则乱、收则死，放放收收，循环不已，整个集团管理处于失控状态。

（四）激励约束效果不佳

一是激励机制不到位。由于多数企业决策权力层与经理管理层人员是上级任命的，对他们的报酬待遇及激励也必然带有极强的政府行为色彩，导致企业经营者报酬与其承担的责任和奉献不相对称，与经营的资产规模和经济效益关系并不紧密。在此机制下，企业经营者完全凭借自己对工作的责任心、事业心和良心去工作，缺乏实际持久的激励作用。二是约束机制缺位严重。在生产中弄虚作假、以权谋私、消极怠工、合谋寻租等行为比比皆是。

（五）管理方法和手段陈旧

长期以来，在矿务局体制下，我国煤炭企业所形成的管理方法和手段在系统化、规范化、标准化、数量化和信息化等方面较为落后。它立足于在最小的生产单位，以其可能的生产能力确定生产指标以及报酬待遇，其内容以管人为主，下属单位以及员工多是各自为政，不能做到规模效应和范围经济。矿务局改制之后，伴随煤炭大企业集团的出现，集团成员之间已从内部分工关系逐步进入企业与市场之间的中间组织关系，然而，煤炭大企业集团仍然惯性沿用之前的管理方法和手段，在管理理念与企业文化建设相对滞后的情况下，这种单一化、行政化、经验化、粗放化的管理方法和手段已跟不上生产技术方式的发展变化，使得管理者力不从心，面临诸多困难和挑战。

（六）适应性差

近年来，伴随煤矿企业兼并重组工作的持续推进，我国煤炭企业集团规模和业务迅速拓展，部分煤炭企业开始走出国门。在这一形势下，集团现行管理模式表现出极大的不适应性，集团成员之间来自不同的企业文化、核心价值、管理习惯、技术水平、资源条件等方面的差异化的融合与冲突问题层出不穷。

二、基于资本控制的战略协调型管理模式

集团管理模式是一个不断创新和改进的过程。本报告提出基于资本控制的战略协调型管理模式（以下简称"新模式"），能够适应当前新的历史条件下煤炭大企业集团管理模式发展的新要求。新模式指的是按照市场经济规律，坚持所有权与经营权分离、政企分开的原则，

在放松政府对企业集团管制的同时，基于现代产权制度、现代企业制度和规范的法人治理结构要求，充分尊重子公司的独立法人地位和人格，合理确定母子公司权责关系和功能划分，通过基于资本主纽带的管理机制和契约化的集团章程，来决定或影响集团及各成员企业的财务和经营政策，进而构建起基于特定理念、服务于集团战略、以市场为导向、以股份制为资本组织形式、以利益为驱动力、以精细化为手段的煤炭大企业集团新型管理模式。

与原模式比较，新模式除保留了其科学合理的部分，如股份制组织形式、母子公司组织架构、并存的"新老三会"等之外，还具有如下特点和优势。

（一）科学、系统的管理理念

一是集团化管理的理念。从集团来看，摒弃了旧体制的思维和行政管理习性，从过去的具体行动者，变为支持者和监控者，而不是官僚者。二是有利于集团实现规模效益、实施"走出去"国际化战略、积极履行社会责任的指导理念。三是"以人为本，本固业兴"的理念。"以人为本"这个科学发展观的核心，是牢固树立做大做强企业的使命感和机遇感，最大限度地激发和调动企业员工群众的主动性、积极性、创造性，实现员工与企业社会共同发展。四是注重文化管理的理念。不仅要营造良好的集团道德氛围，还要按照"统一主体、兼容个性"的原则，重视将内部不同成员企业的文化有机融合，推陈出新，进而创建出既能体现企业集团的核心道德理念，又独具特色的和谐文化体系。

（二）完善的治理结构

一是健全、规范的董事会。国资委代表国家履行出资人职责，行使股东权利。作为委托代理关系的双方，国资委要真正把权力下放给董事会。建立了规范的且可追究董事责任的董事会规则，实行集体决策、个人负责。此外，董事会及其专业委员会功能完善，董事会具有较强的战略决策职能。二是强大的监事会监督职能。完善监事会制度，实施外部监事多元化和职工监事功能化相结合。三是独立董事制度。选聘有煤炭行业经验和专业知识，具备丰富市场阅历，能够担负董事会赋予的专项工作的专家作为独立董事，参与董事会议事、决策。四是和谐的"新老三会"关系。实行双向进入、交叉任职，党委书记和职工代表按照法定程序进入董事会，形成对重大问题的统一决策机构。完善集团公司职代会制度，使职代会与公司治理结构有效衔接，企业工会组织能够与决策层沟通及时。

（三）具有活力的市场化运行机制

新模式运行机制中，以强劲的市场化的集团经营者激励约束机制最为特色。具体来讲，在经营者激励机制方面，通过物质、精神、价值认可几个方面，调动经营者的积极性，企业家能够实现职业化。同时，按照现代企业制度的规范要求，以是否能够经营管理好企业作为衡量职业企业家政绩的标准。对经理人员的报酬标准及报酬结构，能够体现中短期与长期相结合，能够实现经理人员管理行为的长期一贯化。在约束机制方面，实施长短结合、力度适中、科学的目标责任制约、风险抵押赔偿制约、认股期权积累制约和职务制约相结合的制约机制。

（四）合理的系统功能划分

新模式按三个层级划分管理功能。一是集团公司为决策中心。目标是建立科学高效的决策指挥系统。其主要职责：集团公司作为控股公司投资主体，负责对所属国有资产保值增值，以产权为纽带，围绕资产受益、重大决策和选择经营者三大权利，对下属单位实施控放适度的宏观管理；研究确定集团未来发展方向和市场定位；优化集团内外部资源配置，负责集团资本运营。二是各子公司为利润中心，分公司为经营管理中心。它是集团战略规划的实施主体，是本产业的生产经营与日常管理主体。其主要职责：实现本企业经营利润最大化和集团稳定持续发展相统一。三是各煤矿生产经营单位为成本中心。目标是保持本单位运营成本的最小化。它是集团公司生产运营的实施主体。其主要职责：负责安全生产、成本控制和质量管理，实现产品生产高效率、高质量和低成本，保证安全稳定生产。

（五）灵活的集分权设计——战略协调型模式

新模式实行一种介于集权与分权之间灵活的模式，称之为战略协调型模式。集团主要关注集团业务组合的协调发展、投资业务的战略优化和协调，战略协同效应的培育，通过对成员企业的战略施加影响而达到管理目的，主要管理手段为财务控制、战略规划与控制、人力资源控制，以及部分重点业务的管理。这种模式下，集团总部负责制定集团的整体的财务、资产运营和集团战略规划，各下属企业制定单位业务战略规划，并提出所需投入的资源预算。总部负责审批下属企业的计划并给予有附加价值的建议，批准其预算，再交由下属企业执行。集团总部要在综合平衡上做工作，平衡各企业间的资源需求、协调各下属企业之间的关系、推行企业统一的企业文化，以保证下属企业目标的实现以及集团整体利益的最大化。

（六）精细化的管理方法和手段

新模式注重推行精细化管理。精细化管理作为煤炭企业实现科学发展的新举措，通过标准化、数量化的管理工具，强调对管理对象和流程的严密管控，以最大限度节约资源、降低成本、提高效益。

从理论层面来看，新模式具备的优势和功能非常明显，有利于提高决策效率，有利于理顺母子公司关系、发挥集团效应，有利于增强自主性、激发活力，有利于改变"一股独大"、形成多元化的产权格局，有利于实现规模性效益、切实转变煤炭工业经济发展方式。而从实践方面来看，一些煤炭大企业集团经过积极创新，正逐步向新模式靠近，并已取得显著成效。以陕西煤业化工集团为例，近年来，该集团积极探索适合自己的管理模式，在功能定位、权责划分、管理方法和手段方面大胆创新，在其他因素的共同带动作用下，实现了每两年翻一番的发展，经济规模和实现利税跃上了新的台阶。2012 年实现销售收入1250 亿元，煤炭产量达 1.14 亿吨，连续 3 年跨入亿吨级煤炭企业行列；实现利税 208 亿元。2012 年位列中国企业 500 强第 107 位，成为陕西省增速最快的国有大型企业之一，并连续 4 年蝉联中国企业效益 200佳。可见，尚且处于过渡期的陕煤模式就已经表现出如此大的优越性，不难发现，在煤炭大企业集团实行基于资本控制的战略协调型管理模式具有很强的可行性。

三、几点建议

新模式的构建由思想变为现实，需要有一定的条件作为支撑，如科学的理论指导、健全的现代产权制度和现代企业制度保障、较高的认知程度、完善的外部环境、坚实的基础管理条件和充足的人力资源保障等。这些条件当中，目前有些是具备的，比如科学发展观、社会主义市场经济理论、现代企业及企业集团管理理论为煤炭大企业集团管理模式创新提供了理论指导；人们对管理模式创新的认识程度在提高，社会上的一些有识之士开始研究这个问题；不少煤炭企业集团要求建立新模式的愿望非常强烈；国有资产管理体制、现代产权制度与现代企业制度不断完善；外部环境中的法律法规、资本市场、证券市场、经理人市场也在逐步建立健全等。有些条件是不具备的，从目前看，集团经营者对企业集团性质和企业集团化管理及模式缺乏认识深度和广度；到目前为止，这种创新需要的基础管理条件，如信息化技术还没有到位；特别值得担心的是人才，好多懂煤炭的人才大量流失，一些煤炭院校已经撤并；此外，尽管集团管理创新实践在我国已开展些年头，但相关的理论研究仍非常滞后，研究力量投入也很缺乏。

（一）加强宣传，提高认识

政府相关部门要利用多种形式，广泛宣传企业集团性质、集团化管理以及集团管理模式创新的重大意义，努力使煤炭企业乃至全社会认识到推行该项创新工作是实现煤炭产业科学发展的新举措，以提高企业的积极性、主动性和创造性。

（二）重视调查研究

管理模式创新的提出从实质上讲是调查研究的结果，它是针对现行管理模式普遍存在问题而提出的解决方案。所以，在创新过程中，要结合实际开展调查研究，找问题、想对策，对一些亟待解决的共性问题，及时反馈给国家有关部门，以便更好地落实模式创新的要求。

（三）相关部门要协助企业进一步加快信息功能扩建工程

积极推进管理信息系统建设，努力构建信息收集、传递、反馈和分析的完整体系，努力实现企业信息流、资金流的集成化，提高企业快速反应和决策能力。

（四）要重视专业人才的培养

建立新的管理模式需要一批既懂管理、又懂煤炭的高素质的管理人员，才能达到专业管理的要求。这就要求建立切实可行的人才培养机制，解决煤炭行业人才接续问题。

（五）加强煤炭大企业集团管理模式理论研究

有必要在设立煤炭经济学科的高校建立专门的理论研究机构，利用学者在煤炭经济理论方面的优势，对传统的煤炭集团管理模式理论进行升华，进而服务于煤炭大企业集团管理实践。

参考文献

[1] 岳福斌等. 中国煤炭工业发展报告（2010）：全面提升煤炭企业综合竞争力[M]. 北京：社科文献出版社，2010

[2] 中国煤炭工业协会. 2010中国煤炭企业100强分析报告[M]. 徐州：中国矿业大学出版社，2011

[3] 李永东. 大型煤炭企业集团治理与管控模式研究[J]. 中国煤炭，2011（3）

[4] 郭全中. 集团公司治理与管理体制研究[D]. 北京：中国人民大学，2004

[5] 付春满. 企业集团管理控制系统研究[D]. 天津：天津大学，2008

[6] 孔寅. 基于组织架构的国有煤炭企业管理控制体系研究[D]. 徐州：中国矿业大学，2010

[7] 李维明. 我国煤炭资源开发利用策略研究[D]. 北京：中国矿业大学（北京），2010

[8] 牛克洪. 中国煤炭大集团建设探索[M]. 企业管理出版社，2006

（原载于《中国煤炭》2013 年 07 期，作者：李维明）

在我国煤炭行业全面推行精细化管理的建议

精细化管理作为一种科学的管理理念和管理技术，是实现煤炭企业科学发展的新举措，一些煤炭企业已成功推行了该模式并积累了丰富经验，有必要在我国煤炭行业全面推行。然而，其实施过程也暴露出了一系列问题，如思想认识不到位、标准体系不健全、信息化平台功能缺失、外部环境不尽完善、相关研究不够深入等。为此建议相关部门：要广泛宣传、提高认识，出台标准、规范推进，协助企业、完善技术，推动改革、创造环境，树立典型、带动行业，加强研究、不断创新。

精细化管理产生于第二次世界大战后的日本，最初运用于生产制造领域，后因成效显著被欧美等国采用并拓展到其他领域，成为一种通用的管理思想。20 世纪 90 年代末传进我国并开始试行。近年来，一些煤炭企业先后进行了精细化管理实践，并取得了初步成效。理论分析和实践证明，精细化管理是煤炭企业实现科学发展的新举措，有必要在我国煤炭行业全面推行。然而，精细化管理在实施过程中仍存在诸多问题，其全面推进受到制约。在这一背景下，特别是当前煤炭经济形势并不景气、煤炭企业亟待通过加强管理以降低成本的状况下，对精细化管理开展深入研究，充分挖掘其存在的问题，有针对性地提出政策建议，以促进其在行业内的全面推行，对于转变煤炭工业乃至整个国民经济发展方式，具有重大意义。

一、精细化管理——煤炭企业科学发展的新举措

精细化管理，作为一种科学的管理理念和管理技术，是转变经济发展方式的重要措施。它通过标准化、数量化的管理工具，强调对管理对象和流程的严密管控，以最大限度节约资源、降低成本、提高效益。经理论与实践论证，精细化管理是煤炭企业实现科学发展的新举措，建议在我国煤炭行业全面推行。

（一）深化煤炭企业改革新的入手点

改革开放 40 年来，我国煤炭企业顺应经济体制改革的潮流取得重大突破。当前煤炭企业改革的主要任务是进一步完善现代企业制度，构建科学的内在约束机制、激励机制和收入分配机制，充分调动员工的积极性、主动性和创造性，不断增强企业活力和自主创新能力，努力实现管理现代化，尽快转变经济发展方式，实现企业健康、稳定和可持续发展。

精细化管理是煤炭企业深化改革不可多得的一块"法宝"。它通过数量化的规则，将企业的战略目标、发展任务等层层分解、精确落实到个人，真正做到了任务落实、职责明确，实现了管理责任的具体化和明确化。这样做有助于解决传统管理模式中企业内部职工责任不

清的问题。在精细化管理模式下，企业对岗位进行定额量化，对员工每天的工作业绩进行考核，计算岗位价值系数，日清日结，并将其制度化。这就从源头上消灭了职工吃企业、班组大锅饭的平均主义的分配方式，真正体现了按劳分配的原则。另一方面，精细化管理强调全员参与，从企业领导到普通员工均实行定量考核，员工每天不仅能看到自己创造的岗位价值，也知道了他人的所得。通过这样一种直观、透明的分配方式，确保了收入分配的公开、公平和公正性，这将有利于调动员工的积极性、主动性和创造性，增强企业的生机、活力和自主创新力，从根本上解决煤炭企业健康发展的动力源泉问题。

（二）推动煤炭经济高质量发展的重要措施

《国民经济和社会发展第十三个五年发展规划纲要》指出，"十三五"时期是全面建成小康社会决胜时期，要加快转变经济发展方式，实现更高质量、更有效率、更加公平、更可持续的发展。对于煤炭产业亦是如此。当前，煤炭产业发展过程中仍然存在很多问题，如煤炭产业结构不合理、增长方式粗放、科技水平相对较低、安全事故多发、资源浪费严重、环境治理滞后、历史遗留问题较多等。随着国民经济的发展，煤炭需求总量不断增加，资源、环境和安全压力还将进一步加大。为促进煤炭工业持续稳定健康发展，保障国民经济发展对煤炭的需要，在加快企业兼并重组、淘汰落后生产力的同时，必须提高企业的集约化水平。这不仅需要煤炭企业加大科技投入，引进先进工艺，同时也需要转变管理方式。尤其在煤炭综合生产成本逐步上升背景下，企业利润遭受严重挤压，经营压力逐步增大。在这一形势下，通过加强管理来深入挖潜，在保障安全和民生的前提下，进一步降低成本，显得尤为必要。

　　长期以来，我国煤炭企业的管理方式较为粗放。它立足于最小的生产单位，以其可能的生产能力确定生产指标以及报酬待遇，以管人为主，班组和员工多是各自为政。企业总体产量的增加依靠投资、生产单位和职工数量的增加，呈现外延式而非内涵式或称集约化发展态势，不能做到规模效应和范围经济。要改变这种落后状况必须引入精细化管理。精细化管理是一种"自上而下"的管理模式，在宏观全局的基础上来确定各个班组、各个工种以至各个工序的目标和价值，以及达到此目标最有效的方式方法，并通过更强的纪律约束和相应的激励措施来保证管理的有效性。由管理人到管理标准，由"干了算"到"算了干"，由监督人到监督工序，极大地降低了管理过程中的不确定性。精细化管理模式使得各工种、各工序之间的衔接更紧密，成为一种服务于整个系统目标的有机性的组合，使单位成本和效益更高。另一方面，精细化管理对于提高员工素质作用极大，员工在细化、量化的管理标准下，必然会加强对本身工作在全局工作中地位作用的认识，在对工作标准的规范学习中，使得自身的技术水平和专业素养不断地向标准化、规范化方向提升。由此可见，精细化管理是实现发展方式转变的新的重要手段。

（三）实现煤炭企业安全发展的有效途径

　　党的十六届五中全会提出"安全发展"科学理念和指导原则，为加强安全生产奠定了思想和理论基础。科学发展观的核心和基本要求，决定了"以人为本"首先要以人的生命和健康为本，科学发展首先要安全发展，和谐社会首先要关爱生命与健康。煤炭行业作为高危行业，作为安全生产工作的重中之重，更要求用"安全发展"凝聚共识，将安全生产工作真正落到实处。要实现煤炭企业的安全发展需要具备良好的硬件和软件条件。硬件方面包括采取先进的技术手段，改进采掘技术、瓦斯治理技术等；软件方面包括制度创新、管理改革、人才培养、企业文化构建等方面。在这些因素中，管理因素得到了越来越多的重视。

精细化管理在保障煤炭行业安全生产方面发挥了不可或缺的作用。它将安全管理深入到生产的各个细节，不断完善安全制度，改进保障安全的措施和办法，严格按照安全细则及要求量化指标和范围，把安全责任落实到每一位员工，保证了安全工作指标有分解、有考核、有奖罚、有兑现；此外还可通过提高员工的安全意识、职业技能、安全技能和自保互保能力，提升员工的安全素质，最大限度地减少误操作，减少安全事故发生。不难看出，精细化管理是贯彻落实安全发展观的具体措施，是实现安全生产的一个有效途径。

（四）现代煤炭企业集团管理模式创新的突破口

随着我国煤炭经济体制改革和对外开放步伐的加快，特别是国发〔2005〕18 号和国办发〔2010〕46 号文件颁布后，煤矿企业兼并重组工作全面推进，以"产权多元化，产业多极化，产品多样化"为特征的煤炭大企业集团不断产生。然而，在这一新形势下，一些煤炭企业集团管理者仍在不自觉地沿用之前管理单体公司的方式和方法。这种单一化、行政化、经验化、粗放化的管理模式，往往会导致管理者力不从心，要么过度集权、一统即死，要么过度分权、一分就乱，一时难以实行有效的管理和控制，使母公司和子公司之间权力分配出现失衡。集团管控问题的日益凸显，已成为困扰煤炭企业领导层的一个亟待解决的问题。实践已经证明，带有旧体制特征的煤炭企业管理模式已不能适应不断创新发展的企业运营的客观要求。煤炭企业集团管理模式亟待创新。

集团管控的核心问题是如何处理好集团内部的集分权问题。精细化管理数量化与制度化的特征，既保证了母公司对子公司能有效控制，避免陷入"抓死放乱"，又确保了子公司的自主经营管理，理应成为强化我国煤炭企业集团管控的有效手段。一方面，精细化管理通过构建条线明晰、计划周密的制度体系能够实现母公司对子公司的管控。由于集团母公司和子公司都是独立法人，母公司对子公司不宜进行直接的计划与指挥，只有依靠和谐有效的管理控制手段，将相关信息传递到子公司，才能实现战略意图。精细化管理首先建立起了一套严格的目标分解制度，母公司借助这套制度，能够将集团的战略目标有效的分解到各个子公司，实现母子公司的战略协同。其次，精细化管理通过刚性化的制度体系，能够在集团内部形成一种很强的约束机制，保障了集团公司对子公司管控的有效性。此外，精细化管理还建立起一套监控制度，通过这套制度，母公司能够及时有效地遏制管理失控局面。在这样的管理模式下，子公司在严格执行集团总部制度的前提下，能够自主经营管理，获得了较大的主动性，实现了精确、高效、协同和持续运行。分析结果表明，精细化管理通过制度的实施，成为加强煤炭企业大集团管理的新方式。

（五）煤炭企业的精细化管理实践

20 世纪 90 年代末，我国煤炭行业处于困难时期，出现了全行业亏损的现象。这一时期，煤炭管理体制也发生了变化。1998 年，煤炭工业部撤销，并将原煤炭工业部直属和直接管理的 94 个矿务局（独立矿）下放地方管理。后来，各地矿务局纷纷改制组建为矿业集团。处于困境中的煤炭企业集团开始借鉴海外一些大企业集团的做法，试行精细化管理。目前有包括国家能源集团、中煤集团、陕煤化集团、平煤集团、阳泉煤业集团、开滦集团、皖北煤电、冀中能源峰峰集团、淮南矿业集团、义马煤业集团等 20 多家煤炭企业集团在不同程度和层次上推行了精细化管理。

这些煤炭企业结合自身情况，大胆创新，创造出了一些具有特色的精细化管理模式。从具体模式上看，主要有陕煤黄陵矿业集团和山西阳泉煤业集团的岗位价值精细化管理模式、开滦集团的市场化精细管理模式、义马煤业集团实施的走动式精细管理模式和冀中能源邯郸集团采取的全员目标成本精细管理模式。从内容上看，精细化管理主要涉及企业生产、安全、质量、成本、营销、物资等方面，但以安全、成本和物资方面为主，营销、质量方面相对较少，重心集中于基层。这些管理模式的推行，在不同程度上促进了煤炭企业经济效益和管理效率的提高，对解决煤炭企业管理薄弱、经营效益差、职责不清等问题发挥了积极作用。从上述试点企业的调研来看，精细化管理成效显著，主要体现在：企业活力大增，经济效益提高；企业内部大锅饭被打破，职工收入大幅上升；学习氛围异常高涨，员工素质普遍提高；安全意识不断增强，安全发展成效突出；管理水平整体提高，工作氛围根本好转；企业文化不断丰富，社会影响逐渐扩大。它们的实践结果客观上证明了精细化管理方式是实现煤炭企业科学发展的新举措。

二、我国煤炭行业实施精细化管理所存在的问题

精细化管理在煤炭行业取得成效的同时也暴露出了一些问题，具体表现在以下六方面。

（一）思想认识不到位

一些煤炭企业管理者仍存有"效益靠条件""安全靠运气"的消极观念，对精细化管理的内涵和意义认识不足，把其看成是制造业的"专利"，还有领导认为精细化管理过于刚性，在以人为本的时代行不通，从而在实践中不够重视、不愿意推行，或者仅仅是走过场，导致精细化管理缺乏相应的组织保障。与此同时，在调研中我们发现，有部分企业员工思想观念陈旧，盲目认为工作时间长或是强度大就是"多劳"、就会"多得"，认为精细化管理只是一个活动，不会长久，进而对精细化管理存有抵触情绪，不愿意执行新的工作流程、作业标准。

（二）标准体系尚不健全

煤炭企业精细化管理的实施，需要一套严格的标准体系。从煤炭行业看，现行标准体系尚不健全，标准化的工作制度和工作程序仍需要补充完善，目前还没有一套符合煤炭行业特点的精细化管理标准。这在很大程度上导致煤炭企业内部规章制度制定的科学性和精确性不够，在覆盖范围上也不可避免会存在一些死角和盲区，严重影响了精细化管理的落实力度。

（三）信息化平台功能缺失

目前，煤炭企业群体信息化意识有了很大的提高。大多数都已开始了信息化建设，拥有了很多先进的信息化设备和技术，并已初步构建起经营核算、材料消耗、薪酬计提与分配等部分管理信息系统，但这距精细化管理的要求还有差距，突出的问题是功能不全面，没有形成系统配套、运行快捷的精细化管理电子软件信息整体处理系统及网上平台。

（四）经验有待总结

煤炭企业精细化管理工作已开展多年，在很多企业取得了良好成效。这绝非偶然，其客观必然性主要在于其顺应了时代发展潮流和煤炭工业集约化发展的客观规律。由于所处时代背景的一致性、发展要求的共同性和存在问题的普遍性，尽管企业属于个别范畴，但其蕴含着整个煤炭行业精细化管理的共性。这些成功的经验具有普遍性，能够为其他煤炭企业所借鉴，能够在煤炭产业全面推行。然而，到目前为止，成功经验并未得到有效归纳和总结。缺乏典型的引路和经验的示范推广，精细化管理在行业内的全面推行受到制约。

（五）外部环境不尽完善

精细化管理的实施需要一个良好的外部环境，这个环境需要政府与企业共同努力来创造和维护。宏观上看，作为后起的市场经济国家，我国市场发育程度远不及发达国家，在市场机体、信号、竞争、体系、政府调控等方面仍存在诸多不完善之处，市场配置资源的优势无法充分发挥。与此同时，由于长期受计划经济体制影响，由矿务局改制而成的煤炭企业乃至大企业集团，行政性的管理理念和习性根深蒂固，致使健全的现代企业制度和规范的法人治理结构并未真正形成。

（六）相关研究不够深入

尽管在我国煤炭行业已实践多年，但相关理论与政策研究明显滞后，企业在推行精细化管理过程中缺少理论指导和参考，很多不能准确领悟精细化管理的要义和操作要领等，导致其在推行过程中难免会走许多弯路，严重阻碍了我国煤炭工业管理现代化的进程。

三、全面推行精细化管理的政策建议

（一）广泛宣传，提高认识

利用出台文件、组织动员会等形式，广泛宣传精细化管理的意义、目的、总体思路和方法措施等，将精细化管理提高到战略的高度，让煤炭企业乃至全社会认识到该项管理是实现科学发展的新举措，以提高人们对推进精细化管理的积极性、主动性和创造性。

（二）出台标准，规范推进

按照有利于深化改革、促进发展的原则，从行业角度研究制定一套具有共识性的精细化管理标准。具体可以在对各企业进行实地调研的基础上，用具体的量化标准代替模糊的管理要求，对现有煤炭行业标准进行补充、完善，使内容更加全面。

（三）协助企业，完善技术

协助企业进一步加快信息功能扩建工程。积极推进管理信息系统建设，努力构建信息收集、传递、反馈和分析的完整体系，实现公司信息流、资金流的集成化，提高公司快速反应和决策能力。

（四）推动改革，创造环境

要继续深化煤炭行业的市场化改革，加快推进煤矿企业兼并重组，建立健全煤炭市场体系和机制，鼓励市场竞争。进一步推进煤炭行业现代企业制度建设，帮助煤炭企业解决产权制度安排、法人治理结构规范等工作中出现的难点问题。

（五）树立典型，带动行业

树立精细化管理的典型。建议由政府牵头，通过讨论会、经验交流会或现场交流会等形式，在大范围内进行交流，总结推广经验；同时，对精细化管理开展好的单位和个人给予表彰，以推动精细化管理在全行业深入扎实开展，实现煤炭产业的科学发展。

（六）加强研究，不断创新

要加强对精细化管理的研究，建议行业主管部门将精细化管理作为重点软科学课题进行攻关，组成官产学研相结合的课题组，深入研究，大胆创新，努力实现精细化管理本土化，进而服务于煤炭行业全面推行精细化管理实践。

（原载于《煤炭工程》2013 年 05 期，已做更新处理，作者：李维明、周圆圆）

我国煤炭企业综合竞争力评价指标体系研究

在明确煤炭企业综合竞争力内涵基础上，根据客观性、系统性、可比性、可行性和动态性原则，基于转变发展方式理念，从资源保障、科技水平、安全生产、人力资源、规模—效益、资本运作、社会责任、环境保护八个方面，构建了煤炭企业综合竞争力评价指标体系，涵盖18个二级指标和41个三级指标。

国别间能源战的胜负取决于一国的综合国力，其中，能源产业竞争力的强弱是决胜的关键。由我国富煤少油缺气的资源赋存条件所决定，我国能源产业的基础是煤炭产业。作为煤炭企业的集合，煤炭产业的竞争力又取决于煤炭企业的竞争力。当前，我国全面提升煤炭企业综合竞争力，本质上就是提升能源产业国际竞争力。

综合国内外相关文献发现，目前关于企业竞争力的研究很多，但对于综合竞争力的研究相对较少，专门研究煤炭企业综合竞争力的文献更是少之又少。在这种状况下，基于相关研究成果，紧密联系我国煤炭产业的客观实际，设计一套切实可行的煤炭企业综合竞争力评价指标体系，无论对发展和创新煤炭企业综合竞争力相关理论，还是对提升我国煤炭企业竞争力实践，都具有积极意义。

一、煤炭企业综合竞争力的内涵

煤炭企业综合竞争力本质上属于企业综合竞争力范畴，企业综合竞争力所具有的本质特征都是煤炭企业综合竞争力的一般性特征。基于学者们对企业竞争力的研究，结合煤炭企业实际，从综合的角度，我们将煤炭企业综合竞争力定义为：在竞争性市场条件下，由煤炭企业所拥有的具有差异性的资源、技术、管理等个别竞争优势所决定，能够持续不断地向市场提供比其他同类企业提供的数量更多、质量更好的产品或服务并由此而获得最大化利润的综合能力。

对煤炭企业综合竞争力，我们可以从以下五个方面加以理解。

（一）竞争性的市场环境

煤炭企业综合竞争力的研究是比较性的研究，必须将企业置于竞争性的市场环境之中，这样企业之间才有可比性，提升企业综合竞争力才言之有物。同时，竞争性的煤炭市场环境，不仅是理论的前提，也是现实的存在。通过市场化改革，我国的煤炭企业已成为具有自主经营、自负盈亏、自我发展的企业法人，充满竞争性的煤炭市场体系和市场竞争规则也已形成。相对于一般的加工业，煤炭产业的产品同一性更强，下游产业更集中。由这一客观条件所决定，煤炭产业与其他相关产业相比较而言，竞争更为激烈。我们对煤炭企业综合竞争力的研究，始终应立足于竞争性的市场环境。

（二）竞争优势的持续性

尽管我们不否定一些影响企业成败的偶然因素，但更关注从必然性因素和竞争优势的持续性方面进行研究。竞争优势的持续性包括内在持续和外在持续两层含义。内在持续性指企业能根据市场环境不断调整经营战略和进一步优化配置生产要素，以满足社会再生产的时间上的连续性和空间上的继起性的基本要求，保持企业自身长期的生存和长远的发展。外在持续性则指企业在保持自身生存和发展的同时，努力自觉做到自身的经营行为与产业的外部环境相互协调，以维持整个产业的持续发展。在实践中，不仅关注电力、钢铁、水泥、煤化工等下游商品市场的健康有序发展，更要节约煤炭资源、保护生态环境，促进整个社会的可持续发展。

（三）生产效率的本质性

煤炭企业作为营利性组织，追求利润最大化是天经地义的。通过投入产出及由此而形成的规模效益，努力实现利润最大化始终是提升煤炭企业综合竞争力的重要经济目标。改革开放以来，我国大多数煤炭企业已经不再是单一的煤炭采掘类企业，而普遍呈现出产业发展多极化、产品类型多样化的新特点。针对这一特点，我们特别强调，综合竞争力强的煤炭企业，在追求利润最大化目标时，应主要靠突出主业，通过源源不断地提供数量充足、质量上乘的产品和特色服务，来扩大差异性，提升综合竞争力。

（四）评价标准的综合性

盈利能力是煤炭企业综合竞争力的集中反映。盈利水平的高低是我们评价煤炭企业综合竞争力始终所关注的重点。我们关注盈利能力的同时，更关注盈利去做什么。由煤炭行业的特殊性所决定，煤炭企业不仅要追求利润最大化，同时还要承担比一般企业更重的安全生产、保护环境、节约资源、恢复生态等一系列社会责任。鉴于此，我们要以促进企业发展、改善人民生活、实现社会进步等综合尺度，通过相对公平的量的比较关系，评价煤炭企业竞争力。

（五）评价结果的阶段性

对煤炭企业综合竞争力的评价，是在特定的时空条件下进行的，其所依据的是这一特定条件下的具有差异性的个别竞争优势。事实上，个别竞争优势会随着社会政治经济条件的变化和企业的发展而不断变化。变化的结果必然引起综合竞争力的变化。一些企业由于资源耗竭而失去竞争优势这一事实，说明某一特定时空条件下的煤炭企业综合竞争力是具有阶段性的，这在客观上要求我们必须与时俱进、定期（比如说一年或一个规划期）根据变化了的情况对煤炭企业综合竞争力进行重新再评价。

二、煤炭企业综合竞争力评价指标的建立原则

（一）客观性原则

一定时期的煤炭企业综合竞争力是独立于人的意识之外并能为人的意识所反映的客观存在，对其强弱的评价，是不由评价者的主观意愿所决定的。煤炭企业综合竞争力评价结果的有用性首先在于它的这种客观性。这就要求我们所构建的评价指标体系，必须能客观反映煤炭企业的实际，避免主观随意性。

（二）系统性原则

系统是指由相互作用和相互依存的若干组成要素构成的具有特定功能的有机整体。煤炭企业综合竞争力指标体系作为度量研究对象运行状态的有机整体，要求指标体系中的各项指标必须具有完备性与互斥性，既不能有所遗漏，也不能互相交叉，造成指标信息重叠，并要努力做到各级指标及每一级所包括的各个指标之间存在着技术经济方面的联系，进而达到从不同侧面、不同角度系统反映煤炭企业综合竞争力的效果。

（三）可比性原则

比较是指根据一定的标准把具有某种联系的事物加以对比，是确定事物同异关系的重要方法。煤炭企业综合竞争力评价指标体系的设计要做到在横向、纵向两个方面都具有可比性。所谓横向可比，是指煤炭企业之间，以及与煤炭行业国内外平均水平和先进水平具有可比性。而纵向可比则是指随着时间的推移，同一企业的指标在不同时间点上具有可比性。它要求指标体系中同一层次的指标，要具有相同的计量范围、计量口径和计量方法。

（四）可行性原则

可行性即可操作性。它要求建立评价体系时，既要考虑到数据获取的可能性，又要考虑构建评价指标体系具有可操作性。在煤炭企业综合竞争力评价指标体系构建的实践中，应充分考虑到数据的可获得性和指标量化的难易程度。一般来讲，应该以定量指标构成为主，尽可能减少难以量化或定性指标的数量；对于那些实在难以量化的指标，则可以用定性指标来描述。定性指标应有一定的量化手段与之相对应。

应尽量利用可以连续获得的官方统计数据。在技术上，指标的数量要控制在一定范围内，最大限度地增加指标的代表性。

（五）动态性原则

运动是物质本身固有的属性，而且是绝对的。煤炭企业综合竞争力评价指标体系设计要充分考虑系统内各构成要素所具有的运动和发展的特性，使之可以根据评价目的、相关理论及实践的发展变化对评价指标进行必要的补充、完善、修改和增删。它要求指标体系的设计必须要服务于社会经济发展的动态目标要求。基于加快转变发展方式理念的煤炭企业综合竞争力评价指标体系的构建，应充分考虑煤炭企业内外部环境巨大不确定性的波动变化，使其具备描述、监测、预警和评价这一动态变化过程的功能，从而实现在时间尺度上动态反映煤炭企业综合竞争力的发展和变化。

三、我国煤炭企业综合竞争力评价指标体系框架

按照所确定的构建原则要求，在专家咨询和问卷调查的基础上，从影响煤炭企业综合竞争力的主要因素入手，基于转变发展方式理念，我们选取了资源保障、科技水平、安全生产、人力资源、规模—效益、资本运作、社会责任、环境保护8个方面的18个二级指标和41个三级指标，见表1。

表1　　基于转变发展方式理念的煤炭企业综合竞争力指标体系

一级指标	二级指标	三级指标
资源保障（A）	资源数量（A_1）	剩余可采储量（a_{11}）
		储采比（a_{12}）
	资源质量（A_2）	主要煤种（a_{21}）
		赋存条件（a_{22}）

续表

一级指标	二级指标	三级指标
科技水平（B）	技术装备（B_1）	采煤机械化程度（b_{11}）
	技术创新（B_2）	研发费用（b_{21}）
		研发费用率（b_{22}）
	技术进步（B_3）	高产高效矿井数（b_{31}）
		矿区资源回采率（b_{32}）
安全生产（C）	安全生产投入（C_1）	安全投入费用（c_{11}）
		安全投入费用率（c_{12}）
	安全生产现状（C_2）	百万吨死亡率（c_{21}）
人力资源（D）	人力规模（D_1）	从业人数（d_{11}）
	人力质量（D_2）	有无院士（d_{21}）
		工程师及以上职称人数比重（d_{22}）
		职工受教育程度（d_{23}）
规模—效益（E）	企业规模（E_1）	资产总额（e_{11}）
		净资产（e_{12}）
		原煤产量（e_{13}）
		营业收入（e_{14}）
		非煤产业收入比重（e_{15}）
	企业效益（E_2）	净利润（e_{21}）
		净利润增长率（e_{22}）
		总资产报酬率（e_{23}）
		人均创利（e_{24}）
资本运作（F）	融资能力（F_1）	有无上市公司（f_{11}）
		上市公司市值（f_{12}）
	兼并重组（F_2）	海外并购（f_{21}）
		国内并购（b_{22}）
社会责任（G）	企业纳税（G_1）	纳税总额（g_{11}）
		人均纳税（g_{12}）
	员工收入（G_2）	全员人均工资（g_{21}）
	其他给予（G_3）	给予总额（g_{31}）
		社会贡献率（g_{32}）
环境保护（H）	环保投入（H_1）	生态环保投入量（h_{11}）
		环保投入比例（h_{12}）
	环保成效（H_2）	煤矸石综合利用率（h_{21}）
		瓦斯利用率（h_{22}）
		矿井水利用率（h_{23}）
		土地复垦率（h_{24}）
		原煤入洗率（h_{25}）

四、评价指标的诠释

（一）资源保障

选取的指标有资源数量和资源质量 2 个二级指标和 4 个三级指标。

（1）资源数量是反映企业竞争力最基础的指标，用剩余可采储量和储采比表示。

储采比表达式为：

$$a_{12} = \frac{a_{11}}{e_{13}} \tag{1}$$

一般来讲，资源的剩余可采储量和储采比越大，说明资源的可持续状况越好。

（2）资源质量是反映煤炭资源优劣的指标，用主要煤种和赋存条件表示。

主要煤种是煤炭企业所拥有的主要煤炭种类。不同煤种的煤质不同，煤炭市场价格也不同。

赋存条件是指煤炭资源所固有的影响其开发难易程度的各种因素，包括地质条件、开采条件以及外部条件等，如煤层状况、埋藏特征、地质构造、水文及工程地质、矿井灾害、经济与自然地理等因素。一般来讲，煤炭资源赋存条件越好，越有利于开发，竞争优势也越明显。

（二）科技水平

选取的指标有企业的技术装备、技术创新和技术进步 3 个二级指标和 5 个三级指标。其中，三级指标均属于效益类指标。

（1）技术装备是反映煤炭企业生产技术能力的硬件指标，用采煤机械化程度表示。

（2）技术创新用研发费用和研发费用率指标表示。

研发费用率表达式为：

$$b_{22} = \frac{b_{21}}{e_{14}} \times 100\% \tag{2}$$

（3）技术进步用矿区资源回采率、高产高效矿井数两个指标来综合反映。

矿区资源回采率表达式为：

$$b_{32} = \frac{R_m}{C_r} \times 100\% \tag{3}$$

式中：R_m——矿区内采出资源量；

C_r——开采动用消耗资源量。

高产高效矿井数是指煤炭企业依靠科技进步，通过采用新技术、新装备、新工艺、新材料，所拥有的具有高度合理集中生产特征的矿井个数。由于高产高效矿井每年评定一次，因此，其数量采用各省每年在自评的基础上，对上一年度达标矿井向上推荐申报获批的数据。

（三）安全生产

选取的指标有安全投入和安全现状2个二级指标和3个三级指标。

（1）安全投入是反映煤炭企业安全保障能力的基础性指标，用安全投入费用和安全投入费用率指标来表示。

安全投入费用指的是企业安全活动的一切人力、物力和财力的总和，包括人员、技术、设施等的投入、安全教育及培训、劳动防护及保健费用、事故援救及预防、事故伤亡人员的救治费用等。

安全投入费用率计算公式为：

$$c_{12} = \frac{c_{11}}{e_{14}} \times 100\% \qquad （4）$$

（2）安全现状是反映煤炭企业安全生产水平的直观性指标，用百万吨死亡率表示。

（四）人力资源

选取的指标有人力资源规模和人力资源质量2个二级指标和4个三级指标。

（1）人力资源规模是从量的方面反映煤炭企业人力资源水平的指标，用从业人数表示。煤炭企业从业人数指的是报告期内，在企业工作，并取得劳动报酬的全部人员。

（2）人力资源质量是从质的方面反映煤炭企业人力资源水平的重要指标，用有无院士、工程师及以上职称人数比重、职工受教育程度3个指标综合反映。其中有无院士属于逻辑类指标，即取值为0或1；其余指标为效益类指标。

有无院士指的是煤炭企业内有无专职于该企业的中国工程院或者中国科学院院士。工程师及以上职称人数比重是指企业内工程师及以上职称人数与从业人数的比值。若企业有院士，或者较高的中级及以上职称人数比重，则说明该企业人力资源质量优势明显。

职工受教育程度指企业从业人员的平均受教育年限，它反映的是企业最基本的人力资源状况，这两者亦成正比关系。

（五）规模—效益

它选取的指标有企业规模和企业效益2个二级指标和8个三级指标来综合分析。

（1）企业规模选取了净资产总额、原煤产量、营业收入、非煤产业收入比重4个指标表示，均属于效益类指标。

资产总额指企业拥有或控制的全部资产，包括流动资产、长期投资、固定资产、无形及递延资产、其他长期资产等，即为企业资产负债表的资产总计项。

净资产是指企业的资产总额减去负债以后的净额，在数量上等于企业全部资产减去全部负债后的余额，即所有者权益。它是属企业所有，并可以由企业自由支配的资产。计算公式为：

$$e_{12}=e_{11}-d_{b} \tag{5}$$

式中：d_{b}——负债总额。

原煤产量是指在一定时期内企业实际生产的煤炭产品数量。这一技术参数可反映煤炭企业的煤炭生产规模。

营业收入是指企业在从事商品销售、提供劳务和让渡资产使用权等日常经营业务过程中所形成的经济利益的总流入。其可以客观反映企业的经营规模和市场竞争能力。

非煤产业收入比重指在煤炭企业营业收入中，通过实施多元化经营所形成的经济效益的比重。它反映的是企业跨行业经营扩张的能力。

（2）企业效益用净利润、净利润增长率、总资产报酬率、人均创利等指标表示。

净利润是指利润总额减所得税后的余额，是当年实现的股东分配的净收益，也称为税后利润。它是一个企业经营的最终成果，净利润多，企业的经营效益就好。总资产报酬率是指企业在一定时期内获得的报酬总额与平均资产总额的比率。它反映企业包括净资产和负债在内的全部资产的总体获利能力。总资产报酬率越高，表明企业资产利用效率越高，说明企业在增加收入、节约资本使用等方面取得了良好的效果；反之则应分析原因，提高销售利润率，加速资金周转，提高企业经营管理能力。其公式表达如下：

$$e_{23} = \frac{P_i + i}{\bar{e}_{11}} \tag{6}$$

式中：P_i——利润总额；

i——利息支出；

$\bar{e}_{11}$——平均总资产。

人均创利是指企业每个员工在一定时间段内（一般是以年为限）所创造的利润。计算公式为：

$$e_{24} = \frac{P_i}{d_{11}} \tag{7}$$

（六）资本运作

选取的指标有融资能力和并购能力2个二级指标和4个三级指标。

（1）融资能力反映的是企业持续获取长期优质金融资本的能力，是企业快速发展的关键因素，用有无上市公司和上市公司市值指标表示。

有无上市公司是煤炭企业有无经国务院或者国务院授权的证券管理部门批准，通过发行股票形式在证券交易所上市交易的股份有限公司。

上市公司市值指的是上市公司股本与当时股价的乘积。

（2）并购能力是企业资本运作能力的重要反映，用有无海外并购和国内并购两个指标来表示，属于逻辑类指标。

海外并购是指企业为了某种目的，通过一定的渠道和支付手段，将另一国企业的一定份额的股权直至整个资产收买下来。

国内并购在煤炭行业指的就是煤矿企业的兼并重组，它是企业法人在平等自愿、等价有偿基础上，以一定的经济方式取得其他法人产权的行为。

（七）社会责任

选用了企业纳税、员工收入、其他给予三方面，分3个二级指标和5个三级指标来综合分析。其中，三级指标均属于效益类指标。

（1）企业纳税反映的是企业以纳税形式履行社会责任的能力，选取纳税总额、人均纳税两个指标。

（2）员工收入状况用全员人均工资来表示。

全员人均工资指的是企业依据国家有关规定和劳动关系双方的约定，按年度计算，以货币形式支付给所有从业人员的平均劳动报酬。

（3）其他给予反映的是企业除纳税、工资支出之外的其他形式，为国家或社会创造或支付价值来履行社会责任的能力，由给予总额、社会贡献率两个指标综合反映。

给予总额是指企业通过社会保障支出、公益救济性捐赠支出等其他形式为国家或社会创造或支付的价值总额。计算时可取社会贡献总额中扣除纳税总额与工资总额的部分。

这部分支出的社会贡献率为：

$$g_{32} = \frac{g_{31}}{e_{11}} \times 100\% \tag{8}$$

（八）环境保护

对于煤炭企业环境保护能力的评价，从环保投入和环保成效两个层面，分2个二级指标和7个三级指标来综合分析。

（1）环保投入是反映企业环保保障能力的基础性指标，用生态环保投入量、环保投入比例两个指标表示。

（2）环保成效是反映企业当前环保水平的直观性指标，用煤矸石利用率、瓦斯利用率、矿井水利用率、土地复垦率、原煤入洗率等指标表示。这些指标均属于效益类指标。

参考文献

[1] 岳福斌，李维明. 应从综合角度从综合角度着眼，提高煤炭企业竞争力[N]. 中国煤炭报，2011-9-2（7）

[2] 迈克尔·波特. 竞争优势[M]. 北京：华夏出版社，1997

[3] 金碚. 论企业竞争力的性质[J]. 中国工业经济，2001（10）

[4] 彭丽红. 企业竞争力—理论与实证研究[M]. 北京：经济科学出版社，2000

[5] 岳福斌，崔涛，李豪峰，李维明. 中国煤炭工业发展报告（2010）[M]. 北京：社科文献出版社，2011

[6] 丁钊. 增强我国煤炭企业竞争力的思考[J]. 中国煤炭，2001（9）

（原载于《中国煤炭》2012 年 05 期，作者：李维明）

市场体系篇

关于健全我国煤炭市场体系的建议

近年来，随着社会主义市场经济体制的逐步完善，我国煤炭市场化改革已取得较大成效并表现出良好发展态势。但是，目前煤炭市场体系尚不健全，交易体系不完善、煤炭供求时有失衡、价格形成机制不顺、市场竞争无序等问题仍较为突出，直接影响到了国务院所确定的"建设清洁低碳、安全高效的现代能源体系"战略目标的实现。为此建议：建立健全煤炭市场交易体系，加强煤炭供需总量调控，改进煤炭价格形成机制，促进煤炭市场有序竞争。

《国民经济和社会发展第十三个五年规划纲要》中提出"建设清洁低碳、安全高效的现代能源体系"，以此深入推进能源革命，推动能源生产利用方式变革。然而，目前我国煤炭市场体系还存在诸多问题，影响到煤炭行业的健康发展，已影响到加快转变经济发展方式的整体进程。因此，迫切需要深入分析煤炭市场体系存在的问题，并提出政策建议。

一、我国煤炭市场化改革已取得较大成效

近年来，我国煤炭行业不断深化改革、扩大开放，煤炭市场化改革已取得较大成效并呈现出良好发展态势。

（一）市场交易体系逐步完善

一是初步建立了全国性煤炭交易中心。2007 年 5 月，国务院正式批准建设中国（太原）煤炭交易中心，将太原煤炭交易市场从区域性市场升级为国家级煤炭交易中心。二是区域性煤炭交易市场运作初见成效。按照我国煤炭资源分布与需求格局，大连、秦皇岛、太原、广州、西安、鄂尔多斯等地已建立起具备价格发现功能和中介作用的区域性煤炭市场。三是期货市场初具规模。2011 年 4 月，大连商品交易所正式上市焦炭期货合约，焦炭生产企业和贸易商通过该市场较有效地规避了价格风险，促进了焦炭市场的规范健康发展。2013 年 3 月、9 月，焦煤期货、动力煤期货相继在大连商品交易所、郑州商品交易所上市交易，对规范焦煤与动力煤现货贸易、完善定价机制形成进一步的促进作用。

（二）交易手段日益现代化

随着互联网技术发展和普及，信息技术已渗透到煤炭行业各个环节，各地相继建立了电子交易市场。2006 年山西省建立了中太煤炭电子交易市场，成为我国首个煤炭电子交易市场；同年，陕西大宗煤炭交易市场（BCTC）在西安开始运行。到目前为止，已运行的电子交易平台可提供邀约订货、挂牌协商、即期竞价和现场协商等多种交易模式。这些电子交易市场的建立，彻底改变了传统交易模式，不仅降

低了煤炭购销企业的交易成本、减少了中间环节，而且实现了对全国煤炭价格行情的引导与调控，很大程度上满足了各种煤炭交易的需求。

（三）交易价格日趋市场化

从 1993 年我国对煤炭价格实行部分市场化，到 2004 年国家明确逐步取消电煤政府指导价，2009 年国家发展改革委终止一年一度的煤炭衔接会，再到 2012 年国务院宣布取消电煤价格双轨制，我国煤炭价格市场化改革逐步向深入推进。从目前状况来看，各类煤种价格都已基本实现了市场化。当前，以"基准价 + 浮动价"和长协为主体的交易模式，在基本反映煤炭价值的同时，也较好地反映了市场的供需状态。总之，随着煤炭价格市场化条件的成熟，全方位的煤炭交易价格市场化改革是大势所趋。

（四）市场竞争秩序逐步好转

过去，我国煤炭市场长期处于供求失衡、竞争无序状态。一方面，小煤窑以绝对低的成本具有竞争的优势；另一方面，一些老的大型国有企业，在地方政府支持下，以低于成本的价格出售煤炭产品。这些现象造成了竞争主体间的不公平，严重扰乱了整个煤炭市场的有序竞争。而随着国家"坚持关井压产、总量控制、淘汰落后生产力、禁止重复建设"等政策的逐步落实，大批非法及布局不合理的小煤窑"关、停、并、转"，国内煤炭企业规模结构得到有效改善，各省市在积极整合煤炭资源后，以规范的公司化运作体制组建煤炭大企业集团参与市场竞争。近年来，去产能与煤矿企业兼并重组政策的推出，有效地缓解了煤炭市场竞争无序的状态。与此同时，煤炭探矿权、采矿权等煤炭资源有偿使用制度的改革，资源税改革，煤矿安全法规和监察统一标准的实施以及国家从多个方面严格限制不符合标准的企业进入煤炭生产领域，促使各类企业在同一起跑线上竞争，煤炭市场竞争秩序有所好转。

（五）供求关系趋于平稳

近年来，煤炭市场供需矛盾有所缓和，基本实现了总体平衡，总体上看，煤炭市场供求关系趋于平稳。究其原因在于：一是煤炭供求关系实现"政府与市场协作"的良好调节模式。去产能政策的实施大幅缓解了供需矛盾，促进了公平交易，并且随着煤炭价格日趋市场化，科学、合理、公平竞争的煤炭市场供求关系逐步形成。二是煤炭交易制度逐步形成和完善。以市场为基础、经济法律关系为准则的煤炭市场交易制度趋于规范，建立在契约基础上且具有法律保障的中长期合同有助于形成稳定的煤炭供需关系。三是储备基地建设已经启动。神华、中煤、同煤等多家大型煤炭企业和秦皇岛港、黄骅港、广州港等多个港口企业参与了储备基地建设，国家煤炭供应应急保障能力逐步增强。

二、我国煤炭市场体系存在的主要问题

在充分肯定煤炭市场建设成就的同时，也应清醒地认识到当前我国煤炭市场体系发育还不完善，还存在一些突出问题，并因此导致市场机制在资源配置中的基础性作用未能充分发挥，进而影响到煤炭产业健康发展乃至国民经济的有序运行，主要体现在四个方面。

（一）交易体系尚有缺陷

目前，我国煤炭市场交易体系仍跟不上实际发展的需要，煤炭市

场交易体系尚未真正形成。尽管已经建立焦煤、动力煤期货市场，但供需双方参与程度低，无法通过其价格发现功能形成一个有效反映供求关系的市场价格，也无法充分利用其套期保值功能转移价格风险。另一方面，全国性煤炭交易中心影响力有所欠缺。作为唯一的国家级煤炭交易中心，中国太原煤炭交易中心 2012 年开市以来累计成交量已超百亿吨，2018 年煤炭现货交易总量达到 23 亿吨，但在影响全国煤炭价格、引导全国煤炭市场平衡方面，尚没有达到预期目标。同时，区域性市场发育还不平衡，交易较为分散，中间环节过多，交易成本居高不下，难以形成合理的交易价格。

（二）供求失衡时有发生

一方面，我国煤炭资源主要分布在中西部地区，煤炭消费重心却在东南部地区，而煤炭运输大部分依靠铁路（运距长、运输费用高），加之铁路运输能力扩张速度落后于煤炭产量和需求量的增速，因此铁路运输已成为煤炭供给与需求衔接的瓶颈，容易造成供求关系的失衡。比如，我国东北地区受制于铁路运输瓶颈，在供暖季仍存在较为突出煤炭供应紧张问题。另一方面，我国淘汰落后煤炭产能工作尚未结束，安全隐患大、技术装备落后的小煤矿依然存在，一旦需求旺盛，还会引发抢生产现象，并因此导致安全生产事故上升，进而导致煤矿停产整顿，再进而导致供给总量不足、供求矛盾加剧。此外，尽管由能源结构和经济发展阶段所决定，我国现阶段对煤炭总体上呈现刚性需求，但是宏观经济周期的剧烈波动，仍会对煤炭市场产生重大影响。比较典型的是 2011 年 11 月之后，受多重因素叠合的影响，煤炭行业结束了长达 10 年的强景气周期，呈现出煤炭需求放缓、库存增加、价格下跌的态势，煤炭市场供求出现严重失衡。

（三）价格机制尚未理顺

目前，我国煤炭价格虽已基本实现了市场化，但真正市场化的价格形成机制尚未形成。最值得注意的是，合理的煤炭价格应建立在企业成本核算真实、完整的基础之上，但当前我国煤炭价格形成的基础不科学，成本构成存在制度性成本不全、政策性成本不实、市场性成本扭曲、行政性成本不合理等问题。以煤矿开采过程中的外部成本为例，由于未完全被纳入生产成本核算体系而被转嫁给了社会，造成了巨大的外部损失。据调研估算，我国平均每生产 1 吨原煤会污染 2.5 吨水，煤矿开采产生的废污水占到全国废污水总量的 1/4；我国煤矿累计采空塌陷面积约百万公顷，相关损失近千亿元；安徽淮北、辽宁阜新、黑龙江七台河、吉林辽源等 22 个煤炭资源枯竭型城市，经济转型面临严重的资金短缺问题，资金缺口高达数千亿元。煤炭成本的缺失使得煤炭价格偏离其价值，价值规律无法正常发挥作用，不能准确反映煤炭的供求关系、生产与交易成本的变动情况。

（四）无序竞争仍然严重

煤炭产业高度分散的市场结构导致了煤炭企业的过度竞争和煤炭产业与相关产业的不公平竞争，严重影响了我国煤炭市场的正常秩序。一方面，尽管煤矿企业兼并重组工作进展较为顺利，产量前四和前八家煤炭企业的市场占有率分别从 2005 年的 16% 和 23% 提高到 2018 年的 27.8% 和 40.5%，但当前煤炭产业集中度依然较低。高度分散的煤炭企业进入市场后，为争夺市场份额低价倾销、竞相赊销，为抢夺资源乱采滥挖，导致煤炭市场的恶性竞争。另一方面，与煤炭产业紧密关联的铁路、电力部门是垄断性行业，凭借其垄断优势获取垄断利益。其中，电力部门是煤炭最大的消费部门，全国每年所产煤炭的

50%左右用于发电，目前国内最大的发电企业不足十家，而数以万计的煤炭生产者面对屈指可数的电力企业显然在交易中处于劣势地位，造成了不公平竞争；铁路运输部门在现实中是煤炭交易的实际控制人，煤炭生产、销售企业并没有充分的运营自主权，市场竞争也因此无法充分的展开。

三、健全煤炭市场体系，促进煤炭产业健康发展，保障国家能源安全

（一）健全煤炭市场交易体系

尽快建立健全以煤炭主产地为依托的全国性的中心交易市场，以港口为依托的集散地交易市场，以区域自给为目的的区域交易市场，以期货合约为标的的期货市场，以及以出口为目的的外贸市场。重点加强以下工作：一是建立和完善煤炭交易的基础网络，逐步形成结构合理、层次清晰、功能全面的市场交易体系；二是以全国煤炭交易中心为核心，在主产地、主销地、主集散地、主消费地规划建设大型区域性煤炭市场，充分发挥各自区位优势和自身特色，完善交易功能，丰富交易品种，以有效推动煤炭流通的市场化进程；三是加大煤炭期货市场完善力度，健全相关机制，提高供需双方参与度，充分发挥期货市场的风险规避和价格发现功能。

（二）加强煤炭供需总量调控

强化煤炭供需总量调控，有效防范煤炭市场供需严重失衡现象出现。一是加强煤炭市场供求预测，密切关注煤炭市场变化，建立煤炭市场信息发布平台，及时发布准确信息，以指导煤炭生产、建设，正

确引导市场走向。二是继续优化煤炭产能，压减小煤矿数量，增加先进产能比重；进一步优化煤炭产业结构，使煤炭大企业集团逐步成为调控煤炭供需平衡的一支重要力量。三是积极推进煤矿企业与重点用煤行业的长期战略合作，鼓励重合同、守信用。同时，着力推进电力与铁路运输行业的市场化改革，努力构建电力、运输与煤炭的相对稳定的供需关系。

（三）改进煤炭价格形成机制

优化我国煤炭价格形成机制，要始终坚持煤炭市场化改革的方向不动摇，使市场供求关系、资源稀缺程度、煤矿安全和矿区生态环境补偿等成本能够得以充分体现。一是继续深化煤炭价格市场化改革。应充分发挥市场机制，建立健全煤炭供需双方自主衔接、自主协商、自主定价机制。二是在科学确定煤炭价格成本构成基础上，进一步完善煤炭成本费用核算制度，健全相应的经济手段和法律手段，加强执法力度，确保资源、环境和企业衰老转产以及后续发展支出等列入成本开支范围，努力实现煤炭外部成本的内部化，完整地核算煤炭的成本与价值。

（四）促进煤炭市场有序竞争

为确保煤炭市场的充分有效竞争，当前应着力从以下几方面创造有利条件。一是对煤炭行业采取以有效竞争为导向的政策取向，防止企业数量过多过散，促进规模效益的形成。二是加快推进煤矿企业兼并重组和跨行业联合重组，积极培育一批区域性、综合性具有国际竞争力的大型煤炭企业集团，进一步提高产业集中度。三是实施煤矿企业资质管理制度，提高行业准入门槛，并根据生产力发展水平动态调整、逐步提高。同时，应尽快制定关闭和报废煤矿管理办法，进一步完善退出机制。四是积极探索有效途径，加快推进资本在煤炭与电力部门之间流动，直至形成平均利润率。同时，应深化铁路运输管理体制改革，建立规范有效的公平竞争机制，切实解决各种不合理收费问题，为完善煤炭市场体系创造良好的外部环境。

（原载于《煤炭经济研究》2012 年 12 期，已做更新处理，作者：李维明、周圆圆、沈倩倩）

关于建立健全国家煤炭应急储备体系的建议

  煤炭作为我国的基础能源和重要原料，是保障国家能源安全、保证国民经济可持续发展的重要基础。建立健全国家煤炭应急储备体系，对于应对重大自然灾害、突发事件等导致的煤炭供应中断以及维护社会稳定、经济安全和国家安全有着重要意义。近年来，在相关政策的支持和推动下，我国煤炭应急储备工作取得积极进展，然而现行储备体系尚不完善，在立法保障、管理体制、储备模式、管理信息化、基地布局等方面仍存在诸多问题。为此建议：建立健全煤炭应急储备的相关法律法规；优化管理方式，构建科学完善的管理体制；积极总结经验，创新储备模式；储备过程广泛应用现代信息技术；优化储备基地布局，增强衍射和覆盖范围。

  国家煤炭应急储备作为减少和防止能源供给中断所造成危害的重要手段，其首要目的是保障国防安全，核心任务是保障经济安全，长远目标是保障国家可持续发展。由此所决定，国家煤炭应急储备体系的建立是出于战略考虑，不应因煤炭市场的景气与否而发生改变。

2009 年以来，我国成功实施了三批次国家煤炭应急储备，为探索和建立我国煤炭战略储备体系做出了有益的尝试，但现行储备体系并不健全，在诸多方面仍存在不足，亟待进行优化完善。

一、国家煤炭应急储备及其必要性

国家煤炭应急储备作为煤炭战略储备形式的一种①，指的是中央政府委托煤炭、电力等承储企业在重要煤炭集散地、消费地、关键运输枢纽等储备点建立的，用于应对重大自然灾害、突发事件等导致煤炭供应中断或严重不足情况，由中央政府统一调用的煤炭现货储备②。

国外许多发达国家的能源消费以石油为主，着重建立以石油为主的战略储备制度。鉴于煤炭资源在其能源消费结构中的非主导性和较强的资源环境保护意识，世界主要煤炭资源国家如美国、俄罗斯、澳大利亚、德国等（探明储量均位居世界前 6 位），普遍采取的是以资源储备为主的储备形式。而在我国则不然，长期以来煤炭在一次能源消费中的比重维持在 60% 左右，在发电能源消耗中的占比更是达到 80%，再加上我国煤炭资源在地理分布上"北多南少、西富东贫"，主要煤炭消费区与生产地时空错位、逆向分布，这些都使得在我国实

---

① 按照储备形式不同，煤炭战略储备可以划分为探明储量的资源储备、形成生产能力后的产能储备及产品储备三种。其中，探明储量的资源储备，即只探不采，指将某些已探明储量的基地，作为战略保留基地，不准进行商业性勘查开发，仅供国家非常时期使用，主要考虑的是煤炭长期可持续供应能力的保障；产能储备，是指在探明储量的基础上把已经形成生产能力的煤炭矿山等留作备用，虽然已经形成生产能力，但只在煤炭短缺等特殊的情况下进行生产，具有短期调整煤炭市场的作用；产品储备即现货储备，主要是指储备开采出来的原煤和商品煤等，具有即时调整煤炭市场供求的功能。

② 《关于印发〈国家煤炭应急储备管理暂行办法〉的通知》（发改运行〔2011〕996 号）。

施国家煤炭应急储备成为客观必然。同时，煤炭作为主体能源是关系国家经济命脉和国防安全的重要战略物资，由能源生产与消费结构、煤炭资源分布及消费格局、国家战略安全以及维护经济社会稳定与发展需要等因素所决定，我国煤炭储备在形式上以应急现货储备为主。与国内外以原油或成品油现货储备方式为主的石油战略储备相似，尽管在市场化水平、储备方式、储备结构、储备制度等方面存在一定的差别，但作为世界能源的主体，国家煤炭应急储备和石油战略储备的建立，对于防范风险、保证供应、调节供需、平抑价格、促进经济平稳发展等方面都具有积极作用。

二、我国煤炭应急储备体系建设已经开始起步

从 2003 年开始，我国就开始提议筹建国家煤炭应急储备体系。2004 年之后，用电量的激增刺激了煤炭需求，煤荒、电荒频频亮相，部分电厂甚至拉闸限电，如何缓解冬夏煤运高峰开始提上日程。2008 年初的大雪，让南方五省在雨雪冰冻灾害中慌乱，自然灾害造成的煤电荒问题集中凸显。面对急需解决的问题，增加煤炭储备呼声高涨，国家亦加快了建立煤炭储备制度的进程。

2009 年，国家发展改革委正式启动国家煤炭储备基地建设计划，并委托中国神华能源股份有限公司在全国建设煤炭储备设施。2010 年 1 月，国务院主持召开"加强煤电油气运保障工作会议"，发展改革委提出将加快推进煤炭应急储备工作。2011 年 2 月，国家发展改革委报送的《国家煤炭应急储备方案》，获国务院批准。10 家大型煤炭、电力企业和 8 个港口企业，成为国家第一批应急煤炭储备点，首批储备计划为 500 万吨；同年 3 月，全国人大通过的"十二五"规划《纲要》，

首次将煤炭储备与石油、天然气并列，纳入国家储备体系；5 月，国家发展改革委与财政部联合下发《国家煤炭应急储备管理暂行办法》，标志着我国正式开始煤炭应急储备体系建设。

2012 年 3 月，国家能源局发布《煤炭工业发展"十二五"规划》，明确提出发展现代煤炭物流，建立煤炭应急储备体系；同年，国家发展改革委、财政部联合下发《关于做好 2012 年国家煤炭应急储备工作的通知》，确定 2012 年国家应急煤炭储备任务为 620 万吨。随后，国家发展改革委再次下达 2013 年和 2014 年国家煤炭应急储备任务，安排国家煤炭应急储备任务 670 万吨，分别由现有的储备点和承储企业承担。当前我国火电企业普遍以 15 天的煤炭存量为正常存量，7 天为警戒线，宏观部门如国家发展改革委要求煤炭主产区外的发电企业电煤库存量不能低于 20 天用量。

2014 年，国家发改委发布《煤炭物流发展规划》，提出结合国家应急储备建设布局，在主要消费地、沿海沿江主要港口和重要铁路枢纽重点建设 11 个大型煤炭储配基地，并在基地内建设 30 个年流通规模 2000 万吨级物流园区。要求按照国家煤炭应急储备的总体部署，在具备条件的沿海、沿江、沿河港口和华南、华中、西南等地区，遵循辐射范围广、应急能力强、储备成本低、环境污染小的原则，采用政府统筹、市场化运作的方式，加快应急储备建设，以应对重大自然灾害、突发事件等情况。

前些年我国煤炭整体供过于求，煤炭应急储备需求并不明显。但近些年来，随着去产能工作的推进，区域性、时段性供煤紧张问题有所表现。例如，东北地区在自身煤炭产量下降、外部调入存在阶段性运输瓶颈的背景下，用煤紧张常常成为供暖期的突出困难。为防范煤炭供给短缺风险，2019 年国家发改委向各地方提出增加煤炭储备的要求，并正在加快研究制定关于煤炭产运储需衔接的政策文件。

我国现行煤炭应急储备体系在管理体制方面，主要由国家发展改革委、财政部会同交通运输、铁道、能源等部门负责管理工作，中国煤炭工业协会、国家电网公司等单位承担煤炭市场监测预警和信息支持；在运行模式方面，由承储企业通过建立专门国家煤炭应急储备库，在其承储基地完成国家分配的承储任务，可以概括为"国家宏观统筹调控、企业港口具体承担"；在储备动用方面，在发生严重自然灾害和重大突发事件时，国家发展改革委、财政部根据省级人民政府申请或中国煤炭工业协会、国家电网公司等单位的建议以及其他应急需要，做出动用决定，向承储企业等有关单位下达动用指令；在储备轮换方面，与正常生产经营、周转相结合，以先进先出、以进顶出的滚动方式进行，并确保每季度至少轮换一次；在资金来源方面，国家煤炭应急储备所需资金，可由承储企业向银行申请贷款，同时国家对新建、改扩建储备点建设项目给予投资补助，并对完成储备任务的承储企业，中央财政对国家煤炭应急储备贷款或占用资金给予利息补贴，对场地占用费和保管费等管理费用予以定额补贴。

三、当前我国煤炭应急储备体系存在的主要问题

我国先后开展的三批国家煤炭应急储备实践，为探索和建立我国煤炭应急储备体系做出了有益的尝试，然而现行储备体系和模式在运行过程中也暴露了诸多的问题与不足，主要体现在以下几个方面。

（一）缺乏强有力的煤炭战略储备立法保障

国外以原油或成品油为主的现货储备方式，与我国煤炭应急储备

有一定相似性，其发展经验表明，能源战略储备重在立法。以世界能源消费大国——美国和日本为例，法律法规体系的完善是两国战略石油储备机制的主要特点，如美国的《能源政策与储备法》（1975年）、《综合预算调节法》和《内政部和相关机构拨款法》等；日本的《石油储备法》（1989年修订）、《日本国家石油公团法》（1978年）和《国家石油公司法》等，都对国家石油战略储备作了详尽规定，值得我国学习和借鉴。近年来，我国也加强了对煤炭战略储备立法的重视程度，相继出台了《国家煤炭应急储备方案》《国家煤炭应急储备管理暂行办法》《关于做好2012年国家煤炭应急储备工作的通知》《煤炭物流发展规划》等文件，然而现行《煤炭法》并未明确煤炭战略储备的立法地位，更无具体的指导条例；《国家煤炭应急储备管理暂行办法》只是针对当前应急储备实施的具体办法，而非战略储备制度运行的保障性法律，既没有上升到立法的层面，也缺乏通用性。初步建立起来的国家煤炭应急储备体系在应急储备关键环节和内容方面，在协调生产、消费、流通、存储等各环节各部门以及政府、市场与第三方等多主体之间权利义务关系方面迫切需要完善相关法律法规，进而为其法制化运作提供制度保障。

（二）现行管理体制尚不健全，存在监管缺位

国家煤炭应急储备组织工作十分复杂，既涉及国家发展改革委、财政部、交通部、铁道部等多个部门，也涉及煤矿、港口、电厂、交通运输等多个行业的众多企业，更涉及采购、运输储备等多个环节，组织协调工作量很大，专业性很强，需要一套统一协调的管理体制，以提高应急响应速度。当前的煤炭应急储备体制下，各承储企业主要是依据国家发展改革委和财政部每年联合颁布的暂行办法和工作通

知，在其指定承储基地完成承储任务，依靠的是企业自身对煤炭储备过程进行管理，而缺乏专门的管理机构针对应急储备进行相应的管理，尤其在"国家出计划、企业出钱、危机关头国家拥有绝对支配权"的储备方式和管理模式下，管理体制的不健全直接导致其无法对储备状况进行有效的管理和监督。

（三）储备模式静态化使得储备成本过高、储备规模相对有限

当前我国这种政府主导统筹分配下的以"单独建立国家储备库"为特征的煤炭应急储备模式，流转性和灵活性差，市场化和动态化程度低，在发生煤炭供应短缺时，承担的煤炭供应职责不仅是一种经济责任，更是一项严肃的政治任务，这决定了国家在储备基地建设、日常管理和应急调运情况下都要发生较大的投入，而不管最终是否发生了应急调运，不仅大大增加了储备成本，在一定程度上也对储备规模造成了影响。一方面，从国家角度来看，据有关机构测算，以2000万吨国家煤炭储备目标计算，国家共需拨付专业化公司资本金56亿元，提供贷款93.6亿元，每年财政贴息5.85亿元，支付租赁费480万元；同时，国家发展改革委等部门负责项目、资金和铁路运力审批，全程参与储备项目建设，在管理上也加大了工作量，可持续性必然受到影响。从企业角度来看，也需要投入大量储备资金与管理资金，由此导致成本高、风险大，资金保障难度大。另一方面，相对于我国煤炭年消费量30亿吨以上的需求，2000万吨的应急储备规模与之相比较为微小，一旦发生较大范围的突发事件或自然灾害，对于解决电荒煤荒，能力明显不足。

（四）储备管理信息化程度低

尽管在现行国家煤炭应急储备体系中，已有一些单位在承担煤炭市场监测预警和信息支持职责，主要负责收集电煤生产、消耗、库存情况，分析趋势，提出应急储备建议，但目前并没有建立一个信息化、动态化的服务平台，管理信息系统的缺失使得储备体系缺乏灵活性，储备数量无法动态浮动，为监管煤炭应急储备体系和调用应急储备煤炭带来一定的难度。与此同时，完善有效的预警机制和体系尚未建立，尚不能根据经济、社会、天气等情况提前对突发事件进行合理安排，容易陷入被动局面。

（五）储备基地布局合理性有待提高

先期参与我国煤炭应急储备基地建设的，共有 11 家港口和 4 家电厂。尽管这些港口和电厂覆盖了环渤海和长三角等重点煤炭消费地区，但仍缺少全国整体布局，其覆盖范围和储备基地数量还是相对有限，如环渤海地区只有 4 家港口，东南沿海及珠三角地区的储备基地只有 3 家港口，西南地区只有 1 家电厂被纳入储备体系，部分重要的交通沿线、灾害多发地区并没有基地布局。同时，在建设数量和规模并无定数的背景下，盲目建设苗头有所显现。不难发现，现阶段储备基地整体布局无论从基地数量、覆盖范围还是从建设秩序上都亟待进一步优化改善。

四、完善煤炭应急储备体系，保障国家能源安全

以习近平新时代中国特色社会主义思想和十九大精神为指导，深入贯彻落实《国家煤炭应急储备管理暂行办法》，坚持政企协同发展，

从如下方面对我国煤炭应急储备体系进行完善，进而保障国家能源安全。

（一）建立健全煤炭战略储备的相关法律法规

煤炭储备作为一项事关国家与产业安全的战略性工作，其实施过程必将是一个利益的冲突与协调，权利、义务的争夺和配置，时机、尺度的把握和衡量等长期而复杂的过程，这项战略的实施离不开法律和制度体系的支撑，必须有法可依。建议国家严格按照社会性、市场化、效率效能、安全环保等原则，加快煤炭战略储备立法建设，积极落实有关各方责任和义务，建立健全储备监管、储备后续评估、储备管理信息化、储备资金管理、现货动用及轮库等制度，探索建立国家煤炭战略储备基金；同时注重其与能源储备立法的衔接，采用中央立法与地方立法相结合、法规规章与标准规范相结合的模式。

（二）优化管理方式，构建科学完善的管理体制

科学、完善的管理体制是煤炭应急储备体系有效甚至高效运转的重要保障。建议构建决策层、管理层、操作层和监管层"四位一体"自上而下的国家煤炭储备管理体制。其中，决策层为国家能源主管部门如国家能源局，其作为国家煤炭应急储备的专门管理机构，主要职责是在国家发展改革委的协调下，联合财政部、交通运输部门等提出煤炭储备相关政策与立法建议，确定储备规模和储备基地选址等，并在应急状态下充当决策指挥中心，统筹安排煤炭储备调度。管理层由政府设立专门专业性机构或委托相关权威机构组成，其在国家能源主管部门的直接指挥下，执行主管部门制定的政策与法律法规，并借助强大的信息服务平台，对煤炭储备实施监测，进行煤炭储备调控，定

期发布监控预警结果，并及时将有关信息上报决策层，以供决策层在政策制定和修正时做参考。操作层为进行煤炭储备实际运作的基层组织——承储企业和港口等，主要负责煤炭储备基地的工程建设、煤炭储备、日常维护、后勤管理等工作。监管层为政府监管部门和煤炭相关行业协会，其独立监管权将对煤炭储备体系的各级机构进行监督检查，以保障煤炭储备体系的有效运行，防止在煤炭动态储备过程中承储企业和储备基地有可能出现的道德风险和逆向选择。

（三）积极总结经验，创新储备模式

目前社会各界在是否实施国家煤炭应急储备问题上已基本形成共识，现在与未来的关键是如何在煤炭储备过程中创新模式、实现盈利（至少保本），进而确保煤炭储备的可持续发展。国家煤炭应急储备系统运行以来，无论是国家主管部门，还是各储备点、各企业及各地区都积累了一定的管理和运营经验，基于不同实际情况的煤炭储备模式正在慢慢形成。目前较为典型的模式，按照投融资模式划分，有企业合资型（珠海港）、政企合作型（北京市）、资源集结型（曹妃甸）；按照管理模式分，有中转储运型（国家能源集团）、数字化配送型（曹妃甸）、网络管理型（山东省）等。这些各具特色的储备模式动态化、信息化、数字化、市场化特征明显，在轮换机制、动用条件、动用方式、动用成本等方面优势突出，为我国煤炭储备模式创新提供了现实基础。此外，吉林省等缺煤地区进行了建设省级储煤基地和建立电煤储备运行机制的有益探索。建议国家有关部门及煤炭行业相关机构积极总结各地经验，加强煤炭战略储备模式研究与创新，重点围绕如何借助数字化、信息化、市场化、供应链管理等理念来实现储备工作的动态化与盈利化，突出储备煤"商品交易"属性，赋予储备指标"金融投资"

属性，体现承储单位"市场经营"特征，努力探索一种可持续发展的、有中国特色的、不同于粮食储备的煤炭储备模式。

（四）储备过程广泛应用现代信息技术

战略储备信息化是确保突发性事件得以快速有效应对和处理的重要保障。建议国家加快统筹全国或以区域为试点开展煤炭行业的信息化建设工作，按照整体规划、统一标准、合理分工、有序推进的原则，依托先进的信息化技术，建立统一的国家煤炭应急储备管理信息系统，实时采集、传输和监控煤炭储备相关信息，通过对信息的加工和处理，为政府部门进行宏观调控提供决策依据；借助信息联动机制将有关信息及时反馈到地方和企业，为政府各有关部门和企业之间搭建快速便捷的沟通平台；通过加强储备预测预警系统建设，在对储备基地和企业进行日常监控和管理基础上，对紧急状况做出提前预判，提前做好应急储备的调运安排，切实发挥储备的应急功效。

（五）优化储备基地布局，增强衍射和覆盖范围

储备基地布局合理与否直接关系到整个储备体系能否切实运作，其对降低储备及运输成本、提高应急储备功效具有重要作用。作为一项庞大的系统工程，建议储备基地布局过程要坚持统一规划、辐射广泛、临近中转地和消费终端（含重要交通沿线和灾害多发区）、储备成本低、环境污染小、安全系数高等原则，在综合考虑社会、科技、经济、法律、成本等各种因素的情况下，合理确定国家、地方（以省为单位）以及企业等多个层面的储备基地，确保储备点分布合理、各储备基地的储煤规模和数量适度；同时，要合理布局与妥善引导地方储备和企业储备，形成与国家储备相互促进、相互补充的储备体系，

防止储备企业或储备点之间的不良竞争，防止行业内部产生新的矛盾；此外，建设过程还要根据需要分阶段进行，循序渐进推进，严防盲目建设和重复建设。

参考资料

[1] 吴永平. 煤炭资源安全战略研究：基于我国能源安全战略. 北京：煤炭工业出版社，2008

[2] 倪健民，郭云涛. 能源安全. 浙江大学出版社，2009

[3] 樊纲，马蔚华. 中国能源安全：现状与战略选择. 中国经济出版社，2012

[4] 郭云涛. 建立国家煤炭战略储备的构想. 中国煤炭报，2005. 4. 21（4）

[5] 濮洪九. 关于我国雨雪冰冻灾害期间电煤供应紧张问题的思考. 中国煤炭工业，2008（4）

[6] 钱平凡，周健奇. 浅谈借助数字化配煤系统破解煤炭储备难题. 煤炭经济研究，2010（3）

[7] 盛福杰，刘金平. 中国煤炭储备研究综述. 中国煤炭，2010（12）

[8] 彭宏杰，李朝林. 进一步完善煤炭储备中心建设的对策建议. 中国煤炭，2012（3）

[9] 刘满芝，屈传智，冯颖副. 国家煤炭应急储备布局模型构建及应用. 中国安全科学学报，2014（8）

（原载于《国务院发展研究中心调查研究报告》2013 年第 183 号（总 4432 号），已做更新处理，作者：李维明、潘仁飞）

煤炭预警体系待改进

　　加强煤炭经济运行预警有利于我国煤炭产业乃至整个国民经济的健康、稳定和可持续发展。近年来，在相关政策的大力支持下，我国煤炭经济运行预警已在实践应用上取得了初步成效，但仍存在理论支撑体系尚不完善、预警主体间缺少协调性、预警手段和方法比较落后、预警指标体系尚有缺陷等诸多问题。为此建议：强化预警理论研究，明确预警领导主体，创新预警方法，进一步完善指标体系。

　　煤炭经济作为国民经济的基础环节，其平稳运行是国民经济健康发展的客观要求。然而，中国煤炭经济运行并非是稳定的，而是表现出周期性的波动。如果波动过于剧烈，势必会影响能源供给的稳定性，进而威胁国家能源安全和国民经济的健康发展。因此，应当使其保持在一个相对稳定的范围内，这就需要对煤炭经济进行预警，通过政府预先的宏观调控来避免过于剧烈的波动。正是出于这种考虑，近年来，中国政府开始逐步重视对煤炭经济运行的预警工作并在实践应用上取得初步性进展。但是由于缺乏经验，预警实践还存在着结果与客观实际不一致的问题。

一、煤炭经济运行预警"黄绿灯"

（一）实践现状

煤炭经济运行预警指的是通过对煤炭经济运行状况和发展态势的监测与分析，对即将出现的问题提前发出警报，使煤炭领域的管理部门和企业及时采取对策、解除警患，避免造成重大损失，确保煤炭经济持续稳定发展的一种机制。

2007 年，是极为重要的一年。从这年开始，政府管理部门针对能源尤其是煤炭，制定了一系列的支持政策。比如：2007 年初，《中国能源发展"十一五"规划》中，明确提出要完善与社会主义市场经济体制相适应的预警应急体系；2010 年 4 月温家宝重申了要加强针对能源经济运行的预警。在此基础上，中国煤炭经济运行预警工作全面启动。相关机构纷纷设立独立的预警部门，开始为实践做准备，其中包括从流程设计到方法选择等一系列过程，并邀请煤炭领域的专家进行预警方案的论证。在各方面的共同努力下，预警工作取得了积极进展。2012 年 6 月，中国煤炭工业协会和中国煤炭运销协会开始着手研究和编制全国煤炭市场景气指数，并从 7 月起定期向全社会发布。至此，煤炭经济运行预警实践开始走向了高峰。

目前，通过预警实践，中国煤炭经济领域主要形成了如下几个报告或指数。

发改委煤炭行业运行报告。国家发改委对每个月煤炭行业运行数据进行统计、分析，并发表比较简短的行业运行报告。该报告把当期数字逐项列举出来，并没有进行主观分析。

煤炭市场运行综述报告。由中国煤炭运销协会按月发布，其核心是煤炭市场供求。

中经煤炭产业景气指数和预警指数。该指数由经济日报社中经产业景气指数研究中心和国家统计局中国经济景气监测中心共同研究编制并按季发布，其中，中经煤炭产业预警指数是以行业先行指数为核心的预警指数。该指数报告于 2009 年 4 月下旬首次发布，至今已有 10 年历史，但近些年不再分行业发布指数报告，而是以中经工业景气指数报告的形式发布，在报告中对煤炭产业作简要分析。

全国煤炭市场景气指数。中国煤炭工业协会和中国煤炭运销协会自 2011 年 6 月开始，着手研究、编制全国煤炭市场景气指数。经过一年来的研究和论证，自 2012 年 7 月起开始在国家煤炭工业网和中国煤炭市场网定期向全社会发布。截至目前，该指数已发布 76 期。

（二）预警结果存在的问题

在中国，由于煤炭经济运行预警的开展时间比较短，国外同行业可借鉴的经验也相对缺乏，导致目前预警中存在着一些问题，这里仅列出预警结果方面的问题。

1. 预警结果不客观

当前煤炭经济运行的预警实践中，有一些明显与事实不符。例如中国煤炭经济在 2010 年第四季度出现了一些运行过热的势头，煤炭价格不断上涨，趋势明显。尤其是从 10 月 25 日到 11 月 25 日这一个月，秦皇岛山西混优（>6000 卡）价格从 745 元 / 吨直线上升到 815 元 / 吨，每吨上涨 70 元，涨幅接近 10%。针对这一态势，发改委实施了相应的规制措施，明确提出：年度重点电煤合同价格维持上年水平不变，不得以任何形式变相涨价。因此，保守地说，四季度中国煤炭经济较热，应在"黄灯区"内运行。然而，在发布的中经煤炭产业景气指数与预警指数中，却有着如下结论：预计四季度煤炭产业景气度总体上将继续保持增长态势，但增速会放缓，中国煤炭经济仍将处于"绿灯区"内运行。再如，2011 年第四季度煤炭产业经济形势发生骤变，结束了长达十年的强经济周期，煤炭需求放缓、库存增加、价格下跌，煤炭产业风光不在，但三季度的中经煤炭产业景气指数与预警指数却认为：第四季度仍有望继续保持缓慢上行。此外，2012 年 9 月发布的全国煤炭市场景气指数预计 10 月份煤炭市场景气指数将沉潜于 –40 以下的深度寒冷区内，但事实上 10 月份市场回暖迹象明显，景气指数达到 36.3。尤其是 2016 年上半年，煤炭产业经济回暖迹象逐渐明显，至 7 月底二季度中经产业景气指数报告发布时，环渤海 5500 大卡动力煤平均价格已由最低的每吨 371 元涨至 430 元、上涨 16%，但指数报告仍认为"煤炭行业形势依然严峻，钢铁、有色金属、化工、电力行业景气状况则趋于好转"，对比更鲜明的是，下半年煤炭价格进入了快速上涨的通道，煤炭产业景气度显著攀升。可见，预警实践与客观实际仍存在着一定出入。

2. 预警结果滞后

煤炭经济运行预警的目的在于使政府部门、行业机构、企业单位等相关部门提前明确即将发生的警情，并依据警报程度做出事先的调控。这就要求预警结果必须足够及时。然而，当前的预警结果不仅缺乏及时性，甚至有些滞后。比如，中经煤炭产业预警指数在 2008 年第三季度末和 2011 年第四季度末才分别提出煤炭经济运行"偏热"或"偏冷"的警报，实际上，这种"偏热"局面在当年 7、8 月份、"偏冷"局面在当年 11 月份已经充分表现出来，并可根据期间的煤炭价格走势准确地予以判断。这样，预警结果至少滞后了 1 个月的时

间，并没有起到"预"的效果。此外，在 2012 年 12 月份中旬时，11
月份的全国煤炭产业景气指数仍没有发布，直接影响到相关部门对于
12 月的调控。中经煤炭产业景气指数也普遍存在已进入下一季度很长
时间，但上季度指数仍未发布的情况。

3. 预警结果权威性不够

权威且具公信力的预警结果是开展煤炭经济预警工作的最终目
的。然而，当前中国并未真正形成对煤炭行业以及社会各界具有实
质影响力的权威性指数或报告。其中，发改委煤炭行业运行报告和
煤炭市场运行综述报告只涉及了中国煤炭经济运行的某些方面，研
究深度和广度尚显不够，媒体合作与发布平台也存在缺失；中经煤
炭产业指数由国家统计局与经济日报合作编制，尽管具有一定权威性，
但煤炭行业似乎对其关注度并不够；而同样由中国煤炭工业协会和煤
炭运销协会编制的全国煤炭市场景气指数，尽管有一些行业基础，但
运行时间不长，社会各界又对其知之甚少，这些都影响了其权威性的
形成。

二、存在问题的四大成因

（一）预警理论支撑体系尚不完善

目前，中国关于煤炭经济运行预警的理论研究还十分薄弱，难以
为预警实践提供坚实、完善的理论支撑。纵观煤炭领域的预警实践，
绝大多数都是以经济波动理论和经济周期理论为基础的。当然，研究
者将研究重心放在实践上有其现实需求：当今煤炭经济运行呈现出波
动频繁、无序、剧烈的新特点，亟须将预警研究与实践紧密结合。
但若一味地注重应用而忽略了对经济预警理论的总结与升华，恒久不

变的理论将很难解释煤炭经济运行中出现的新情况、新特点，也就很难对具体实践做出正确指导，最终影响实践结果。这样不仅无法为决策者提供正确的调控依据，还给煤炭经济甚至整个国民经济带来不良影响。

（二）预警主体间缺少协调性

一方面，目前有多个部门和单位参与了煤炭经济运行的预警，包括国家发改委、国家能源局、国家统计局、煤炭工业协会等等。这种现状不仅造成了财力、人力的浪费，还降低了预警工作的整体效率。另一方面，中国已经初步建立起了以政府、行业协会、企业为主体的煤炭经济预警体系，一般来说，煤炭企业提供诸如煤炭产量等数据，政府、行业协会等部门对这些数据进行汇总处理，并展开研究分析。其中，煤炭企业的经营情况，是预警数据的直接来源，可是一方面出于核心数据保密（如净利率）的考虑，其上报数据的真实性值得怀疑；预警结果还需要通过某些层面上的审核，最终使预警缺乏时效性。

（三）预警手段和方法落后

目前，中国的煤炭经济运行预警虽已进入正轨，但仍然存在着预警手段与方法落后的现象，致使中国煤炭预警的准确度和及时度都无法得到保证。只从定性角度进行的预警，已经不适应于当前的预警实际。很难判断多种影响因素产生"合力"的方向及程度。此外，煤炭产业景气指数和全国煤炭市场景气指数虽然对方法进行了改进，但仍存在诸多不完善之处，如不同重要程度的指标被等权重合成，严重影响了预警结果的正确度。

（四）预警指标体系存在缺陷

建立指标体系的目的在于使影响因素完成由定性到定量的转变，通过一个个具体的指标，反映影响因素的变化，进而反映煤炭经济运行的整体变化。尽管中国目前存在若干个煤炭经济运行预警指标体系，但仍存在着一些缺陷。一是指标不全面，二是指标间相关性过强，三是已失效的指标仍被使用。

三、煤炭经济运行预警建议

（一）强化预警理论研究

科学夯实的理论指导是预警工作顺利开展的前提条件。目前中国薄弱的预警理论和研究力量投入，难以为预警实践做出正确指导，这势必影响预警结果，进而无法为决策者提供正确的调控依据，最终给煤炭经济甚至整个国民经济带来不良影响。因此，建议在设立能源经济或煤炭经济学科的高校建立专门的预警理论研究机构，利用专家学者在能源经济理论方面的优势，对传统的基于经济周期的预警理论进行升华，以得到更具指导意义的预警理论。

（二）明确预警领导主体

鉴于煤炭在中国国民经济中的基础性地位以及煤炭经济运行预警工作的重要作用，建议以国家能源局作为领导主体对整个预警过程所涉及的部门进行统一组织，并根据各部门的特点分配工作，分别承担数据收集、研究分析、宣传发布等具体职能，以提高预警工作的效率，使预警结果更加及时准确。同时，加强同权威媒体如报社、网站、杂志等的合作，加大宣传力度，进一步完善信息发布平台，同时积极邀请经济学家或行业专家对指数进行解读并同步发布，以增强预警结果的权威性。

（三）创新预警方法

预警方法的落后直接影响了预警的结果，因此有必要对其进行创新，使其在保证预警的准确性和及时性方面发挥积极作用。当然，任何新的方法都不可能是"无源之水"，中国煤炭经济运行预警方法的创新也只能是基于之前方法的创新，这里要注意突破两个方面的限制。一是国别的限制。世界范围内，由于一些发达国家的经济预警工作开展得比较早，其研发的预警方法往往比较先进，比如扩散指数法、合成指数法等经济预警领域的主流方法都是由美国等国家率先提出的。因此，建议要不断学习国际上最新最有效的预警方法，在此基础上加以修改，从而得到适合中国国情的预警方法。二是行业的限制。当前经济预警已经在诸多行业中展开，如粮食、房地产、银行业等等。建议要充分借鉴其他产业经济中已经通过实践检验的预警方法，再根据煤炭经济的运行特点加以改进，以得出适用于中国煤炭经济的预警方法。

（四）进一步完善指标体系

优化指标体系是进行煤炭经济运行预警的首要环节，其最终目的是将预警指数应用于中国煤炭经济的运行实际，使煤炭管理部门、煤炭企业等机构提前了解煤炭经济在未来一段时间内的运行趋势及程度，以便事先做出正确决策。在当前，建议结合中国煤炭经济运行的影响因素，对已有指标体系进行全面总结梳理，在坚持客观性、全面性、及时性、密切性、明确性、数据可得性原则基础上，对其进行一系列的增加、修改、删除等操作，使之更加全面、相关性更低、更能反映客观实际。同时，在指标设计环节，建议将先行指标、一致指标、滞后指标这三类指标同时添加到整个指标体系中，以确保预警的准确性和完整性。

此外，每种指标体系都有其所适应的环境，而环境是不断变化的，指标体系也必须适应这种变化，才能准确地反映情况。因此，建议按照客观环境的要求设计煤炭经济运行预警指标体系，及时进行动态调整，以适应客观实际，进而更好地为中国煤炭经济运行预警服务。

（原载于《中国经济报告》2013 年 2 期，已做更新处理，作者：李维明）

煤炭开采外部成本内部化研究
——基于马克思成本构成理论的思考

　　从马克思成本构成理论入手，参照所构建的相对完整的煤炭开采外部成本构成体系，对我国煤炭开采外部成本现状进行了深入分析，指出其存在本应计征的外部成本没有计入、部分计入的外部成本没有完全计征、不应计入的成本被强制计征三方面问题；随后，找出了引发煤炭开采外部成本的根本原因，包括理论认识有偏差、相关制度安排滞后、市场体系不完善，总体发展方式仍比较粗放、法律规范不健全、管理主体缺位、管理方式落后等；在此基础上，分别从煤炭企业和政府角度提出了外部成本内部化的解决建议。

　　我国是一个煤炭资源十分丰富的国家，煤炭在一次能源中的比例长期保持在 70% 以上，在国民经济和社会发展中发挥了不可替代的重要作用。然而，煤炭资源不可再生，我国储量虽大但也不能做到无限供给。如果仍按照传统的粗放式生产工艺对煤炭资源进行开采，不仅会导致煤炭资源的快速耗竭，还会导致生态环境的进一步破坏，资源型城市提前面临经济转型等一系列社会经济问题。资料显示，中国煤炭探明储量仅够开采100年，远低于世界煤炭基础储量开采年限；我国平均每生产1吨原煤会污染2.5吨水，煤矿开采年产生的废污水占到全国废污水总量的1/4；我国煤矿累计采空塌陷面积约百万公顷，相关损失接近千亿元；仅2010年煤炭开采所造成的经济、社会和环境等外部损失就达21000千亿元，相当于当年GDP的5.4%；此外，安徽淮北、辽宁阜新、黑龙江七台河、吉林辽源等共22个煤炭资源枯竭型城市，经济转型面临严重资金短缺问题，缺口已高达数千亿元。造成如此巨大外部损失的直接原因是由于煤炭开采过程中的外部成本未完全被煤炭企业纳入生产成本核算体系，而被转嫁给了社会。

针对这一负外部性问题，国内外学者已进行了广泛的研究，但是多数集中在生态环境和安全生产的范围。不可否认，这部分外部成本是整个煤炭开采外部成本体系当中非常重要的部分。但若仅仅局限于此，势必犯了严重的以偏概全错误。而且，目前在其外部成本内部化方面的解决办法并不多，多是政府采取强制性税费的措施，尽管起到了一定作用，但相对来说作用有限。对该问题开展深入研究，妥善解决外部成本问题，尽可能地将外部成本内部化，减少煤炭开采过程对外界社会的负面影响，已成为煤炭工业发展一个十分迫切的课题。

一、马克思成本构成理论概述

成本构成理论是马克思主义经济学的重要组成部分。马克思认为成本是商品生产过程中耗费的全部物化劳动和活劳动的货币表现，"一个商品的价值（W），用公式表示 W=c+v+m，如果从这个产品价值中减去剩余价值 m，那么，在商品中剩下来的，只是一个在生产要素上耗费的资本价值 c+v 的等价物或补偿价值。""商品价值的这个部分，即补偿所消耗的生产资料价格和所使用的劳动力价格的部分，这是商品的成本价格"，"商品的成本价格仅仅是有商品的生产上实际耗费的资本构成的。""成本价格的两部分，有一点是相同的：二者都是商品价值中的补偿预付资本的部分。""预付资本的不同价值组成部分已经消耗在物质上不同的生产要素，即劳动资料、原料、辅助材料和劳动力等生产要素构成上，这一情况只是决定了商品的成本价格必须再买回这些物质上不同的生产要素。"这就是说，成本价格要能够补偿商品生产过程中耗费的全部物化劳动和活劳动。

根据马克思成本构成理论，可总结出科学的商品成本构成要满足以下五方面的要求：①全面性，能全面反映生产过程中实际耗费的的各种资料和劳动力；②补偿性，成本的价值体现要能足额补偿生产过程中耗费的的全部物化劳动和活劳动；③客观性，即核算结果要与客观实际相一致；④动态性，成本核算的价值量会随着生产要素的市场价格的变动而变动；⑤差别性，不同商品的成本核算有各自的特殊性，要区别各自的特点，区别对待。

具体到煤炭开采成本，应该包括以下六部分内容：①构成煤炭产品的实体矿物质的价格；②为取得煤炭产品的实体矿物质而耗费的生产资料的价格；③煤炭开采过程的生态保护与环境治理所耗费的必要支出；④煤炭产品开采全过程所使用劳动力价值的补偿费用；⑤管理费用；⑥安全投入。

二、我国煤炭开采外部成本的现状分析

我国现行煤炭企业成本核算体系及实施办法，是依据 1991 年原能源部制定的《煤炭工业企业会计核算办法、成本管理办法》，并在 1986 年原煤炭部制定的企业成本核算办法基础之上修改完善的。1993 年实行会计制度接轨后，成本核算由之前的完全成本法改变为制造成本法，但煤炭成本核算的标准、基本框架、内容等完全是按照计划经济要求和当时社会经济发展水平制定的。现行的煤炭成本核算，包括矿井基本建设完成后至报废前，正常持续经营期间发生的实际支出，具体包括以下 6 个方面的内容：①矿井生产成本；②块煤筛选成本；③营业费用；④管理费用；⑤财务费用；⑥其他费用。从核算体系可以看出，我国煤炭企业目前核算的成本主要是：动力费（电费）、材料费、资福利费、设备修理费、地面塌陷赔偿费、维简费、煤炭生产安全费、折旧费、摊销费、财务费用和其他支出。

依据马克思的成本构成理论及其要求，结合我国目前煤炭开采成本核算体系，可以构建出相对完整的煤炭开采外部成本构成体系，如表 1 所示。

表1　　　　　　　　　　煤炭开采外部成本体系

煤炭开采外部成本	资源外部成本	超出资源价款的资源价值、地质勘察成本、开采煤炭资源损失成本、伴生资源损失成本、矿井提前报废损失成本
	环境外部成本	环境破坏成本、环境保护成本、污染预防成本、环境恢复成本、环境治理成本
	生态外部成本	矿区居民损失成本、森林生态损失成本、湿地生态损失成本、水土保持损失成本
煤炭开采外部成本	安全外部成本	缺失的保障性安全成本、不足额的损失性安全成本
	可持续发展成本	发展决策成本、接续发展成本、劳动力安置转移成本、社会保障成本、风险成本

在此基础上，总结出我国煤炭开采外部成本存在以下三方面问题。

（一）本应计征的外部成本没有计入

煤炭资源属于不可再生资源，其稀缺性决定了煤炭资源特殊的机会成本，应当对这种不可再生资源的开发利用征收一定的费用。但由于以前在计划经济体制下，并不考虑资源成本，即使后期进行了相关改革，但有偿开采仍不到位，成本还是被转嫁给了后代人。

煤炭开采过程中，有许多伴生资源由于各种原因被废弃掉，如煤矸石、煤层气、矿井水等，并未规定支付成本费用，也被转嫁给了后代人。

煤炭开采会对矿区的土地、水系、大气等外部环境造成破坏和污染，进而会对矿区生态产生影响。目前，对于矿区环境治理以及生态恢复的费用，没有明确的支付范围和标准，大部分煤炭企业将这两部分外部成本直接转嫁给了社会。

随着煤炭资源的不断开采，煤矿也必然会因资源的枯竭而关闭。这势必会要求企业动用大笔资金进行转产和人员安置。但这些经济转型费用极少甚至并未预先计入成本，同样转嫁给了社会和国家。企业在关停资源枯竭的老矿井时，必须建设新矿井，开发新资源，以实现新老接替。但新资源的开发首先需要大规模的勘探，需要花费大量的资金与物资。但煤炭企业获得这些勘探成果近乎无偿，这部分事关可持续发展的成本不得已转嫁给了地质勘探等部门。

（二）部分计入的外部成本没有完全计征

安全投入不足。我国矿难频发，死亡人数居高不下，与安全投入不足有很大关系。煤矿安全生产费的提取与使用对引导煤炭企业重视安全生产起到了一定作用，但并未从根本上解决其足额投入的问题。投入不足必然导致危险程度的增加，而这些外部成本则被矿工承担。

劳动工资类成本偏低。煤矿工人的劳动具有特殊性，工作环境差、工作时间长、劳动强度大且危险度高；由于患职业病的机率很高，一般情况下，井下矿工的生产寿命周期只有10年，而其他行业一线工人的平均生产寿命周期为30年。因此，有必要通过相对高的工资对煤炭行业从业人员进行补偿。但目前煤炭行业人均年收入并不高，仅为电力行业的1/4。

维简费偏低，接续投入不足。矿井的延伸、技术的改造、设备的升级换代需要足够的资金予以保证，否则会影响企业的盈利水平和后续生产能力。目前，《维简费提取和使用办法》规定每吨煤计提10.50元维简费，远低于实际需要。

土地塌陷补偿不足。煤炭开采会造成地表塌陷，但这是一个缓慢的过程，在土地沉稳之前，塌陷土地无法进行耕种，因此，煤炭企业应对土地承包者进行赔偿。但目前的赔偿标准很低，以徐州为例，每亩塌陷土地每年仅得到赔偿750元。

（三）不应计入的成本被强制计征

据统计，煤炭企业需要交纳的各种行政性费用高达40余项，涉及各级行政部门20多个。这些行政性费用有的属于合法合理收费，但也有很多貌似有合理依据、实际却并不合理的收费。

一些费用尽管通过了立法程序，在当时背景下有一定的合理性，但随着制度的变迁，本应调整或废止，却一直延续。比如，自1991年起征的铁路建设基金，是"七五"期间国民经济出现严重问题时的应急措施，但现在演变成了铁路部门的经常性收费，其长期存在必然造成煤炭生产成本的虚增，势必大大加重企业负担。

一些费用没有通过立法程序，却由各级行政部门巧立名目进行收取。例如，山西省吨煤年提取 20 元的能源基地建设基金、10 元的煤矿生产基金，还有煤炭出境费、地方规费等，大大增加了煤炭生产外成本。

一些服务性费用被强制征收。这些收费主体多为国家权力机关，在实际执行中经常是强制性提供服务，或者不服务也收费。比如，煤炭产业管理部门收取的准销票费，公安部门收取的民爆物品管理费，煤矿管理部门收取的矿山救护费，林业管理部门收取的森林检疫费和森林建设保护费等。

三、我国煤炭开采外部成本问题产生的原因

煤炭开采外部成本问题从表面上来说是由于市场失灵和政府规制失灵的经济学原因所造成的，但是从更深层次来看，则是多方面因素共同作用的结果。

（一）理论认识偏差

马克思的劳动价值论认为："价值是凝结在商品中的无差别的一般人类劳动，即人类脑力与体力的耗费。价值是商品所特有的社会属性。"但传统的经济观念并未对马克思的自然资源价值思想作全面地、客观地、实事求是地分析，简单地认为天然自然资源的形成没有凝结社会必要劳动，因此是没有价值的，使用是不需要支付成本的。这种错误的理论认识致使在很长一段时间内煤炭资源和生态环境的价值被忽视。从自然资源的生成来看，其过程没有人类劳动的参与，并没有

价值;但是从其开发利用过程来看,自然资源经过人类劳动的开发成为劳动产品,其中凝结了人类劳动,因而便有了价值。其价值大小要根据开发中所耗费的劳动量的大小决定。

(二)制度安排滞后

近些年,我国先后对煤炭开采的相关制度做了大幅调整,相比过去已有了很大进步。但从实际情况来看,一些制度安排仍旧滞后,不合理的规定依然存在。一是煤炭资源采矿权有偿取得制度缺乏科学的总体设计,项目繁多分散,且存在功能的重复和交叉,使得煤炭资源有偿使用不能充分实现。二是税费制度不合理,税种设置不公平,税率、计征方式设计不科学(如资源税、补偿费、增值税等),不合理收费项目过多(如铁路建设基金、各种强制服务性收费、煤炭价格调节基金、资源出境费等额外费用等)。三是煤炭成本核算制度严重不合理,煤炭行业生产成本高、资金投入不足和煤炭行业高利润假象之间的矛盾被不完全的成本核算制度所掩盖,也被高税费制度所扭曲。四是生态环境补偿机制不顺畅。煤炭开采企业、政府、社会之间没有明确、对等的权利、义务和责任。

(三)市场体系不完善

由于长期受计划经济体制的影响,煤炭工业市场化改革起步较晚,目前尚不成熟,市场体系仍不健全,市场机制还不完善。目前,我国还没有建立全国性的煤炭市场交易平台,煤炭期货市场的建立也处于起步阶段。煤炭定价机制存在不足,造成价格扭曲,市场价格信号失真,无法真实反映煤炭生产的真实成本和市场供求结构。煤炭资源产权的交易市场机制还不健全,煤炭资源难以通过市场的转让流向最优的开采主体，煤炭资源难以实现其财产价值的最大化。这些问题的存在都使得市场机制无法充分发挥其合理配置资源的功能，从而导致外部成本的产生。

（四）发展方式仍较粗放

总体而言，我国煤炭企业的发展方式仍比较粗放，没有达到新时期煤炭工业发展的新要求。多年来形成的思维模式导致相当部分的煤炭企业决策者和经营者对煤炭开采负外部性缺乏宏观意识，重视不够，缺乏积极、主动的态度，责任行为大多保留在口头，使得外部成本日积月累，十分严重。同时，大量煤炭企业的科技水平仍比较低下，开采加工工艺较为陈旧，先进技术难以及时转化为现实生产力，不仅造成了严重的资源浪费，而且对矿区的生态环境产生了巨大破坏，也不利于安全生产的改善。大部分煤炭企业没有完整、系统的长远战略规划，缺少应对资源枯竭的有效措施，导致企业面临转产或转型时捉襟见肘。

（五）法律规范不健全

作为行业运行最重要的行为规范，我国煤炭法律体系仍不完善。一是一些法律条款过于笼统、过于原则化。如对于矿业产权的界定不明，导致煤炭所有权虚置、主体界定不明；对于安全生产和环境保护的规定过于原则，缺少补偿对象、方式和标准的具体规定。二是法律的约束和惩罚力度不够，难以起到应有的警示作用。现行《煤炭法》对于重大矿难事故有关责任人的刑事责任追究最高仅为七年，经济处罚金额最高仅为200万元，违法成本很低，对提高管理者的安全意识和责任意识作用有限。三是法律更新时效性差。现行《煤炭法》自

1996 年出台之后，一直未作更新修订，一些条文规定已经落后于经济形势发展的需要。尽管 2005 年开始国家启动了对《煤炭法》的修订工作，但是至今仍未定稿。

（六）管理主体缺位，方式落后

自 1998 年煤炭部撤销之后，我国煤炭行业管理体制几经变革，形成了现行的由 8 部委和煤炭工业协会共同组成的煤炭行业管理体制。原有的集中煤炭管理职能被分解到多个管理部门，犹如"九龙治水"。这种松散的管理体制导致各部门之间缺乏有效的沟通和协调，过多强调各自的监管内容，而对互有交叉的部分则相互扯皮，推诿责任；行业管理机构级别相对原来有所降低，管理人员减少，管理力量减弱；中央和地方煤炭行业管理部门不对口，行政职能无法有效衔接，管理体制上下不顺畅。这都使得煤炭行业管理弱化，导致产业政策难以得到有效的实施。此外，受长期计划经济体制的影响，政府对于煤炭经济的管理方式落后。煤炭经济各主管部门在调节市场准入时过多强调准入资格审核，往往忽视审批后的检查和监督，导致一些煤炭企业获得煤炭开采资格后不重视技术的改造和安全条件的改善，过多追求经济利益，造成资源开发无序，生态环境破坏严重，矿难多发；政府监管过分强调税费的作用，不重视对不同利益主体之间利益的调节，重收费而轻防治，重惩罚而轻奖励，只能是治标不治本。

四、煤炭开采外部成本内部化建议

（一）企业措施

煤炭生产企业是煤炭开采外部成本的制造者，是负外部性产生的根源。因此，最根本、直接、有效的方法就是煤炭生产企业主动减少煤炭开采行为造成的外部成本，并将煤炭开采外部成本内部化。

1. 加快煤炭企业发展方式转变，构建矿区循环经济新体系

煤炭企业要以资源价值和综合效益最大化为目标，全面提高煤炭综合资源利用率及相关产品的附加值，建立更大限度提取煤炭资源价值的生产体系。大力推进煤炭洁净生产，发展洗煤、配煤和型煤技术，提高煤炭洗选加工程度；以清洁、高效、充分为原则，推广煤矸石、煤层气、矿井水等煤炭伴生资源的综合开发与利用；依靠科技进步和技术创新，提高煤炭开采环节资源的利用率，减少资源浪费。同时，对于生态环境的保护治理不再是生产结束后的补救，而是从煤炭开采链条的起点开始就贯穿于生产的全过程，以经济行为保护治理生态环境，提高效率和经济效益。与此同时，矿区循环经济是对传统的产业链的拓宽和延伸，可以形成新的经济增长点，增加居民的就业机会，带动矿区社会的发展，综合社会效益巨大。

2. 完善煤炭企业成本核算体系，内化外部成本

煤炭企业成本核算体系的完善，可以将煤炭开采过程的外部成本内部化到企业内部。这样，既可保证煤炭资源的合理开发和足量供应，也能妥善解决煤炭开采的外部成本问题。为使煤炭企业成本核算体系缺失的部分资源成本、生态环境成本、安全成本和可持续发展成本等能够实现内部化，可从以下三个方面加以完善：第一，调整核算系数，增加缺失科目，扩大煤炭成本核算范围。第二，减少过时、不合理的成本科目，避免"非成本"核算。第三，提高原有部分项目的成本开支标准。完善后的煤炭企业开采成本核算框架如下表所示。

表2　　　　　　　　完善后的煤炭企业开采成本核算框架

煤炭企业应承担的成本	维持现状的成本科目	煤炭生产成本
		煤炭洗选加工成本
		管理费用
		财务费用
		折旧费
		修理费
		其他支出
	调整标准的成本科目	移民安置补偿费
		安全费用
		职工薪酬
		维简费
	新增加的成本科目	煤炭资源成本
		伴生资源价款
		环境治理补偿费
		生态破坏补偿费
		可持续发展准备金

（二）政府措施

单纯依靠煤炭企业无法解决煤炭全部外部成本问题，还需要政府通过经济、法律、行政手段来对煤炭企业的行为进行引导和调控。

1. 完善现有煤炭产业政策体系，保证政策的贯彻落实

要在坚持《国务院关于促进煤炭工业健康发展的若干意见》（国发〔2005〕18号）和2007年《煤炭产业政策》为指导的基础之上，结合我国煤炭工业实际，进一步完善煤炭产业政策体系，明确主干政策各部分的具体内容，补充资源、环境保护、安全劳动保障和可持续发展方面的配套政策。同时，各级煤炭主管部门要深刻准确领会产业政策实质，与其他职能部门密切配合，加大工作力度，加快工作节奏，加强协调联动，确保各项煤炭产业政策快速准确的落实到位，实现政策的预期目的。

2. 改革煤炭资源采矿权有偿取得制度，实现资源价值合理化、最大化

改革目前我国煤炭资源采矿权出让由中央和省级政府两级管理制度，统一为中央政府一级管理，建立由中央政府主导、国土资源部门和能源管理部门协同主管，地方政府参与管理的体制。通过国家法律法规保障、评估准则体系、评估机构素质和政府对评估机构的监管保证煤炭采矿权评估价值的科学性和合理性。修改采矿权相关法律法规内容，构建全国统一的煤炭采矿权评估准则体系，规范采矿权价值、价格的确定方法和标准。加强政府对于煤炭采矿权评估、拍卖等中介咨询机构的监管，用市场竞争的方法促使中介机构的优胜劣汰。政府统一确定采矿权价款和采矿权授予方式，对采矿权价格的确定负责。取消备案制，废除申请出让和协议出让的非市场交易形式，所有采矿权出让都通过市场竞争方式授予，以保证公平竞争、过程透明，实现国家煤炭资源资产价值最大化。

3. 改革我国煤炭税费制度，切实减轻煤炭企业负担

坚持统筹兼顾、整体设计、分步实施的原则，综合评估资源税费改革对煤炭行业的影响，统筹平衡企业负担，兼顾资源产地利益，充分调动地方政府积极性，尽快研究制定煤炭税费总体改革方案，积极推进煤炭资源税费整体改革。按照清费立税总原则，抓紧清理各部门、各地区的各项不合理收费，在此基础上，将性质相同、重复征收的部分煤炭税费或清除取消，或统一合并，实现煤炭税费结构优化，切实减轻煤炭企业负担。此外，借鉴西方发达国家的管理经验，制定实施二氧化碳排放税、环境污染税等相关税种，通过建立"绿色"导向的煤炭税费体系，增强其约束和引导煤炭企业生产行为的能力，减少煤炭开采负外部性的产生，促进矿区资源的节约和生态环境的保护，推动我国煤炭工业的节约发展、洁净发展。

4. 更新完善相关法律规章制度，健全煤炭工业法规监管体系

当前，《煤炭法》和《矿产资源法》的修订工作正在有条不紊的进行当中。应以此为契机，完善配套法律法规，建立健全与社会主义市场经济体制相适应的煤炭行业法律法规体系，明确相关的法律条文规定，真正把对煤炭开采外部成本的治理纳入法制化轨道，做到依法行政和依法治企。以法律条文的形式完善煤炭开采审核制度，提高行业准入标准；制定严格的煤炭资源消耗和污染物排放标准，以法规的形式强制执行，以此推动新技术、新工艺的推广使用；加快制定清洁煤炭生产指标体系和标准体系及实施办法，制定清洁生产审计指南等，促进洁净煤生产技术的推广；明确煤矿安全生产的责任机制，增强管理者和监管者的安全意识和责任意识，减少安全事故的发生；加大煤炭开采过程中违法行为的惩罚力度，提高违法犯罪成本，起到应有的惩罚和警示作用；同时，要在可持续发展和能源安全理念的指导下，遵循市场规律，增强煤炭行业法律法规体系的时效性，并伴随社会经济背景的变化做出合理调整。

5. 加强矿区生态环境治理，完善生态环境恢复补偿机制

对于煤炭开采造成的生态环境问题，要从恢复补偿机制入手，减少和消除煤炭开采的负外部性。具体而言，中央和地方政府有关部门、煤炭企业在获得煤炭开采权利的同时，必须承担与权力对等的生态环境恢复补偿义务，将具体责任落实各个行为主体；遵循生态环境恢复补偿规律，建立综合矿区生态环境管理体系，统筹整个矿区的生态环境补偿工作，协调资金技术投入和与矿区有关方面的关系；建立生态环境监管补偿制度，设计完备的煤炭开采外部生态环境成本的统计指标体系，组织专业技术人员成立专职的生态环境监测评估队伍和执法队伍，编制切实可行的矿区生态环境治理恢复标准和规则，使煤炭开采外部生态环境成本管理有章可循、有法可依；设立一套赏罚严明、对煤炭企业有强力约束和激励作用的生态环境恢复补偿政策，在以技术补偿为主的同时，强化处罚补偿的辅助作用。

6. 深化煤炭工业市场化改革，充分发挥市场机制的作用

明确市场和政府配置煤炭资源的职能边界，使市场在资源配置中起到基础性作用。加强煤炭流通体系建设，建立全国煤炭交易中心为主导，以区域煤炭交易中心为辅助，以地方煤炭市场为补充，采用现代化交易技术和手段的统一开放竞争有序的现代化煤炭交易市场体系。完善煤炭价格形成机制，确立科学完整的煤炭产品价格构成，形成科学合理的煤炭定价机制，还可通过建立统一的煤炭价格指数，来反映市场供求状况和煤炭生产的真实成本。明晰煤炭资源产权，健全煤炭产权交易的市场机制，活跃煤炭产权交易的一、二级市场，实现煤炭资源价值。试点煤炭开采排污交易制度，在控制排污总量的同时，激励企业形成多种节能减排方案，实现生态环境容量资源的优化配置和补偿价值最大化。

7. 改革现有煤炭管理体系，提高行政管理水平

建议在国家能源委的统一领导下，充分发挥国家能源局的宏观调控作用，成立比现有级别更高的煤炭专司管理机构，整合现有分散的煤炭行业管理职能，提高政府工作效率。明确煤炭行业主体管理部门与其他相关部门之间的职责分工与协作关系。各主要产煤省份要设立统一的煤炭行业管理部门，与中央煤炭行业主管部门相对口。同时，改变原有落后的行政管理方式，提高行业管理水平，将行业监督管理落实到位。严格市场准入，对煤炭开采主体的经营资质严格把关。通过税费改革，提高政府对煤炭企业的奖惩力度，以形成有效的激励约

束机制。严肃安全责任事故追究，督促各方认真履行安全生产职责，强调安全生产的重要性、必要性，切实保障矿工的生命安全和健康。

8.促进煤炭企业接续发展，积极应对经济转型

煤炭矿区终有濒临枯竭之时。政府和煤炭企业必须未雨绸缪，提早采取有效措施应对接续发展和经济转型问题，及时将可持续发展成本内部化，减轻未来企业和社会的压力。建议国家设立煤炭产业可持续发展基金，以煤炭企业税前自提为主、国家财政安排为辅，遵守先收后付、统筹规划、专款专用、政府监督的原则，用于枯竭煤矿关闭、破产和转产，以及矿区和煤炭资源城市发展接续和替代产业；制定和落实促进非煤产业发展的政策，在投融资、项目审批和税收方面给予优惠，鼓励煤炭城市和煤炭企业合理发展非煤产业，创造新的经济增长点；督促煤炭企业结合自身实际，制定完整、系统的长远战略规划，保持危机意识，高瞻远瞩，提前制定应对资源枯竭的有效措施；完善社会保障体系，保障下岗和退休职工的正常生活，鼓励下岗职工自谋职业、二次就业，降低由于资源枯竭导致的企业破产或退出造成的社会影响。

参考文献

[1] 庄静怡，何炼成.我国煤炭的环境外部成本内部化探析[J].现代企业.2010（5）：35-39

[2] 茅于轼，盛洪，杨富强.煤炭的真实成本[M].北京：煤炭工业出版社，2008

[3] 侯艳丽，杨富强.2010年及2020年中国煤炭开发利用的外部性成本预测[J].中国煤炭2007，33（8）：11-13

[4] 周丽，雷丽霞，曹新奇，卢明银.煤炭开采成本分析及外部性研究[J].煤炭经济研究.2009（9）：14-15

[5] 岳福斌.马克思的成本构成理论及其在煤炭产业的实践[J].中国政治经济学年会，2007

[6] 陈洪涛，黄国良.中国煤炭成本核算框架现状及存在问题分析[J].内蒙古煤炭经济，2006（8）：45-48

[7] 卜华，吴丽君，曹创.煤炭成本核算体系的研究[J].中国矿业，2007，16（3）：64-66

[8] 中国煤炭学会.煤炭工业可持续发展几个重要领域的研究[M].北京：煤炭工业出版社，1999

[9] 逄锦聚.马克思主义基本原理概论[M].北京：高等教育出版社，2007

（原载于《中国经济报告》2013 年 7 期，已做更新处理，作者：李维明、陈光）

行业改革篇

煤炭行业的技术经济特征与市场结构分析

从资源勘探、煤矿开采、洗选加工、流通储备和转化利用等环节分析煤炭行业的技术经济特征，并从供需和交易角度重点分析了煤炭行业的市场结构。从市场需求特征来看，煤炭产品具有可替代性，但短期需求价格弹性偏低；受宏观经济波动影响大，长期来看存在不确定性；季节性特征明显，具有一定的可预测性。从市场结构来看，我国煤炭行业属于竞争型的市场结构，市场集中度和进入壁垒仍然偏低，而退出壁垒较高。从市场交易模式来看，目前属于多主体市场化交易模式，即成千上万家煤炭经营企业（包括煤炭生产企业和中间贸易商）与下游用户如电厂、钢铁厂、建材厂、化工厂等通过签订合同进行市场交易，并借助铁路、公路、水路等运输方式完成交易过程。

一、技术经济特征

就煤炭行业而言，重点从以下几个环节分析其技术经济特征：资源勘探、煤矿开采、洗选加工、流通储备和转化利用。

（一）资源勘探环节

煤田地质工作具有探索性，且要与煤炭工业建设程序相适应。一般而言，地质勘探程序可分为找煤（初步普查）、普查（详细普查）、详查（初步勘探）、精查（详细勘探）四个阶段。矿产资源的隐蔽性和自然赋予性决定了其价值的不确定性，在探矿的过程中发现了自然丰度高的矿产资源就获得高利润，反之就会血本无归。矿产资源归国家所有，由其开发过程高投资高风险的特征所决定，煤田地质勘探的前三个阶段，资金投入不能靠市场调节，一般由国家投资完成；而精查则是在矿业权市场化体制下，通过国家设立探矿权并将其出让给探矿权人，进而达到矿产资源勘查的目的。这种不确定性和自然赋予性，使得对依附矿产资源价值而存在的探矿权价值大小的判断需要根据不同时期地质勘查成果所反映出的地质信息进行推断，与地质信息是否完善、公开程度以及公开时间的长短和是否具备读懂这些地质信息成果的专业水平等密切相关。此外，煤田地质勘探工作高度流动，搬家多、拆卸多、安装多，野外作业不确定性强，条件艰苦、环境恶劣，作业人员安全保障程度低、风险大，勘查对象（煤炭资源）易燃、易爆（瓦斯）、易淹（矿井水）、有毒（瓦斯），安全生产工作十分特殊，属于高危行业。坑探、钻探过程还会产生废气（钻井动力如柴油燃烧污染物排放、施工车辆产生的扬尘等）、废水（冷却废水、冲洗废水、钻井液等污染地表水地下水）、废渣（废泥浆、钻屑和井场生活垃圾等）、噪音等。

（二）煤矿开采环节

根据煤层的赋存情况和开采技术条件，煤矿开采分为地下开采（也称井工开采）和露天开采。我国煤矿约91%是井工矿。井工煤矿开采必须从地面向地下开掘一系列井巷，其生产过程是地下作业，作业对象是赋存条件十分复杂的煤层，随着开采深度的加大，地温升高、冲击地压增大，自然灾害威胁增加，同时伴随高强度机械化采掘和集约化生产，以及开采方式、掘进方式和工作面开采空间尺度的变化，危险区域不断扩大，大功率采煤机、掘进机和带式输送机等机电设备产生的摩擦火花等极易引起瓦斯、煤尘爆炸，顶板垮落、煤尘与瓦斯突出、水突的危险性也在不断加大。采煤所引发的瓦斯、煤尘、顶板、火、水五大灾害的存在使得煤炭行业成为本质不安全的高危行业。同时，煤矿井下作业环境是人工开凿于地层的有限空间，开采形成的有害气体、粉尘、放射性物质和其他有毒、有害物质，直接对工人的安全和健康形成影响，尽管现代矿井采用了大型的机器设备，但这些有害物质所引发的慢性疾病如尘肺病等仍是矿工长期健康的致命威胁（此外，风湿、腰脊劳损等职业疾病，在煤矿也普遍存在），煤炭行业也由此成为诸多行业中职业危害最为严重的行业。而与井工开采相比，露天开采对健康和安全的影响要小得多。

作为依附于自然状态的矿藏，煤炭资源开采过程无论是露天还是井工，势必都会影响亿万年来自然力作用形成的土地、水、植被、草原等环境要素。井工开采时要同时抽排瓦斯、水，堆放矸石，在一定程度上污染大气、地表水和土壤，造成水土流失、地面沉降、塌陷和地下水位下降等。露天开采需剥离大量土岩，以揭露矿体，同样会引起水土流失、污染水源、破坏植物、影响野生动物和环境美观。据研究，全国每年因采煤破坏排放地下水约 60 亿 m^3/a，仅 25% 得到利用，水资源浪费和污染问题严重；全国煤矿开采累计产生煤矸石已超过 60 亿吨，占地 7 万公顷以上；每年因煤矿开采向大气排放煤层气约 300 亿～400 亿立方米；采煤造成地表塌陷超过 40 万公顷，且每年因采煤破坏的土地以 3 万～ 4 万公顷的速度递增，形势相当严峻。

此外，煤炭开采过程普遍使用高噪音设备，如矿井主通风机、主副井提升设备、地面空气压缩机、风动或电动凿岩机等，且井下工作面场地小，机械设备多而笨重，使噪声集中而叠加，严重危害人们身心健康。

此外，煤矿生产需要大量的大型机械化设备，包括采掘、运输、提升等，不同的企业生产规模将直接导致经济效益和社会效益的巨大悬殊，这也使得煤炭生产具有一定的规模经济效益。同时，其高投资高风险的特征也不容忽视。

（三）洗选加工环节

煤炭在使用前需要进行洗选。煤炭洗选过程主要是利用煤和杂质（矸石）的物理、化学性质的差异，通过物理、化学或微生物分选的方法使煤和杂质有效分离，并加工成质量均匀、用途不同的煤炭产品，进而提高其利用效率。这个过程需要用大量清水进行洗选分级，又经脱水后成为产品煤运出，余下的便是洗选废水。由洗选工艺所决定，洗煤水中会含有大量悬浮的粉煤、煤泥等。焦煤的浮选洗煤水中还会含有油、酚、杂醇等有害物质。洗煤水直接外排，不仅浪费一部分资源——煤泥流失，而且还染黑水域，影响自然景观，同时也淤塞河道，妨害水生物生长，影响工农业生产及人民生活。同时，洗选设备运转过程产生的噪声，包括空气动力性噪声，机械性噪声和电磁性噪声等，以中频和低频为主，衰减速度慢，传播距离远，污染影响严重。

（四）流通储备环节

煤炭经过洗选之后，经铁路、水运和公路运输分销到利用的目的地。我国煤炭资源与煤炭消费逆向分布的特点，决定了我国"北煤南运、西煤东运"的运输格局，也决定了煤炭物流在我国煤炭行业发展过程中的重要地位。铁路运输由于其运能大、运距长、运价低等特点，已成为煤炭运输的主要途径。中铁总发布的《2018—2020年货运增量行动方案》，规划到2020年，铁路煤炭运量将占到全国煤炭产量的72%，在全国煤炭运输中发挥着重要作用。鉴于铁路和煤炭用户（如发电厂）之间不可或缺的连接，铁路便和天然气及石油运输管道一样，网络经济特征明显，具有瓶颈性的垄断地位。这就导致煤炭企业和下游用户成为受制用户，且流通环节的煤炭税费多，所占比重较高。可以说，如果没有铁路运输，就没有有效的煤炭行业。此外，煤炭运输过程受地面状况、车辆载重、密封性等因素影响，会出现撒漏扬尘现象，容易造成粉尘、煤渣和煤灰污染；且在堆存、储备和装卸过程中也会因发生自燃或扬尘而污染大气环境，由此产生的粉尘污染在一定程度上也加重了大气环境中悬浮颗粒物浓度。

（五）转化利用环节

煤炭可作为原料和燃料进行转化利用。在我国，煤炭转化利用以电力、钢铁、建材、化工为主要方向，占到煤炭消费总量的90%以上。其中，电力、钢铁、建材煤炭转换利用过程以锅炉燃煤形式居多。在煤炭的燃料周期中，煤炭燃烧可能是引起最敏感和最复杂环境问题的环节。煤炭燃烧产生四种主要的污染物：二氧化硫、氮氧化物、二氧化碳和烟尘颗粒物。所有这些污染物都会污染土地、空气和水。二氧化硫的排放容易引起呼吸系统疾病、粮食减产和酸雨。氮氧化物除造成同样的问题外，还能引起酸雾。燃煤设备每天向大气排放大量的烟尘颗粒物（按烟尘粒径不同可分为降尘和飘尘，后者可以长期不降落且可输送距离更远），可致人体呼吸道疾病，或作为其他污染物及细菌载体，引起财产损害和健康问题。二氧化碳的排放会引起温室效应。燃煤电站产生的电站废水还会对水造成热污染，对水生生态系统产生破坏。此外，噪声污染问题也比较严重。

煤炭作为原料的转化利用过程同样产生环境污染问题。炼焦过程会产生多环芳烃、二氧化硫及气溶胶颗粒等气载污染物，焦油渣、酸油渣、沥青渣和锅炉煤渣等固体废料以及大量废水。煤制气、煤制油、煤制甲醇等过程除大量耗水耗能外，还会排放各种有害气体，煤气洗涤和冷凝系统会产生酸废水。水煤浆生产工艺主要产生工业粉尘、煤泥水和有毒添加剂等污染物。

二、市场结构

（一）市场需求特征

煤炭是我国的基础能源和重要原料，煤炭行业在我国国民经济和社会发展中具有重要的战略地位。作为能源产品，煤炭的市场需求主要具有如下特征。

1. 煤炭产品具有可替代性，但短期需求价格弹性偏低

在全球范围内，煤炭作为能源产品，同一般农产品、工业制品有相似之处，具有一定的可替代性。如煤在发电、供热、化工等领域，可以用石油、天然气进行替代，这在诸多国家已经得到验证。而在我国，受"相对多煤、贫油、少气"的能源禀赋特征所制约，以煤为主的能源生产和消费结构短期难以改变。煤价即使有一定升高，用户迫于生产和生活必须，依然会在一定程度上选择消费煤炭，因此，煤炭需求的价格弹性偏低，且短期具有一定刚性。这使得在经济迅速扩张

时期煤炭企业具有一定的运用市场势力的空间。

2. 受宏观经济波动影响大，长期来看存在不确定性

煤炭作为我国的主要能源，煤炭行业的景气度与下游行业的景气度直接相关，而我国电力、冶金、化工和建材四大耗煤行业发展又与宏观经济周期性波动息息相关。尽管如此，煤炭需求与经济增长并不存在特定的对应关系。据研究（李维明，2011），改革开放以来，我国煤炭需求与经济增长只存在经济增长到煤炭消费的单向因果关系。当宏观经济处于紧缩周期时，煤炭经济的运行会因为煤炭需求的锐减而显现出下降趋势；而在宏观经济处于扩张周期时，且仅在经济高速增长时（经济增长率超过9%），整个社会对煤炭的需求才会出现大幅增加。由于煤炭长期需求波动的不确定性，加上矿建投资大、周期长，使得市场机制不能提供煤炭长期供需平衡的信息，需要政府通过规划来保持煤炭行业的适度超前发展。

3. 季节性特征明显，具有一定的可预测性

煤炭市场需求呈现出明显季节性特征。作为燃料，煤炭需求受季节变化的影响比较大。一般情况下，夏季是一年中用电量最大的季节，我国的发电方式以火力为主，这就导致夏季的煤炭需求呈现快速上升趋势。冬季由于供暖的需要，也会大量增加用煤量。相比于夏冬两季，春秋两季的煤炭需求一般比较平稳。这种稳定性为区域煤炭需求预测提供了规律性，也使得煤炭企业能够根据市场需求，制定自己的生产策略，客观上有利于增强其市场控制能力。

（二）市场结构分析

1. 市场进入壁垒偏低

一是煤炭产品的差异主要是天然的因素形成的，优质煤与劣质煤

各有其用途，与企业采用何种采煤技术或工艺关联不大，谁占有好的天然资源，谁就占有优势，已进入企业并不能通过主观努力造成产品差异优势来阻止新企业的进入。二是潜在进入者可以根据自己拥有的资本来选定规模，其获得生产煤炭所需的原材料和劳力等要素并没太大难度。三是目前《煤炭法》《矿产资源法》《乡镇煤矿管理条例》《安全生产法》等法律法规中，在开办煤矿准入方面的要求并不高，不难达到。四是煤炭开采所需的必要资本限额不高，其单位开采成本与资源的禀赋条件密切相关，而与规模的大小并不绝对相关，小煤窑单位开采成本未必一定高于大矿。

2. 市场集中度仍然偏低

市场集中度通常用企业数量来刻画，描述的是特定市场中企业的规模结构，反映的是那些能对市场价格行为产生重大影响的组织特征。根据贝恩和植草益的竞争结构分类法，2018 年我国煤炭产量排名前八位已达到 40.5%，尽管这与发达国家仍有差距，但整个行业已经告别了分散竞争状态，进入竞争性的市场格局。未来随着市场竞争的加剧以及煤矿企业兼并重组工作的加快推进，我国煤炭市场集中度还会继续升高，且逐渐显露出垄断竞争性的态势。与此同时，我们还应清醒地看到，我国大多数乡镇和私营煤矿规模仍然很小，数目依然众多。数据显示，到目前为止，尽管受到政府关井压产政策的影响，我国煤矿仍有 5800 多处，这与美国总共 2000 来家的煤炭企业相比，数量仍然较大。目前，我国拥有世界上年产量最大的煤矿（神华集团的补连塔井工矿，年产量超过 2000 万吨），与此同时仍存在不少的小型煤矿，当前我国年产 30 万吨以下的小型煤矿产量仍占 10% 左右。

3. 市场退出壁垒较高

一是煤炭行业资产的专用性强。首先是固定资产中的矿山专用设备很难改作他用；其次是劳动力资源的专用性也很强，煤矿"采（煤）、掘（进）、通（风）、运（输）、机（电）"五大类工种要改行几乎都必须得重新培训。二是煤炭行业的无形退出障碍巨大。首先是来自政府，尤其是地方政府的阻力，如国务院强制性实行的关井压产政策所遇到的包括各级地方政府尤其是县、乡一级政府由于利益原因所产生的种种阻力；其次是来自银行的阻力，如果国有煤矿要以破产、兼并和拍卖等方式退出，银行贷款极有可能收回无望，势必增加国有专业银行的显性损失；最后是来自企业职工和政府出于社会稳定需要对企业退出后续事宜进行妥善处理的阻力，比如企业退出所造成的职工安置以及涉及的养老、失业、医疗保险等社会保障问题。

通过以上对煤炭市场集中度及其进退壁垒的分析，可以认为，我国煤炭行业属于竞争型的市场结构。这是研究我国煤炭行业一切问题的起始点和基准点，也是测定和把握我国煤炭行业竞争与垄断关系的关键点。

（三）市场交易模式

近年来，我国煤炭行业不断深化改革、扩大开放，煤炭市场化改革已取得较大成效并表现出良好发展态势。就我国煤炭市场而言，目前属于多主体市场化交易模式。成千上万家煤炭经营企业（包括煤炭生产企业和中间贸易商）与下游用户如电厂、钢铁厂、建材厂、化工厂等通过签订合同进行市场交易，并借助铁路、公路、水路等运输方式完成交易过程。其中，我国煤炭外贸市场不容忽视。据海关总署统计显示，自 2009 年我国由煤炭净出口国转变成煤炭净进口国以来，进口量从当年的 1.26 亿吨一路攀升至 2018 年的 2.81 亿吨，已连续多年位居世界煤炭进口量之首。需要指出的是，尽管目前我国已建立起多个煤炭交易中心，如中国（太原）煤炭交易中心、陕西煤炭交易中心、大连煤炭交易中心、郑州煤炭交易中心等，但其发展尚处于初期阶段，目前交易量并不大，传统交易方式仍占主导地位。

从煤炭技术经济特征及其市场结构来看，煤炭行业属于竞争性行业，但又具有不同于一般行业的特殊性（其外部特征尤为明显），突出表现在安全生产与职业健康、环境保护等方面，必须对其外部性实施监管；煤炭市场需求波动的不确定性，加上矿建投资大、周期长，需要政府通过规划、政策等措施控制总量平衡，保持煤炭行业的适度超前发展；此外，在煤炭市场竞争加剧和煤矿企业兼并重组加快推进背景下，还必须要实施以维护公平竞争为目的的反垄断与反不正当竞争监管。

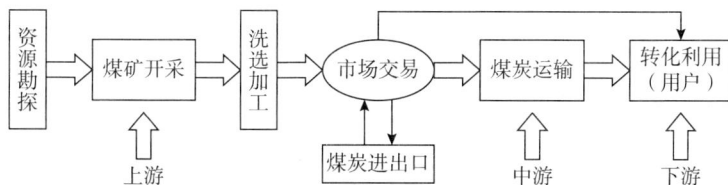

图1　煤炭行业流程图

（作者：李维明、任世华）

我国煤炭行业监管现状、问题及建议

　　基于政府监管分析框架，从监管体制、监管依据、监管职责、监管能力等方面，全面梳理我国煤炭行业监管现状，深入剖析存在的问题，在此基础上，科学设计我国煤炭监管体系目标，并系统提出了进一步完善我国煤炭监管体系的思路与建议。从总体思路看，要顺应放松经济性监管、加强社会性监管的发展趋势，继续巩固扩大煤矿安全生产与职业健康、环境监管机构的职能和地位；根据监管独立性的原则，实行政企分开、政监分离，正确理顺煤炭政策主管部门和煤炭监管机构之间的关系；把握煤炭监管及其立法的发展规律，借鉴世界发达国家煤炭监管立法的先进经验。从具体措施看，要加强煤炭监管法律法规体系建设，推进依法监管；加快政府职能转变，推进煤炭行政审批与许可制度改革；进一步理清和完善监管职能，建立健全煤炭监管组织体系；加强煤炭监管信息化建设；提升煤炭监管能力。

一、我国煤炭行业监管现状

（一）煤炭监管体制

1. 中央层面

目前我国现行的煤炭行业监管职能主要集中在国家发展改革委（国家能源局）、自然资源部、国家煤矿安全监察局、生态环境部、商务部、国家工商总局等国家部门。

国家发展改革委主要负责全国煤炭行业的整体发展规划、体制改革和大型煤矿项目建设、矿区规划、投资的审批；负责安排煤炭行业的生产，协调煤炭行业运行，并安排与之相关的重大事项；负责制定价格政策、协调煤炭价格问题。国家能源局负责研究提出煤炭行业的战略规划、产业政策和体制改革建议。自然资源部主要负责煤炭资源与储量的管理，包括核准煤炭资源、审批勘探权和开采权以及土地使用权等，颁发勘探和开采许可证，审批勘探权和开采权的转让和租赁等。国家煤矿安全监察局负责煤矿项目安全准入、煤矿安全监察、事故处理等事务。生态环境部审批煤矿建设和关闭项目的环境影响报告，同时对煤炭开采过程中的环境污染、生态破坏等进行监督管理。商务部负责培育煤炭产品的商业环境，与其他部门共同开展引进外资和制定煤炭进出口政策等，对煤炭对外贸易工作进行具体的配额管理以及许可证的发放等。国家工商总局会同国家发展改革委、商务部对煤炭市场垄断与不正当竞争进行监管。

2. 地方层面

目前，我国各省份的煤炭行业管理体制，是 1998 年国务院机构改革之后各产煤省份自我探索的结果。由于各省份煤炭行业千差万别：煤炭产量占全国总产量份额从不到 1 个百分点到 25% 左右，煤炭工业总产值占区域经济比重从不到 1 个百分点到 37% 左右，煤炭企业数量从 2 个到 1000 多个，相应的管理机构与权限配置必然有强有弱。

依政府对煤炭行业干预度的不同，各具特色的煤炭行业管理体制归纳起来可分为三大类：第一类是集人财物、产供销各方面管理权限于一身的高度集中的管理体制；第二类是把各种管理权分散在相关的管理部门之中；第三类则是成立企业集团，建立现代企业制度，全省煤炭行业实行企业化管理。

山西是我国煤炭大省，其管理体制在煤炭行业有一定的特殊示范作用。2007 年 4 月，山西省煤炭工业局由国务院可持续发展试点前的委属机构调整为省政府直属机构，成为省政府对全省煤炭行业建设、生产、经营、安全实施全过程管理的职能部门。2009 年 2 月，国务院批复了《山西省人民政府机构改革方案》，组建省煤炭工业厅，成为省政府组成部门，将省煤炭工业局原有职责和省经信委等部门涉及煤炭工业的职责整合一并划入，形成了以省煤炭工业厅为主，安全、资源、环保等相关部门分工明确、各司其职、相互配合、统一高效的煤炭行业宏观管理新格局。同时，全省 10 个市和 84 个重点产煤县均加强和调整，理顺了煤炭行业管理机构和职责。

（二）煤炭监管法律法规体系

我国关于煤炭行业法律法规体系主要由以下四个方面构成。

1. 法律

煤炭法律主要是指 1986 年实施的《中华人民共和国矿产资源法》、1996 年实施的《中华人民共和国煤炭法》和 2002 年实施的《安全生产法》，专门用来调整与煤炭行业管理相关的社会经济关系。

（1）煤炭资源权属制度。煤炭资源权属制度是指规定煤炭资源上所设置的各类权利归属及相关问题的法律规范的总和。据矿产资源的自然属性，我国法律规定矿产资源属于国家所有。《宪法》《民法通则》《矿产资源法》等法律都规定，煤炭资源属于国家所有。国家通过设立矿业权制度，把矿产资源的占有、使用和收益权让渡给矿业权人，国家从矿产资源开发的收益中实现矿产资源国家所有权。

（2）煤炭资源开采许可制度。煤炭资源开采许可制度是指煤炭资源安全行政监管部门根据自然人、法人或其他组织的申请，经依法审查，准许其从事特定活动的法律制度。该制度同时又包含多项子制度，如采矿许可证制度、煤炭生产许可证制度、安全生产许可证制度、排污许可证制度等。

（3）煤炭资源有偿开采制度。按照矿产资源法规定，开采矿产资源，由采矿权人缴纳资源税和资源补偿费。此外还有探矿权、采矿权使用费和探矿权、采矿权价款。

（4）"三同时"制度。在煤炭资源开发、利用领域，"三同时"制度是指建设项目中环境保护设施必须与主体工程同步设计、同时施工、同时投产使用的法律制度。其适用范围包括：新、改、扩建项目，技术改造项目，可能对环境造成污染和破坏的工程项目。《煤炭法》《环境保护法》等都有对该制度的规定。

（5）煤矿安全法律责任追究制度。我国一向秉持"违法必究"的原则，《煤炭法》第七章、《环境保护法》第五章、《安全生产法》第六章等都对此作了规定。

2.行政法规和部门规章

我国煤炭资源保护和开发利用主要依赖大量的煤炭行政法规和行政规章进行调整。目前国务院及其所属的国家行政部门已制定了许多有关管理和保护煤炭资源、防治生态环境污染和破坏以及确保煤矿安全生产的行政法规和部门规章，比如《矿产资源法实施细则》《煤炭生产许可证管理办法》《煤矿安全监察条例》《国务院关于预防煤矿生产安全事故的特别规定》《国务院关于促进煤炭工业健康发展的若干意见》和《关于深化煤炭资源有偿使用制度改革试点的实施方案》等。

3. 地方性法规和地方政府规章

各省级人大常委会、各省级人民政府结合本地实际情况，制定了有关煤炭资源管理办法。如山西省就出台了《山西省矿产资源管理条例》《山西省矿产资源补偿费征收管理实施办法》。这些地方性法规和规章的出台，对加强本地区矿产资源管理发挥了重要作用。

4. 涉及煤炭资源管理的其他规范性文件

主要是指国务院部委的通知、指示、批复和煤炭资源法律解释。

（三）煤炭监管权限及主要职责

在成熟市场经济国家，如美国，煤炭监管主要涉及安全、健康与环境问题。在中国，煤炭作为主体能源，煤炭管理实行政监合一模式，煤炭监管与行业管理结合在一起，没有明显区分。

煤炭监管在内容上，主要包括项目准入监管、生产过程监管和退出监管；在方式上，主要通过资质、审批与核准进行。本节主要通过梳理这些监管内容和方式，重新审视煤炭监管现状。

表1　　　　　　　　　我国煤炭监管权限与主要职责

领域	监管事项	具体内容	监管部门
勘探环节	准入监管	勘查许可证	自然资源部、省级人民政府自然资源主管部门
		矿业权转让审批	自然资源部、省级人民政府自然资源主管部门
		安全与职业健康监管	安全生产监督管理部门和煤矿安全监察部门
		环境监管	各级环保部门

续表

领域	监管事项	具体内容	监管部门
开采环节	准入监管	采矿许可证	自然资源部、省级人民政府自然资源主管部门
		土地使用权证	中央或各级人民政府
		安全生产许可证	国家、省、自治区、直辖市煤矿安监机构
		矿长资格证、矿长安全资格证	地方人民政府
	投资监管	煤矿投资项目核准	国家发展改革委、省级政府、地方政府
		安全与职业健康监管	安全生产监督管理部门和煤矿安全监察部门
	环境监管	污染物排放监管	各级环保部门
		《环境影响评价报告》审批	
		《水资源论证报告》、《水土保持方案报告》审批	水利部或省水利厅；水利部、流域机构或省水利厅
		《土地复垦方案》审批	自然资源部
洗选加工环节	环境监管	《环境影响评价报告》审批	各级环保部门
		污染物排放监管	
流通储备环节	价格监管	煤炭铁路运价监管	国家发展改革委、交通运输部（铁路局）
	投资监管	运煤铁路专线项目投资核准	国务院投资主管部门（国家发展改革委）、省级投资主管部门
		煤炭专用泊位项目投资核准	国务院投资主管部门（国家发展改革委）、省级政府
	环境监管	《环境影响评价报告》审批	各级环保部门
		污染物排放监管	
贸易环节	准入监管	营业执照	工商部门
		出口许可证及配额	国家发展改革委、商务部
	投资监管	境外煤炭项目投资	国务院投资主管部门（国家发展改革委）
	市场秩序监管	反垄断与不正当竞争监管	国家发展改革委、商务部、工商总局
转化利用环节	投资监管	煤制气、煤制油投资项目核准	国务院投资主管部门（国家发展改革委）
		煤制甲醇、煤制烯烃投资项目核准	国家发展改革委、国家能源局
		火电、瓦斯发电项目核准	国务院投资主管部门（国家发展改革委）、省级政府
		燃煤热电、燃煤背压热电项目核准	
	环境监管	《环境影响评价报告》审批	各级环保部门
		污染物排放监管	

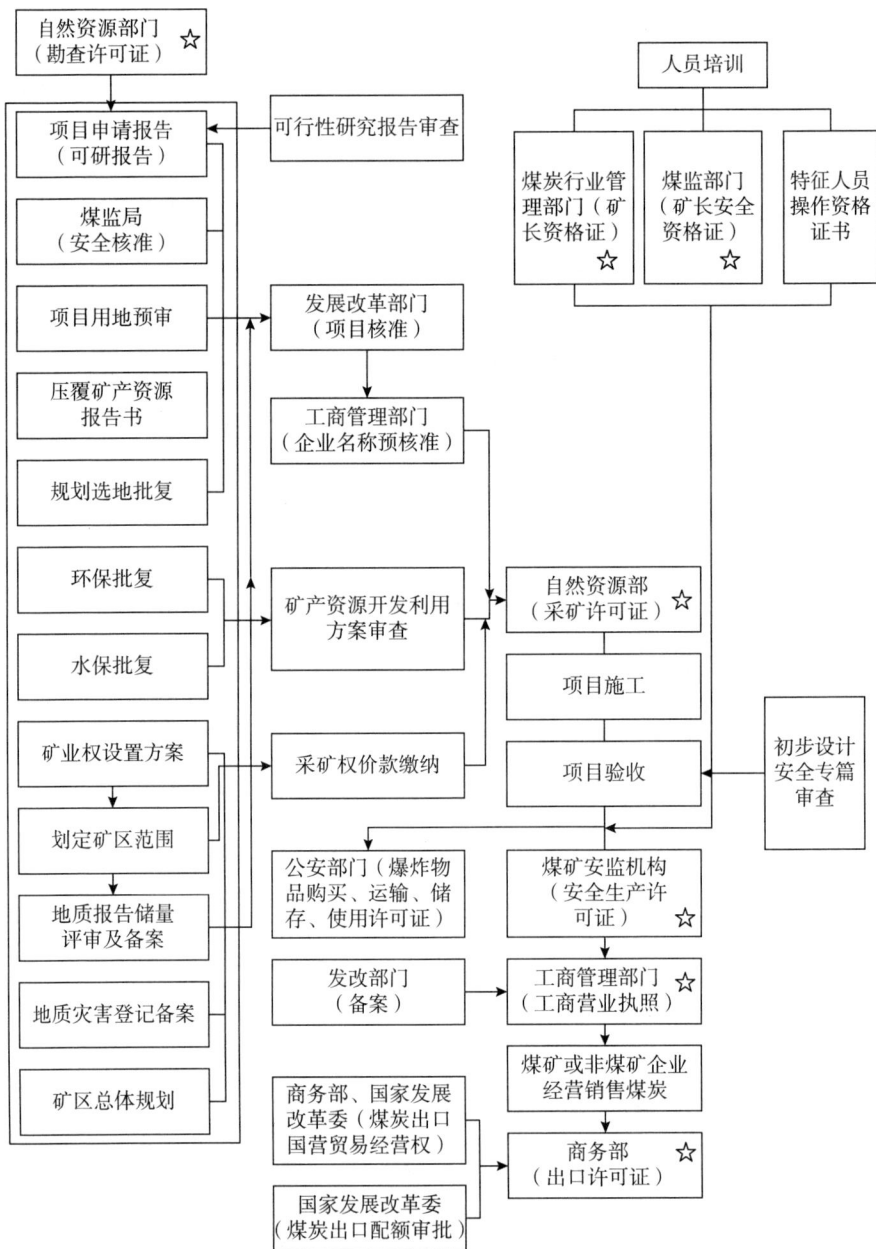

图1 煤炭行业主要行政许可的设立流程图

二、我国煤炭煤炭监管存在的问题

我国的煤炭监管取得很大，但监管工作存在诸多薄弱环节，监管理念、监管依据、监管体制仍存在诸多不适应的方面，依然面临着复杂的、不确定的内外部环境，主要表现在以下几方面。

（一）法律法规体系尚不健全，导致在监管理念上重行政干预、轻依法监管

我国煤炭监管工作开展时间不长，相关法律法规并不健全。《矿产资源法》《煤炭法》及其配套法规是在我国市场经济发展初期大量行政干预存在背景下出台的，尽管经过近年来的修订有了一定进步，但与煤炭市场化日益推进、市场在配置资源方面起决定作用新形势下的工作实践不可避免会发生冲突。《煤炭安全生产与职业健康监管条例》《煤矿开采土地复垦条例》等尚未出台，监管重点、措施尚不明确，对被监管机构的监管要求更是缺乏。同时，以煤矿安监、自然资源、生态环境为主实施煤炭社会性监管及以发改委、能源局为主履行经济性监管职能所需要的监管组织管理制度、监管运营规章和监管程序性规范等急需制定。总之，监管法律法规体系的滞后，加上传统计划经济时期所形成的行政干预惯性思维，导致我国政府在煤炭市场监管理念上重行政干预、轻依法监管，煤炭生产和管理中大量无法可依、有法不依现象的存在。我国一度主要采用的煤炭价格"双轨制"及"限价令"、行政性关闭小煤矿，以及兼并重组过程中所采取的诸多非市场化措施等都属于政府行政性干预。

（二）煤炭监管以许可审批和颁证为主，程序烦琐、效率低下

目前我国煤炭监管在方式上以资质、审批与核准进行，程序较为复杂、效率低下。

1. 煤炭监管许可事项重复设置

如矿长安全资格证与矿长资格证的审批内容重复重叠。煤矿是一个特殊行业，矿长必须具备一定的专业知识，经有关部门培训、考试合格后领取资格证方可上岗。由于两证的审批内容大部分相互重复，两证分属煤炭行业管理部门和煤矿安全监察机构负责培训、考核和发证，造成重复培训、重复考核，使作为煤矿主要负责人的矿长负担沉重，无法集中更多的时间和精力组织生产和搞好安全，企业对此也有很大意见。

2. 行政审批烦琐，办理周期长

目前涉煤行政审批较为普遍且相当烦琐，个别地方一个煤矿项目从准备到投产须盖 300 多个章。以许可证办理为例，煤矿需获取并定期更换（变更）的证照，涉及多个审批部门，证照审批和登记内容相互牵扯，致使申请资料重复递交、重复审核、重复登记的现象严重，一旦一证发生变更，其他证照都要相应变更。由于矿长安全资格证的有效期为三年，其他证照有效期限不一，加上办证程序复杂，往往是"前证还没跑下来，后证又过期了"，造成"一证过期，多证无效"的情况，企业一年到头"跑证"，花费了大量不必要的人力、物力和财力，同时企业也无法集中精力加强安全管理，一定程度上影响了正常生产经营。

3. 监管部门之间情况通报机制尚未建立和完善

有的部门发证、吊销、暂扣证照后未能或不及时向其他相关部门通报，给其他部门的相关工作造成困难。

4. 许可证办理难度大

目前，绝大多数证照的审批权都收归省级部门，而且很多证照需要省、市、县三级有关部门现场核查验收，导致办证速度慢。加上煤矿企业办理"三证一照"所需申报的资料，离不开有关中介机构的设计、鉴定和评估等，但由于对中介机构的资质认定、行业自律、责任追究制度等疏于监管，致使一些中介机构唯利是图，弄虚作假，服务乱收费，办事效率低。这些原因使得煤矿"三证一照"的办理难度较大。

（三）监管职责不清，错位与缺位并存，尚未形成统一有效的体系

煤炭管理体制变化比较频繁，产业管理涉及面广，工作复杂，目前国家发展改革委、国家能源局、自然资源部、国家煤矿安监局、国资委、生态环境部、商务部及其对应地方部门等都对煤炭行业有监管职能，存在着明显的多头管理、政出多门、职能交叉、权责不清等问题，加之历史上形成了"政监合一"管理模式，煤炭监管并未实现完全独立，如发改委（能源局）的经济性监管职能与其政策职能仍然合一等，导致煤炭监管并未形成统一有效体系。这种局面如果不打破，煤炭管理体制改革就难以迈出实质性的步伐。

当然问题的解决，涉及行政管理体制改革、相关法律法规的修改完善等，是一个循序渐进的过程，需要通过积极稳妥的改革予以解决。同时，煤炭监管协调机制不畅。在现行的监管体制下，部门间协调难度大。如矿区总体规划是资源合理开发利用的基础，是井田划分方案的前提，但资源部门多以勘探范围为基础划分矿业权，与发展改革部门批准范围差别较大，使得矿区总体规划形同虚设。此外，对照一般监管内容和领域，我国煤炭监管还有一些空白领域需要加强。如煤炭

外部成本需要监管。煤炭价格形成机制不健全，未能充分反映环境、安全与职业健康等方面外部性成本。同时，煤炭质量缺乏监管。一方面商品煤市场存在"掺假使假""以次充好"等不法行为，人为降低商品煤质量；另一方面高灰高硫煤进入市场，增加环境成本和社会成本，亟须监管。同时，煤炭铁路运输成本需要监管。煤炭作为大宗商品，铁路运输始终是瓶颈，造成煤炭价格构成中非煤因素比重过大。而铁路运输体制改革后，形成了新的运行体制，铁路运输在主要运输通道、部分产煤地区有垄断倾向，需要加强对其运价和成本的监管。

（四）政府管理职能转变的滞后，限制了市场配置资源作用的发挥

加快政府职能转变的目标是进一步适应社会主义市场经济的发展要求，充分发挥社会主义市场经济体制的优势，创新管理方式，增强政府公信力和执行力，实现建设法治政府和服务性政府。

就煤炭行业而言，就是要充分发挥政府职能，进一步简政放权，加快建立统一、开放、竞争、有序的现代煤炭市场体系。凡是市场机制能有效调节的经济活动，一律取消审批，同时对保留的行政审批事项要规范管理、提高效率。然而，现实情况并非如此，目前在煤炭行业这一竞争性行业仍然存在着诸多实质意义上的审批（名义上是核准），如煤矿项目、煤炭转化项目需要通过各级发展改革部门按投资权限审批、煤炭出口许可及配额需要由国家发改委审批、资源的获取仍然需要诸如投资者规模、技术等方面的经济性准入限制等。与此同时，对煤炭领域在环保、安全、健康等方面的社会性职能却关注不够，导致煤矿事故时有发生、重特大事故未能得到有效遏制，同时煤炭开发利用过程中的环境问题也越来越突出。事实上，这样的管理方式，根本

不利于发挥投资者的积极性，也严重阻碍了市场竞争机制和价格引导资源配置作用的充分发挥。

（五）监管机制不完善，导致监管有效性无法保障

一项监管措施的实施要经历从制定到执行的过程。在这过程中，为防止监管者被受监管者"俘虏"的可能，需要对监管过程进行监管。因此，完善的社会参与和监督机制，成为政府监管机构公平、公正、公开地制定与执行监管政策的制度保证。很遗憾的是，目前我国煤炭行业尚缺乏完善的社会监督组织以及健全的监管决策失误问责机制、执行过错追究机制、执行突出奖励机制、政策评估和绩效审查机制等，导致煤矿腐败、寻租问题层出不穷，无法保证监管过程的有效性。同时，我国煤炭监管信息化建设滞后，煤炭监管信息分散，煤炭市场信息化程度偏低，技术手段落后，导致主动监管能力较弱。与其他市场相比，由负外部性或不正当竞争所导致的煤炭市场失灵初期迹象并不明显，不那么容易被发现，但随着失灵的状态持续，积累的问题往往一下子爆发。煤炭监管信息化建设的滞后，加上政府部门事前预测预警能力的缺失，导致煤炭市场往往在出现问题后才采取紧急应对措施，势必给经济社会造成不可估量的损失。此外，监管方式方法也不够完善，目前多以检查和让企业上报信息的方式开展，形式比较单一，规范性、连续性和系统性也明显不够，严重影响了监管的效率。

三、我国煤炭监管体系目标设计

（一）基本原则

以科学发展观、中国特色社会主义市场经济理论和现代市场监管

理论来指导我国煤炭监管体系目标设计，应牢牢把握其理论实质，重点坚持如下几项原则。

1. 基于市场经济进行监管

计划经济不需要监管。在市场经济条件下，整个经济的发展是以市场规律为支配力的，政府监管实际是政府制定规则来管理市场经济，是一个主观的行为。因此，要想取得好的效果，就必须遵循市场的客观经济规律，以市场调节为基础，为市场机制正常发挥创造条件。

2. 监管过程法制化、透明化

基于市场经济的监管与传统计划管理的不同之处在于其以法治为基础，规则面前人人平等。规则既是监管者行为的依据，也是被监管者和消费者权益的保障。就煤炭市场而言，政府作为监管主体，其监管的过程实际是政府运用手中的权力来规范煤炭市场运行的过程。只有在一定的法律法规的约束下，并保持规则和程序的透明和可预见，政府监管才能从公共利益出发，做出公正的决策和判断，避免权力滥用和腐败现象的产生。

3. 监管独立化

监管机构要能够独立行使法律赋予的监管职能，这是保障监管机构监管效率的重要因素。一方面，监管工作专业性强，需要监管人员具备较高的实施监管的理论水平与开展具体业务的能力，具备很强的独立监管能力。不能由专业人士独立决策的监管，其绩效可想而知。另一方面，监管应独立于其他政府职能，尤其要政监分开，监管机构要有相应的不受制约的收入来源、绩效评估、奖惩等工作机制，这样能减少政府为达到短期目标而自行裁决所造成的危险。同时，政府系统内部各部门必须互相协调。信息沟通不够、部门协调不够，往往导致监管职能不能很好履行。

4. 注重公众参与

监管者与被监管者利益的客观存在，使得两者之间存在利益交换的可能。事实上，被监管者出于自身的利益往往会发生寻租行为，一些政府官员会借助手中的权利做出损害国家和人民利益的行为。为避免上述"监管俘获"的发生，公众有效参与监管决策过程必不可少。这不仅可以弥补监管者信息不足，避免监管失误，也是直接维护自身利益的最有效途径。

5. 监管可问责

监管机构犯了错误，责任同样需要追究，并且要有明确的"监管"监管者的机构或人。这就需要建立一套完善的可问责机制，以有效抑制监管机构滥用权力和减少决策失误。

（二）目标设计

1. 总体目标

通过深化改革开放，努力打造世界一流且具中国特色，既能与社会主义市场经济体制相匹配，又能满足煤炭行业乃至整个国民经济发展需要的现代化煤炭监管体系。在这一监管体系下，政府严格按市场经济规律办事，监管行为和过程实现法制化、规范化、标准化，监管理念深入人心，监管职能日趋完备，监管手段逐步多元化、连续化、系统化，监管信息系统逐步完善，监管可问责性和有效性增强，监管效率日益提高；同时煤炭领域政策职能与监管职能得以分离，煤炭安全生产与职业健康、环境监管职能得到进一步加强，煤炭资源科学合理开发水平以及煤矿安全生产水平得以提升，煤炭投资环境公平良好，煤炭市场规范有序，能源安全得到保障，公众利益得以维护，煤炭行业逐步实现健康、稳定和可持续发展。

2. 机构设置目标

在中央层面，国家能源局升格为能源部，统一行使能源包括煤炭的宏观管理职能，制定国家煤炭战略、规划和政策等。保留国家能源委员会，作为国务院的议事协调机构，继续负责我国能源包括煤炭的重大战略和重要政策的制定和协调。针对社会性监管，安全生产与职业健康监管机构主要为国家安监局、煤矿安监局，煤炭环境监管机构主要为生态环境部和水利部，煤矿土地复垦监管机构主要为自然资源部。针对经济性监管，煤炭市场反垄断与不正当竞争监管机构主要为国家发展改革委、商务部和国家工商总局，煤炭铁路运价和成本监管机构主要为交通运输部（铁路局）。

至于地方政府，主要是煤炭主产区的各级地方政府，要在充分考虑本地区实际的基础上，参照中央的做法，建立健全煤炭监管机构，不强求一律。

3. 主要职责目标

在充分借鉴国外煤炭行业监管经验基础上，根据我国煤炭行业发展的实际和政府职能转变的要求，认为煤炭行业作为竞争性行业，未来将重点围绕安全生产、职业健康、环境外部性以及煤炭市场秩序（反垄断与反不正当竞争）等方面实施监管。主要职责如下。

（1）安全生产与职业健康监管。制定和监督煤矿安全生产与职业健康监管相关规章规则，保障煤矿安全，规范煤矿安全监察工作，保护煤矿职工人身安全和身体健康。具体监管职责范围包括煤矿企业勘查、开采、生产等环节安全准入（涉及各种许可证，包括主要负责人的资格准入）；煤矿通风、防瓦斯、防水、防火、防煤尘、防冒顶等安全设备、设施标准，矿用产品安全标志；企业负责人和生产经营管理人员轮流带班下井、井下作业人员安全生产教育和培训；煤层气抽采企业准入；井下职业健康安全标准（如井下煤尘浓度等）等。

（2）环境监管。制定和监督煤矿生产环境监管相关规章规则，合理开发利用煤炭及与煤共生、伴生的矿产资源，防治环境污染和生态破坏，促进煤炭工业健康发展。具体监管职责范围包括煤矿项目《环境影响评价报告》《水资源论证报告》《土地复垦方案》《矿山环境保护与综合治理方案》等审批；煤矿生产生态环境恢复、土地复垦、环境污染物排放；煤炭洗选加工、转化利用环节的污染物排放；煤炭质量准入等。

（3）反垄断与反不正当竞争监管。制定和监督煤炭市场秩序监管相关规章规则，规范和维护煤炭经营秩序，确保煤炭企业公平竞争。重点监管扰乱市场秩序的垄断行为，包括煤炭企业兼并重组与电力企业开办煤矿过程中的生产过度集中，经营者串谋、倾销、不合理兼并等。

（4）煤炭铁路运输价格与成本监管。制定和监督煤炭铁路运输价格与成本监管相关规章规则，规范和维护煤炭铁路运输市场秩序，确保公平竞争。重点监管煤炭铁路运价、成本、市场秩序等。

4. 法律法规目标

形成与社会主义市场经济体制相一致、与煤炭监管职能相吻合、科学而完善的法律法规体系，推动政府监管煤炭市场合法化、科学化、规范化。具体法律法规包括：国家法律〔《煤炭法》（修订）、《矿产资源法》（修订）、《安全生产法》（修订）、《矿山安全法》（修订）、《煤炭行政处罚办法》（修订）等〕，行政法规与部门规章〔《企业投资项目核准暂行办法》（修订）、《乡镇煤矿管理条例》（修订）、《煤矿安全生产与职业健康监管条例》（新）、《煤炭环境监管条例》（新）、《煤矿开采土地复垦条例》（新）、《煤炭市场反垄断与不正当竞争监管条例》、《煤炭铁路运输成本监管条例》〕（新）等，以及相关强制性标准与规范〔如煤炭监管工作手册（或指南）〕等。

5. 信息系统目标

在进一步完善煤炭企业信息报送制度的同时，充分运用第三方机构的信息收集和分析能力，加快建立煤炭监管信息统计机制，并在长期实践经验以及科学监测预警理论支撑基础上，建立起覆盖完整、功能完善的煤炭行业监管专业信息平台，包括多级联网的煤矿安全生产与职业健康动态在线监控与预警系统、煤矿土地复垦在线监控与预警系统、煤炭环境在线监控与预警系统、煤炭市场反垄断与不正当竞争在线监控与预警系统等，实现实时监控，在线预警，力防监管滞后。一旦发现市场失灵的迹象，政府能及时采取监管措施，以有效避免市场失灵给经济社会发展带来重大损失。

6. 监管方法目标

建立起多元化、规范化、连续化、系统化的监管方法，资质审核、常规监察、书面报告、登记备案、在线监督等监管手段得到普遍运用；同时监管的可问责性和有效性增强，对于中介机构的资质认定得到强化，监管机构之间通报机制得以建立和完善，第三方评估和听证制度逐步建立。

四、完善我国煤炭监管体系的思路与建议

（一）总体思路

总体来看，要以科学发展观、中国特色社会主义市场经济理论和现代市场监管理论为指导，以行政管理体制改革为契机，以满足社会主义市场经济体制要求、有利于解放和发展生产力、有利于政府宏观调控、有利于构建和谐社会、有利于提高企业效益为要求，坚持统一

规划与分类指导、经验借鉴与改革创新、实践探索与动态调整、循序渐进与平稳过渡的原则，结合我国煤炭行业实际，从机构设置、主要职责、法律法规、信息系统、监管方法等方面着手，系统设计煤炭监管规划路径，明确监管计划重点任务，稳步提升政府监管煤炭市场科学化水平，促进煤炭行业经济发展方式转变，进而确保国家能源安全乃至整个国民经济的健康、稳定和可持续发展。

1. 顺应放松经济性监管、加强社会性监管的发展趋势，继续巩固扩大煤矿安全生产与职业健康、环境监管机构的职能和地位

20 世纪 70 年代以来，经济发达国家在监管理论研究方面有了较快的发展，提出了许多新的政府监管理论和方法。20 世纪 80 年代以来，发达国家纷纷进行重大的政府监管改革，开放市场，引入竞争机制，提高行业运行效率，形成了一股世界范围的政府监管体制改革的浪潮。尽管各国改革的时间和内容有所差异，但是实质内容就是放松对经济性监管，实行政企分开，使经营企业成为自负盈亏的市场主体，放宽市场准入条件，强化市场机制和竞争机制，形成开放式竞争的态势。我国煤炭监管体系规划路径设计应当顺应放松经济性监管发展趋势，进一步推进煤炭行业市场化改革，逐步放松对煤炭行业作为竞争性行业的经济性监管，充分发挥市场机制在配置能源资源方面的决定作用，进而提高行业的经济运行效率。

与放松经济性监管的趋势相反，世界各国社会性监管呈现逐步加强的趋势。我国自改革开放以来，社会性监管也得到迅速发展，在消费者权利保护、产品质量、食品药品和安全生产、职业卫生、环境污染防治方面的监管逐步走向规范化、法制化，并初步形成了比较全面的社会性监管体制和制度。可以预见，未来随着人民生活水平不断提高、健康和环保意识不断加强，社会性监管的地位将越来越重要。这也必然要求在煤炭行业要继续加强社会性监管，重点加强煤炭安全生产与职业健康监管、煤炭环境监管，尽快建立健全煤炭社会性监管的立法，扩大监管机构的职责范围和监管力度，确保监管的有效性和权威性。

2. 根据监管独立性的原则，实行政企分开、政监分离，正确理顺煤炭政策主管部门和煤炭监管机构之间的关系

监管的核心原则是独立性，独立性的基本要求包括三点。

一是机构设置独立。主要是监管机构要摆脱一般行政管理部门干预和控制。监管机构与其他行政部门，尤其是与政策制定部门分离，并不是指监管机构不受政府宏观政策的约束，而是指监管机构能够独立地执行监管政策而不受利益相关方的干扰，尤其是不受可能作为现有企业股东的行政部门的不当干涉。设置独立的监管机构是欧美各国煤炭监管基本一致的做法。分设的独立监管机构被称为无头的第四部门，同时拥有行政权、准立法权和准司法权，虽然引起了不小的争议，但是其独立的地位却是始终不变的。

二是法律地位和职能独立。必须在法律上明确规定监管机构的独立地位，赋予相应的职权和职责。职能独立主要是指煤炭监管机构的职能在外部应当独立于传统的行政管理部门和被监管的企业。首先是与传统行政管理部门的政策制定职能相独立，将煤炭监管职能分离出来，即实现政监分离，这是监管独立的本质要求。其次是将监管职能与被监管企业的职能相对独立，即实现政企分开，这是改革传统计划经济体制的现实需要，现在主要是防止监管机构被利益相关人（主要是被监管者）所俘获。监管机构执行职责的主要标准是法律和市场运作的实际情况，而非上级机关的喜恶。

三是经费来源独立。经费来源的独立性确保了煤炭监管机构不受其他行政部门和地方政府的直接干预。在我国，应当确保监管机构的财政经费直接来源于中央预算或通过向被监管者收取费用来实现。

3. 把握煤炭监管及其立法的发展规律，借鉴世界发达国家煤炭监管立法的先进经验

从世界范围来看，各国煤炭监管及其立法呈现出市场化、生态化、国际化的发展规律。市场化主要是指要开放市场，引入竞争，充分发挥市场机制在煤炭资源配置方面的基础性作用。要将煤炭行业的经济性监管职能和社会性监管职能分开，经济性监管业务要放开，社会性监管业务要加强。生态化是指各国煤炭监管立法的目标已经从原来的过于强调煤炭开发利用、煤炭供应转变为更加强调煤炭效率、煤炭节约和煤炭的可持续发展。国际化是指世界各国越来越注重进行煤炭领域的国际合作，通过国际条约的形式加强环境保护，确保煤炭行业的可持续发展。

（二）重点措施

总体来看，煤炭行业监管要以保证煤炭资源科学合理开发和提高煤矿安全生产水平为根本出发点，以统筹依法许可、加强监管、提高效率、降低成本、方便企业为原则，进一步转变政府职能，强化服务意识，提高行政效率，减轻企业负担，促进煤炭工业可持续健康发展。

1. 加强煤炭监管法律法规体系建设，推进依法监管

为推进煤炭监管过程法制化，实现依法监管，亟须加强法律法规体系建设。建议：一要抓紧修订完善煤炭监管相关法律法规，成立煤炭法律修订工作小组，制定相关规划，有序推进各项工作。在此过程中，需重点明确监管者与被监管者的权责关系，将煤炭发展战略、煤炭监管工作重点，逐步上升为法律意志。二要进一步建立健全煤炭监管规章。借鉴国外煤炭行业经验，及时制定煤炭监管规章及规范性文件，如《煤炭安全生产与职业健康监管条例》《煤矿开采土地复垦条例》《煤炭环境监管条例》《煤炭市场反垄断与不正当竞争监管条例》等，确保监管工作有章可循。三要规范监管工作程序。按照监管工作制度化、程序化、透明化的原则，制定煤炭监管工作手册（或指南），完善监管工作标准流程，规范一线监管行为。四要加强监管重大问题研究。组织开展煤炭行业突出矛盾和长期积累问题的战略研究，分析掌握关键环节和重点领域的监管任务，提出监管有关政策法规的意见和建议。

2. 加快政府职能转变，推进煤炭行政审批与许可制度改革

加快落实政府职能转变和简政放权，进一步深化煤炭行政审批与许可制度改革，优化监管程序，提升监管效率。一是整合撤并重复设立的行政许可，简化颁证程序。把"矿长安全资格证"与"矿长资格证"整合为"矿长资格证"。理由：①两证设置的环节和获得这两个证所需具备的条件基本相同，两证同属经培训而获得的人员资质证书，而且通过符合规定的安全培训是担任矿长的必备条件，合格矿长必须首先是经安全培训合格的人，二者不可分离。②两证重复重叠设置，导致对作为煤矿主要负责人的矿长（包括副矿长，实践中副矿长也必须取得副矿长资格证和副矿长安全资格证）重复培训、重复发证，使矿长不得不花费很多时间和精力去疲于应付培训和发证，不利于矿长集中更多的时间和精力抓好煤矿生产和安全。③矿长安全资格证作为行政许可，是依据《安全生产培训管理办法》（国家安全生产监督管理局令第20号）设立的，违反了《行政许可法》的规定，应依法予以取消。因为《行政许可法》明确规定，只有全国人大及其常委会、国务院和省级地方人大及其常委会可以依法设定行政许可，省级人民政府可以依据法定条件设定临时性行政许可，其他国家机关包括国务院各部门一律不得设定行政许可。二是理顺颁证顺序。在整合撤并有关行政许可、建立煤矿企业准入制度的基础上，把有关煤矿企业证照的颁证顺序确立为：一般企业营业执照—企业营业执照中增加从事煤炭生产的内容—采矿许可证—煤炭安全生产许可证（矿长资格证）。三是建立健全证照颁发管理沟通机制。有关部门之间和不同行政层级之间建立健全证照颁发管理定期通报、公告等制度，充分应用网络信息技术，实现资料和信息共享，减少企业提交的纸质文件数量，提高行政效率，降低政府行政和企业申办成本。四是加快推进煤炭业务许可信息化建设。充分发挥电子政务系统在煤炭业务许可管理中的作用，加快建立"监管制度健全、组织体系完备、政务平台高效、功能切实发挥"的煤炭业务许可管理体系。

3. 进一步理清和完善监管职能，建立健全煤炭监管组织体系

一要理顺煤炭监管机构之间的职责。包括明确发改委（能源局）与自然资源部门在矿区规划、煤矿开采生态修复、资源节约和保护、资源综合利用、生产煤矿回采率管理方面，与商务、工商部门在反垄断与不正当竞争方面，与环保部门在煤炭企业污染排放、资源综合利用方面，与交通部门在铁路货物运价方面，与安监（煤监）部门在瓦斯抽采利用、淘汰落后产能方面等，以及发改委（能源局）内部在煤矿和煤炭转化项目核准、节能减排、煤矿生产能力核定等方面的各项职责分工。二要全方位转变政府监管角色，进一步简政放权，逐步弱化或取消发改（能源）部门的煤炭投资监管职能，同时推动由国家能源局统一行使煤炭的宏观管理职能，制定国家煤炭战略、规划和政策，实现政监分离。三要重点加强煤监部门的煤矿安全生产与职业健康监管职能，环保和水利部门的煤炭环境监管职能，自然资源部门的煤矿

土地复垦监管职能，国家发展改革委、商务部、工商总局的煤炭市场反垄断与不正当竞争监管职能，增强其独立性和权威性。三要进一步完善监管职能。一方面，要完善煤炭经营管理制度，实行煤炭质量准入，及时制修订煤炭质量标准，建立质量检测体系，提高煤炭质量门槛，加强进口煤质量管理，建立和完善商品煤计量、按发热量和煤质共同计价机制。另一方面，要加强煤炭铁路运输价格、成本等方面监管，维护煤炭运输市场秩序。四要在理清各部门职责的基础上，加快煤炭专业技术、法律、财务等复合型人才培养，充实煤炭专业监管人才，不断完善监管队伍人员结构；同时，建立监管机构之间的协作分工与定期沟通机制，建立与政府相关部门、与煤炭企业的交流挂职机制，定期选派干部挂职锻炼；还要推动煤炭行业自律组织发展，指导煤炭行业协会等建立行业自律行为准则，加强监管机构与行业协会等自律组织的交流互动，建立法律、审计等中介组织参与煤炭监管决策工作机制。

4. 加强煤炭监管信息化建设

一要加强煤炭监管信息资源收集能力。完善技术服务体系，建立煤炭监管信息统计机制，定期发布监管报告（通报），完善煤炭企业信息报送制度，充分运用第三方研究机构的信息收集和分析能力，建成覆盖完整、功能完善的煤炭行业监管专业信息平台，并定期发布煤炭监管公告。二要建立市场失灵预测预警系统。加强对煤炭市场的监测，时刻关注煤炭市场运行的各个方面，及时总结市场运行规律，着重注意煤炭价格、供给及需求的变化。在此基础上，加大组织专家建立煤炭市场失灵预测预警模型的力度，在长期实践经验以及科学监测预警理论支撑基础上，建立多级联网的煤矿安全生产与职业健康动态在线监控与预警系统、煤矿土地复垦在线监控与预警系统、煤炭环境在线监控与预警系统、煤炭市场秩序在线监控与预警系统、煤矿产能和储量动态在线监控与预警系统等，提升行业预测预警水平，确保政府能及时采取监管措施，力防监管滞后。三要积极发挥各方优势，建立健全信息反馈机制，加强信息整合与分析能力，提高产业信息的处理能力，为煤炭行业和经济社会的平稳健康运行奠定基础。

5. 提升煤炭监管能力

一是加强煤炭行政执法监督，建立健全对监管机构的监督机制。要扩展公众获取有关政府信息的渠道，多渠道地让社会公众充分了解煤炭监管相关信息，这是公众参与和监督政府监管活动的前提条件。煤炭监管机构应通过互联网、报纸、杂志广播、电视等信息传递载体，及时、高效地将有关信息传递给广大社会公众。二要规范公众参与有关政府监管问题的形式，完善监管调查制度、谈判制度、听证制度和举报制度，这是实现公众参与的载体。确立公众参与制定有关政策法规的程序，加强立法监督，完善司法监督。三是政府监管机构要高度重视内部监督，即监管机构的自我监督。四是创新监管工作手段。加强检查评估、合同（协议）备案、信息披露、联席会议、约谈约访等监管手段的综合运用；落实监管问责制，与监察局、审计署等部门建立煤炭监管联动机制；建立煤炭监管第三方评估和听证制度。五是建立绩效管理考核评价机制。制定煤炭监管工作绩效评价方法；健全监管机构内部考核体系和奖惩制度；按照统一标准制定实施细则，确保监管任务目标落实。

（作者：李维明、任世华）

主要参考文献

[1] 习近平. 中共中央关于全面深化改革若干重大问题的决定[M]. 北京：人民出版社. 2014

[2] （美）史普博著，余晖等译. 管制与市场[J]. 上海：格致出版社. 2008

[3] （美）约瑟夫. P. 托梅因，理查德. D. 卡达希著. 万少廷译. 美国能源法[M]. 北京：法律出版社. 2008

[4] 高世楫，秦海. 从制度变迁的角度看监管体系演进：国际经验的一种诠释和中国改革实践的分析[D]. 吴敬琏，江平. 洪范评论（第2卷第3辑）[M]. 北京：中国政法大学出版社，2005

[5] 刘树杰. 论现代监管理念与我国监管现代化[J]. 经济纵横，2011（6）

[6] 中国煤炭工业协会. 2013国际煤炭峰会论文集[M]. 北京：中国矿业大学出版社. 2013

[7] 钱鸣高. 煤炭的科学开采[J]. 煤炭学报. 2010，35（4）

[8] 谢克昌. 我国煤炭开发利用对生态环境的影响及对策[N]. 人民网.2012.3

[9] 李维明. 我国煤炭资源开发利用策略研究[D].中国矿业大学（北京）. 2010

2030 年我国煤炭体制革命的战略思想和实现途径

推进煤炭行业体制革命，要坚决贯彻党的"十八大"以来改革发展的总体部署，践行国家能源革命战略方针，坚持"市场主导、政府监管、依法治理"的总体思路，通过全面深化改革，转变政府对煤炭的管理方式，力争到2030年形成市场作用有效、政府监管有力、权责边界清晰、法律体系完备的煤炭行业体制格局。

一、2030 年我国煤炭行业体制革命的战略目标与总体思路

（一）战略目标

推进煤炭行业体制革命，到 2030 年形成市场作用有效、政府监管有力、权责边界清晰、法律体系完备的煤炭行业体制格局。

（二）总体思路

坚决贯彻党的十八大以来改革发展的总体部署，践行国家能源革

命战略方针，坚持"市场主导、政府监管、依法治理"的总体思路，通过全面深化改革，转变政府对煤炭的管理方式。

市场主导：即煤炭的勘探、开采、运输和下游销售环节全部放开，其中：在勘探方面，要建立探矿权的二级市场转让机制；开采、运输和下游销售环节则由市场完全主导定价。要充分发挥市场在煤炭资源配置、煤炭价格形成中的决定性作用。

政府监管：即要充分发挥对政府煤炭行业的监管职能，通过优化重组，形成分工明确、管理职能清晰的煤炭行业管理监督机构。

依法治理：即要完善以《煤炭法》为主体的各项法律法规体系，加强对煤炭行业的依法管理；同时要通过"权力清单""负面清单""责任清单"的制定，界定政府和市场的边界，做到"法无授权不可为""法定责任必须为"。

专栏　　　　用五大理念引领煤炭行业转型发展

《中共中央关于制定国民经济和社会发展第十三个五年规划的建议》提出的创新、协调、绿色、开放、共享五大发展理念，对目前陷入困境的煤炭行业来说意义深远，为其下一步改革和发展指明了方向。

创新发展理念。创新是未来引领煤炭行业发展的第一动力，必须把创新摆在煤炭行业发展全局的核心位置，坚定不移实施创新驱动发展战略。具体而言，要不断创新煤田地质理论、煤炭科学开发理论、煤炭综合利用理论、煤炭市场经济理论等；要不断创新煤炭管理体制与监管体制，健全使市场在资源配置中起决定性作用和更好发挥政府作用的制度体系；要不断创新煤炭清洁高效开发利用技术支撑体系，持续加大研发投入力度，引导企业进行技术创新，依靠科技进步推动产业转型升级；要不断创新"互联网+煤炭"模式，深入推进煤炭产品、业态、市场创新，尤其通过业务链和供应链优化设计，推进煤炭精益供应；要不断创新煤炭发展新空间，积极推进国际产能合作和经略全球资源战略；还要不断创新煤炭文化宣传方式，加强煤炭文化研究，使公众摆脱煤炭"脏乱差"形象。

协调发展理念。正确处理煤炭行业发展中若干重大关系，确保各项工作协调开展。具体而言，一要积极总结综改试点经验，建立健全促进资源型经济转型的制度环境，推动煤炭产业转型升级和协调可持续发展。二要加快煤炭资源税费制度改革，推动资源收益向资源所在地适度倾斜，促进煤炭开发与地方经济社会协调发展。三要建立煤炭、电力、冶金、建材、化工、运输等行业多部门间联席制度和协同管理机制，加快完善有利于煤炭科学开发利用的资源管理、产业规划、政策标准、技术装备支撑等体系建设，促进煤炭与相关行业协调发展。四是要加快电力和油气市场化改革，同时建立健全煤炭全成本核算制度，推动形成反映资源稀缺程度、市场供求关系、各能源之间合理比价、生态环境保护的煤炭价格形成机制，促进行业协调可持续发展。五要处理好淘汰落后产能与保护基础产能关系，在对煤炭产业产能总量、结构、布局等进行系统分析和风险评估基础上，科学规划、分类指导，严格以安全、环境等外部性标准淘汰落后产能，同时加强对关系国计民生、有助于生态文明建设的优质煤炭基础产能的精准保护和日常化管理。六要结合国家生态文明体制改革和能源革命要求，加快体制机制政策创新，妥善处理多种矿产资源协调开发与环境协同保护难题（如鄂尔多斯盆地等）。

绿色发展理念。重点加快推进煤炭革命，深入实施煤炭清洁高效利用战略，实现煤炭绿色低碳循环发展。在煤炭供给方面，牢固树立生态环保红线意识，注重形成煤炭产品多元供应的局面，推动绿色高效开采和废弃物充分资源化利用，加大煤炭洗选力度，发展能够填补国内空白的绿色、高端煤炭加工、转化产业，如具有革命性的煤炭低温热解分级分质利用项目等；在煤炭消费方面，重点突出产业结构战略性调整，抑制不合理消费，实施总量控制和效率红线管控等，最大限度提高煤炭资源生产率；在煤炭技术方面，通过编制发展纲要、制定和完善标准、实施专项规划、健全综合评价体系等措施，切实推动洁净煤技术创新，还要注重信息技术、纳米材料科学、生物学和工业技术融合，大力推进煤炭资源替代、优化、虚拟化、再循环、浪费消除等技术创新；在煤炭体制方面，健全煤炭资源资产产权制度和用途管制制度，厘清煤炭资源所有者与监管者、生产开发与生态保护、生态保护与环境治理等方面相互之间职责关系，同时，进一步厘清和完善监管职能，在强化环境、安全监管的同时,逐步弱化或取消煤炭投资监管职能，推动统一行使煤炭宏观管理职能。

开放发展理念。以"一带一路"建设为契机，加快实施煤炭行业对外开放战略，鼓励积极参与煤炭等资源全球治理与国际合作，增强我国资源综合竞争力和话语权。具体要加强走出去煤炭企业的系统风险防范，要求树立按国际规则办事、"打铁还需自身硬"、合作共赢的理念，建立健全支持煤炭企业走出去的金融、外汇、基金、保险等政策，加强对企业社会责任、资信资质规范、专业化信息平台建设等方面的指导和服务，强化煤炭行业协会的协调、咨询与服务功能，加快信息、资金、标准、知识产权、法律、税收、人才和物流等专业性中介机构发展，进一步提升我国参与全球煤炭等资源治理和经济治理能力。

共享发展理念。煤炭资源型经济是国民经济的重要组成部分,关系民生就业，关乎共享发展。为此，一方面应重点完善地方政府煤炭企业产能退出财政金融就业风险机制，系统防范煤炭价格持续低位甚至大跌所造成的资源型企业破产及由此引发的金融、就业等风险；同时，加强煤炭资源型产业经济运行预警系统建设，提升资源产业经济预警能力。另一方面，对于需要淘汰的产能、不具备发展前景的企业，要完善落后产能退出机制，通过规范的程序和便利的操作，促进弱势企业顺畅平稳退出市场、煤矿职工人员合理分流，避免风险累计。政策的重点在于两个方面：一是人员退休、培训、分流等安置措施所需的资金政策；二是企业产能提前退出的补偿政策。

（原载于《中国经济导报》2015年12月25日B06版，作者：李维明）

二、2030年我国煤炭行业体制革命的实现途径

（一）深化煤炭产业组织改革

深化煤炭产业组织改革，要继续推进煤炭企业兼并重组和资源整合，淘汰落后产能，推进煤炭企业政策性退出市场，进一步优化产能结构，提高产业集中度。

1. 优化产能结构

世界煤炭产业的发展潮流有两个特点。第一，世界煤炭工业实施战略性重组。澳大利亚、美国、加拿大及南非等国的煤炭企业逐渐重组为几家大型煤炭销售跨国公司，控制了世界 80% 的煤炭出口量。第二，煤炭生产趋向集中化、大型化。生产趋向集中化，带来世界主要产煤国家生产效率逐渐提高，生产成本逐渐降低，市场竞争能力逐渐增强，市场份额逐渐增大，导致煤炭企业大型化。

我国长期以来煤炭行业存在"多、小、散、乱"的局面，随之带来了资源浪费、生态环境破坏和安全事故频发等问题。煤炭产业高度分散的产业结构导致了煤炭企业的过度竞争和煤炭产业与相关产业的不公平竞争，严重影响了我国煤炭市场的正常秩序。分散的煤炭企业进入市场后，为争夺市场份额低价倾销、竞相赊销，为抢夺资源乱采滥挖，导致了煤炭市场的恶性竞争。

为了消除煤炭市场的恶性竞争，应进一步优化我国煤炭行业产业结构。加快培育和发展亿吨级大型煤炭骨干企业和企业集团，把大集团建设作为促进煤炭行业产业组织改革重要举措。通过组建跨地区、跨行业的大型煤炭企业集团，改变煤炭行业地方割据状态，提高煤炭产业集中度。

2. 进一步淘汰落后产能

在煤炭企业退出方面，除企业因资不抵债而进行的经济性破产以外，为深化煤炭产业组织改革，应进一步推进煤矿政策性关闭破产和小煤矿关闭退出。对因负担沉重、长期亏损、资不抵债而进行破产清算及因资源枯竭、煤炭生产无以为继的国有煤炭企业实施国有煤炭企业政策性关闭；对受地质和煤炭资源赋存条件所限的西南、华中等地的中小煤矿，要落实小煤矿关闭退出政策。

小煤矿退出除依法强制性关闭外，更多地要探索通过整合小煤矿来实现减少市场主体。未来30年乃至50年，现有煤矿都面临因资源枯竭而关闭问题，需要建立系统化、常态化与市场化的退出制度，实现所有煤矿在资源枯竭时顺利退出煤炭生产领域转产发展和转移发展，主要包括以下两个方面。一是实现煤矿关闭政策的常态化。由政策性关闭转向正常关闭，需要制度创新，适时出台资枯竭煤矿关闭条例，规范煤矿退出行为。衰老报废煤矿的关闭与经营不善企业的破产是两个不同的概念，煤矿关闭应得到政府的援助。二是政府应制定资源枯竭煤矿关闭制度，明确煤矿从业人员再就业的保障措施，实现从业人员的顺利退出。同时，中央及地方财政应建立煤矿关闭专项基金，将资金来源制度化、常规化。各省可根据矿产资源发展规划，利用基金对资源枯竭煤矿的转产人员安置和矿业企业所在城市新项目的开发进行统筹安排使用。

（二）深化煤炭市场化改革

1. 推进全国性煤炭交易市场体系建设

目前，国际煤炭贸易已经形成了包括长期协议、现货交易、期货交易和场外交易在内的多层次市场体系。亚太、欧洲和北美三个区域市场都有各自煤炭价格指数体系以体现市场影响力，而目前实际影响力的煤炭期货市场只有美国纽约商业交易所（NYMEX）和英国伦敦洲际交易所（ICE）两家。

我国作为全球最大的煤炭生产和消费国家，应构建以全国煤炭交易中心为主体，以区域煤炭市场为补充，现货交易、期货交易和场外交易的多层次、全方位的市场体系，并且在全球煤炭市场和价格体系中起主导作用。在全国煤炭交易市场体系中，生产企业、流通企业、消费企业及铁路运力配置遵循就近集中交易原则，跨区域交易或跨省交易通过全国煤炭交易中心。煤炭生产企业、煤炭消费企业、煤炭贸易加工企业都进入交易中心挂牌交易，形成公开、公正、公平的市场机制，使煤炭产业链上所有企业都遵循市场规则。

煤炭市场交易体系的建设与完善是市场化改革的关键，政府在市场体系建设方面要制定统一的规划与明确的时间表。把全国性煤炭交易市场建设作为重点来抓，并加强全国性市场与区域性、地方性之间，与国际市场之间的兼容与联通，更多的利用信息化手段监管煤炭市场体系建设，以弥补市场不足。同时还要加强煤炭产、运、销的各环节的环境监管，弥补市场失灵，为煤炭市场化改革保驾护航。真正转变政府对煤炭能源的监管方式，加快形成权责明确、公正公平、法治保障的市场监管格局。

2. 进一步完善煤炭价格机制

目前从我国煤炭市场发展的整体情况来看，煤炭价格的市场化步伐不断加快，市场化程度不断提高，但价格形成机制仍然不尽合理，表现为价格还不能完全反映煤炭资源稀缺程度、对环境的影响程度和市场供需关系。究其原因是煤炭价格中含有不合理成本存在，这些不合理成本的存在扰乱了煤炭销售秩序，提升了煤价，应该剔除。为此，应进一步完善煤炭成本核算制度，建立切合实际的煤炭企业专项资金提取和使用制度，制定科学合理的煤炭成本确认和摊销制度，使煤炭成本核算更加规范化、合理化；同时通过公平、合理的顶层税费制度安排和设计，合理确定煤炭税费总体负担水平，减少税费重复交叉，取消不合理收费。

（三）完善法律体系，依法管理煤炭行业

市场经济是法治经济，我国煤炭工业的健康发展需要国家法律法规的规范和引导。同时，健全完善煤炭法规政策体系，也是保障煤矿安全和矿工合法权益的必然要求。在2013年6月29日第十二届全国人民代表大会常务委员会第三次会议中，通过了对《中华人民共和国煤炭法》建立以来的第二次修订。此次修订《煤炭法》取消执行了17年之久的双证，简化了各种审批手段，减少重复监管，利好煤企发展，有助于促进煤炭行业的市场化进程。

但是修改后的《煤炭法》依然有不合理，或者说是不够细化的地方，因此，今后一段时期内，应逐步建立以《煤炭法》为核心，以煤炭行政法规为主体，煤炭部门规章和地方性法规为支撑的涉及煤炭资源管理和开发建设全过程的煤炭法律体系。比如在煤炭规划和资源管理方面，加强对煤炭资源的规划管理，健全和完善规划管理制度，制定《煤炭资源矿业权管理办法》《煤炭规划实施办法》，进一步完善规划的编制实施主体、审批程序、实施效力、监督责任，强化规划约束指导和煤炭资源矿业权管理；在煤炭建设生产类立法方面，修订《煤炭工程建设监理单位资质管理办法》制定《煤炭项目建设管理办法》等规章，完善煤炭建设项目招投标、项目评价、设计审查、项目核准等管理制度，加强煤炭建设项目资质管理，规范煤炭建设工程市场秩序；在煤矿安全和矿工权益保护类立法方面，重点制定或修订《煤矿瓦斯治理规定》《煤层气开发利用补贴实施办法》等规章，健全煤炭安全管理制度，大力推进煤层气开发利用；制定《煤矿井下人员特殊保护条例》《煤矿职业危害防治管理办法》等法规和规章，依法保障煤炭从业人员的合法权益；在煤矿资源与环境保护方面，主要制定《煤矿矿区环境保护条例》《煤矿矿区环境保护实施办法》《煤矿资源综合利用管理办法》

等规章。健全和完善我国煤炭法体系，必须充分考虑与《矿产资源法》修订《矿山安全法》修订以及其他相关法律（《安全生产法》《环境保护法》《劳动法》《职业病防治法》《固体废物污染环境保护法》）法规、规章的协调和衔接，防止出现立法规定之间的冲突，造成法律实施中的矛盾和困难。

健全完善以《煤炭法》为龙头的我国煤炭法律体系，要注意填补立法空白和内容缺漏，消除不同立法规定之间的矛盾和冲突，增强规定条款的可操作性；进一步科学界定中央和地方政府以及煤炭企业在管理体制中的责权利益关系，理顺政府、市场、企业与公众四者之间的关系，将有关主体的关系格局法律化、制度化、使煤炭管理体制和工作机制运转高效、协调。

在完善法律体系的同时，政府各部门还要依法管理，要用"三张清单"界定政府与市场边界：通过"权力清单"把政府职能列出来，凡是清单中有的政府可以干，清单上没有的政府就不能干，限制政府的乱作为，做到"法无授权不可为"；通过"负面清单"明确哪些方面不可为，民营资本只要不触及这些底线即可进入煤炭行业，做到"法无明文禁止即可为"；通过"责任清单"把责任明确细化到政府每一个行为主体，把政府责任贯穿煤炭市场运行全过程，实现"法定责任必须为"。

（四）健全煤炭管理监督机制

1. 优化煤炭监管机构

由于目前煤炭管理机构设立过多，管理职权分解到多个业务管理部门，缺少煤炭行业主管部门和对政策的统一规划管理，致使管理中产生了管理机构职能交叉、管理部门间职能边界界定不清等问题。

为此应重新梳理现行的煤炭管理部门，健全煤炭管理监督机构，通过优化组建国家能源部、煤炭工业局、国家安全生产监督管理总局等机构，形成分工明确、管理职能清晰的煤炭行业管理监督机构。

国家能源部：属国务院组成部门，下设煤炭工业局、石油能源工业局和电力能源工业局。负责研究拟定国家发展战略，审议能源安全和能源发展中的重大问题，研究决定能源总体方向；协调煤炭、石油、天然气、电力、核电等能源的相互关系；负责拟定并组织实施能源发展规划，能源产业政策和标准，发展新能源，促进能源节约。

煤炭工业局：作为煤炭产业和行业的主管部门，并置于国家能源部的领导之下。新的煤炭工业局是在市场化的基础上进行的改革，它强调行业自律和企业的微观主体地位，突出宏观调控和公共职务，不直接干涉企业的行为。煤炭工业局可将原来由发改委、安全生产监督管理总局、煤监局等有关煤炭管理的职能进行合并或调整，划归煤炭工业局。煤炭工业局主要负责煤炭资源优化配置协调、市场准入制度安排与审批、煤炭资源合理开发利用、指导企业安全生产、政策研究实施与检查等工作。

国家安全生产监督管理总局：主要负责对煤矿安全的监察工作。

2. 深化行政审批管理改革

对目前我国现有煤炭管理部门的职能重叠要进行深化改革，首先精简审批事项。依法依规对现有涉煤行政审批事项进行全面清理。能取消的坚决取消，该下放的一律下放。大幅减少政府对企业的直接管理，将投资决策的指导职能还给企业，真正落实企业资产运营的自主权和风险自担责任。其次要优化审批流程。坚持效率优先、权责统一，一个行政审批事项只对口一个行政部门。承担行政审批的职能部门要牵头组织相关部门及内部各机构实行联合办公、并联审批。积极推进技术审查与行政审批相分离改革，合并有关专篇审批和专项验收，做到既不降低标准，又能减轻企业负担。

三、2030 年我国煤炭行业体制革命的路线图

通过调整优化煤炭市场格局，推进建设全国性煤炭交易市场，还原煤炭真实价值，形成发现煤炭价格的市场机制，完善法制体系建设，健全煤炭管理监督机构，到 2030 年形成市场作用有效、政府监管有力、权责边界清晰、法律体系完备的煤炭行业体制格局。具体推进路线如图 1 所示。

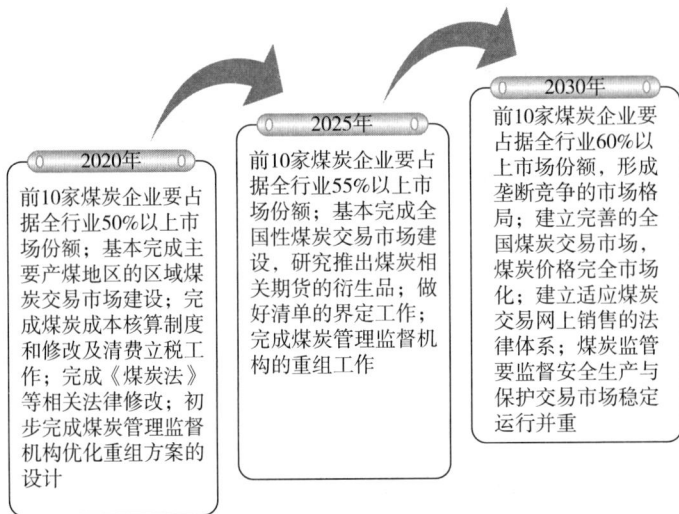

2020年
前10家煤炭企业要占据全行业50%以上市场份额；基本完成主要产煤地区的区域煤炭交易市场建设；完成煤炭成本核算制度和修改及清费立税工作；完成《煤炭法》等相关法律修改；初步完成煤炭管理监督机构优化重组方案的设计

2025年
前10家煤炭企业要占据全行业55%以上市场份额；基本完成全国性煤炭交易市场建设，研究推出煤炭相关期货的衍生品；做好清单的界定工作；完成煤炭管理监督机构的重组工作

2030年
前10家煤炭企业要占据全行业60%以上市场份额，形成垄断竞争的市场格局；建立完善的全国煤炭交易市场，煤炭价格完全市场化；建立适应煤炭交易网上销售的法律体系；煤炭监管要监督安全生产与保护交易市场稳定运行并重

图1　我国煤炭行业体制革命路线图

到 2020 年，在市场结构方面，前 10 家煤炭企业要占据全行业 50% 以上的市场份额；在煤炭交易市场体系建设方面，要基本完成主要产煤区的区域煤炭交易市场的建设，为建设全国性煤炭交易市场奠定基础；在煤炭价格方面，要完成煤炭成本核算制度的修改及清费立税工作，还原煤炭的真实价值；在法律体系方面，要完成《煤炭法》

等相关法律条文的修改工作，进一步放开煤炭市场；在煤炭管理监督机构方面，要初步完成煤炭管理监督机构优化重组方案的设计。

到 2025 年，在市场结构方面，前 10 家煤炭企业占据全行业 55% 以上的市场份额；在煤炭交易市场体系建设方面，要基本完成全国性煤炭交易市场的建设工作，要研究推出煤炭相关期货的衍生品，进一步完善煤炭期货市场的建设工作；在煤炭价格方面，要基本实现市场的价格发现功能；在法律体系方面，在有法可依的基础上，做好权力、负面、责任三张清单的界定工作，依法管理；在煤炭管理监督机构方面，要完成煤炭管理监督机构的优化重组工作，形成分工明确、管理职能清晰的煤炭行业管理监督机构。

到 2030 年，在市场结构方面，前 10 家煤炭企业占据全行业 60% 以上的市场份额，最终我国煤炭市场将形成垄断竞争的市场格局；在煤炭市场化方面，要建立完善的全国性煤炭交易市场，实现全国大部分煤炭由交易市场集中竞价销售，煤炭价格完全市场化；在法律体系方面，要建立适应煤炭交易网上大宗销售的法律体系，为煤炭交易市场的稳定运行保驾护航；在煤炭管理监督机构方面，要从主抓煤炭的安全生产转变为安全生产与保护交易市场的公平、公开、稳定运行并重上来。

（作者：任世华、李维明）

开放合作篇

我国煤炭企业在"一带一路"的投资环境评价

　　能源领域是"一带一路"重点合作领域之一。运用构建的煤炭企业海外投资环境评价体系对"一带一路"沿线的主要煤炭国家进行投资环境评价，得出适合"走出去"的主要国家以及各国所处的投资环境水平，为我国煤炭企业在投资时的国别选择提供决策参考。

　　"一带一路"沿线国家和地区能源丰富，是我国能源进口的重要来源、重要通道，也是中国能源生产和利用技术合作的重要对象。我国作为世界煤炭大国，在"一带一路"框架下，积极推动煤炭产业利用技术、劳动力、资金参与"一带一路"沿线国家煤炭资源的开发利用，对煤炭企业转型升级、沿线国家煤炭工业以及经济的发展至关重要，将是"一带一路"倡议的重要内容。

一、"一带一路"沿线地区煤炭投资环境概况

"一带一路"地区是世界上最具潜力的经济带。它贯穿亚欧非大陆,一头是活跃的东亚经济圈,一头是发达的欧洲经济圈。据初步估算,沿线 65 个国家共覆盖人口约 46 亿,超过世界人口总量的 60%;GDP 总量达 20 万亿美元,约占全球经济总量的三分之一。根据世界银行的发展水平划分,沿线国家中高收入国家有 19 个,主要集中在欧洲国家,中高等和中低等收入国家 43 个,其余 3 个为低收入国家。

"一带一路"地区具有丰富的矿产资源。"丝绸之路经济带"涉及的中亚、西亚及北非、俄罗斯及东欧地区,以及"海上丝绸之路"涉及的东南亚、南亚地区,均处于世界重要成矿带上,成矿条件优越,矿产资源种类全,勘查开发程度低、潜力大,与我国合作互补性非常强。其中,沿线地区煤炭资源储量约占全世界的 40%,主要煤炭国家包括俄罗斯、印度、哈萨克斯坦、印度尼西亚等。从煤炭工业发展情况来看,由于主要煤炭国家基本都属于发展中国家,经济发展水平有限,煤炭工业的现代化水平亦十分有限。

沿线国家的种族、民族多样性,构成了"一带一路"地区丰富的社会文化。"一带一路"地区横跨 3 大洲,涉及的国家、民族和种族较多,且沿线国家多是宗教聚集区域,衍生出丰富多彩的宗教文化和社会风俗。

根据"一带一路"沿线国家的煤炭储量、生产量和消费量等条件,选择投资可能性较大的俄罗斯、印度、乌克兰、哈萨克斯坦、印度尼西亚、蒙古国、土耳其、波兰等 8 个目标国家进行煤炭投资环境评价研究。

二、目标国家煤炭投资环境评价方法

按照课题构建的我国煤炭企业海外投资环境指标体系，采用多指标综合评价方法中的加法合成法计算和评价目标国家煤炭投资环境的综合指数。在搜集评价指标体系中各指标的具体数值，并对其进行整理和统一口径的基础上，进行数据标准化处理、综合评价值计算和投资优先级划分。

（一）数据标准化处理

数据标准化处理是对选定的指标进行指标同向性和无量纲处理，得出各指标的评价值。本报告对三类不同性质的指标分别进行处理。

1. 定性指标

根据我国煤炭企业海外投资环境指标体系，定性指标共有11项，主要反映目标投资国家相关的政策、产业发展情况及当地的风土人情。在专家广泛研讨的基础上，形成了各项指标量化的标准，见表1。

表1　　　　煤炭企业海外投资环境评价定性指标量化标准

评价指标	评价描述	评价得分
定性指标 （专家打分）	鼓励投资的因素	5分
	不是阻碍投资的因素	4分
	是较轻的阻碍投资的因素	3分
	是较强的阻碍投资的因素	2分
	因为此因素不会在该区域投资	1分

2. 定量指标

根据我国煤炭企业海外投资环境指标体系，定量指标共有24项，主要反映目标投资国家的煤炭资源情况，以及宏观层面的政治、经济情况。定量指标数据来源均选取国际知名研究机构发布的公开数据，主要包括《国际竞争力指数 2015》《BP 世界能源数据回顾 2016》《世界发展指标 2015》等。由于数值大小不一，同样需要标准化处理。本报告根据数值在各国所处的水平进行标准化处理，具体处理标准见表2。

表2　　　煤炭企业海外投资环境评价定量指标标准化处理

指标分值所处数据库区间	指标得分
前10%	5分
10%~30%	4分
30%~60%	3分
60%~80%	2分
80%以后	1分

3.定性与定量结合指标

根据我国煤炭企业海外投资环境指标体系，定性与定量相指标有"其他能源产品对煤炭的替代压力""燃煤发电发展水平"两项，虽然有定量数据，但不能根据数值直接确定指标的优劣。本报告采用专家打分的方法进行量化和标准化，评分标准见表3。

表3　　煤炭企业海外投资环境评价定性与定量相结合指标标准化处理

指标名称	指标说明	参考标准
其他能源产品对煤炭的替代压力	其他能源产品的供应量和消费量	5分：煤炭的供应量和消费量均占一次能源供应和消费的80%以上
燃煤发电发展水平	燃煤发电占总发电量的比重	5分：燃煤发电占总发电量的80%以上

（二）综合评价值计算

在数据标准化处理得到各指标的标准评价值后，采用加权合成法计算综合评价值，主要计算公式如下。

$$I=\sum_{i=1}^{m}vi\times Ii$$

式中：I——综合评价值；Ii——指标 i 的标准评价值；ωi——指标 i 的权重。

以目标投资国家俄罗斯为例，经过数据标准化处理后的各项指标见表4，采用上述公式计算得出的综合评价值为3.8。

表4　　　　我国煤炭企业在俄罗斯的投资环境评价指标

一级指标	二级指标	三级指标	分值	权重
资源条件 （0.3）	资源数量/质量 （0.2）	煤炭可采储量	5.00	（0.1）
		煤炭储采比	5.00	（0.05）
		主要煤种煤质情况	4.60	（0.05）
	开采条件 （0.1）	主要矿井类型	4.20	（0.05）
		地质构造复杂程度	4.10	（0.05）
政治法律 环境 （0.25）	政治稳定性 （0.1）	公众对政府的信任程度	4.00	（0.01）
		法律体制解决争端的有效性	3.00	（0.05）
		恐怖主义导致的商业成本增加	2.00	（0.02）
		犯罪和暴力导致的商业成本增加	3.00	（0.02）
	国际关系 （0.05）	在国际事务中的影响力	5.00	（0.02）
		与中国的外交关系	5.00	（0.03）
	矿业相关 政策法律 （0.1）	外资进入矿业的限制程度	3.86	（0.03）
		反垄断法律的有效性	4.00	（0.01）
		税收政策对刺激矿业投资的有效性	4.05	（0.03）
		环保法律对矿业活动的限制程度	3.71	（0.03）
经济运行与 金融环境 （0.2）	经济水平 （0.1）	2015年GDP	5.00	（0.025）
		近两年经济增速	1.00	（0.025）
		人均GDP	4.00	（0.03）
		电力供应的质量	3.00	（0.03）
	基础设施 （0.05）	公路建设	1.00	（0.01）
		铁路建设	4.00	（0.02）
		港口建设	3.00	（0.02）
	金融服务 （0.05）	金融服务的有效性	4.00	（0.02）
		股权投资市场的融资可能性	3.00	（0.01）
		贷款渠道的畅通程度	3.00	（0.01）
		银行的稳定性	2.00	（0.01）

一级指标	二级指标	三级指标	分值	权重
产业环境 （0.2）	市场竞争强度 （0.07）	煤炭市场垄断程度	3.21	（0.035）
		其他能源产品对煤炭的替代压力	2.80	（0.035）
	劳动力市场 （0.08）	员工培训程度	3.00	（0.02）
		劳动力的可获得性	3.00	（0.03）
		劳动力薪酬水平	3.00	（0.03）
	下游产业 （0.04）	燃煤发电发展程度	4.10	（0.02）
		煤化工产业发展程度	3.36	（0.02）
社会文化 （0.05）	教育水平 （0.02）	教育系统质量	4.00	（0.01）
		高等教育入学率	4.00	（0.01）
	风俗习惯 （0.03）	与我国风俗习惯的差异性	3.57	（0.01）
		融入当地民俗的难易程度	3.64	（0.02）

（三）投资优先级划分

为了清晰给出不同目标投资国家的投资环境适宜程度，本报告在对重点国家各项指标详细测算的基础上，将目标投资国家煤炭投资环境划分为三级水平：优先投资环境（3.6～5）、次优投资环境（3～3.5）、潜力投资环境（2.5～2.9）、暂不建议投资环境（2.5以下），见表5。

表5　　目标投资国家煤炭投资环境优先级划分标准

投资环境水平	综合评价值
优先投资环境	3.6～5
次优投资环境	3.0～3.5
潜力投资环境	2.5～2.9
暂不建议投资环境	<2.5

三、目标国家煤炭投资环境评价主要结果及分析

（一）目标国家煤炭投资环境评价结果

根据上述建立的综合评价方法，主要目标国家煤炭投资综合评价值见表6。最终评价给出的"一带一路"主要目标投资国家煤炭投资环境水平见7。

表6　　"一带一路"主要目标投资国家煤炭投资环境综合评价值

国别	投资环境综合指数
俄罗斯	3.8
印度	3.7
乌克兰	2.3
哈萨克斯坦	3.3
印度尼西亚	3.4
蒙古国	2.9
土耳其	3.3
波兰	2.9

表7　　　"一带一路"主要目标投资国家煤炭投资优先级

投资环境水平	国家
优先投资环境	俄罗斯、印度
次优投资环境	哈萨克斯坦、印度尼西亚、土耳其
潜力投资环境	蒙古国、波兰
暂不建议投资环境	乌克兰

（二）结果分析

1. 优先投资国家

本次研究评价的8个国家中，俄罗斯和印度的投资环境属于优先投资级别。俄罗斯和印度在资源、政治、经济等方面的整体环境相对较好，我国煤炭企业可优先选择在这两个国家开展煤炭及相关产业的投资。

2. 次优投资国家

哈萨克斯坦、印度尼西亚和土耳其的投资环境整体略差于俄罗斯和印度，属于次级投资级别。这三个国家经济发展速度较快，且煤炭是其经济发展的支柱能源，未来煤炭的开发空间较好。但从评分上来看，哈萨克斯坦在基础设施、金融服务环境中得分较低；印度尼西亚煤质较差，且缺乏有效的税收政策刺激；土耳其在煤炭资源量、劳动力可获得性的指标方面得分较低，需要引起投资者的注意。

3. 潜力投资国家

蒙古国和波兰属于具有投资潜力的国家，但目前环境还不十分成熟。蒙古的经济发展水平相对较低、基础设施较差，且部分政策尚不完善，政策法律上缺乏连贯性。波兰的经济发展程度相对较高，但是其在环保方面限制较为严格，并且近两年波兰政府大力发展核能、页岩气，对煤炭资源的替代压力较大。

4. 暂不建议投资国家

乌克兰综合评价指数低于 1.5 分，目前暂不建议在该国开展投资活动。当前在国际金融组织和西方国家的帮助下，乌克兰的债务和金融市场逐步稳定下来，并开始按照西方标准进行全面的政治、经济、社会体系改革，可持续关注后续煤炭投资环境的改善。

四、"一带一路"煤炭投资政策建议

（一）加强政府的战略引导作用，推动煤炭企业有序"走出去"

我国矿产资源型企业开发海外资源是大势所趋，石油、天然气行业都已纷纷布局"一带一路"地区,而煤炭行业由于"走出去"时间较晚、尚处于起步阶段,还需要政府加强战略引导。政府通过整合有效政策资源、行政权力资源、外交关系资源等核心资源,形成独特的大国综合优势,充分激发企业"走出去"的内在潜能;统筹规划煤炭企业在"一带一路"的战略体系,按照整体布局、趋利避害、先易后难的原则有序"走出去";鼓励和引导煤炭与下游产业联"走出去",扩大自身优势。研究出台政策,设立海外基金,统筹包括煤炭在内的境外资源勘查开发,指导境外风险勘查、境外融资参股、矿产品交易。

(二)建立专业化信息平台,加强对企业的信息服务

信息不对称几乎是所有企业在"走出去"过程中面临的共同难题。为支持服务企业,我国相关政府部门发布了一些投资信息,如商务部发布了多个国家和地区的对外投资指南,外交部发布了各国的国家概况。但是,这些信息较为分散,且缺乏专业专对性,企业的实用性不强。因此,建议由政府主导建立煤炭行业统一的专业化信息平台,开展充分的调研,并在平台上共享全部宏观信息和国别信息,以及针对煤炭的产业环境和具体投资机会信息等。

(三)提供更加完善的税收政策和服务

我国现行的有关企业"走出去"的税收政策相对滞后,主要是税收法律体系不健全、优惠形式较为单一、税收抵免规定不甚合理等。为鼓励企业"走出去",未来我国应建立间接优惠为主、多种优惠手段协调运作的优惠体系,同时,根据我国与其他国家签订的避免双重征税协定,切实完善落实税收减让的相关规定,减轻企业负担。

（四）加快向全球煤炭资源治理体系的贡献者和引领者转变

积极加入已有治理机制，支持国内大企业进入矿产资源领域各类国际行业组织并担任领导职务。强调绿色发展、突出人类命运共同体，择机发起"一带一路"煤炭主题平台，创新性地提出煤炭资源全球治理的中国理论、中国方案。积极鼓励本国洁净煤技术研发并推动尽快实现全面处于世界前列。积极鼓励相关企业及机构走出国门，以自己的先进技术为世界范围内煤炭产业链的节能减排做出贡献。

参考文献

[1] "中国煤炭工业'走出去'战略研究"课题组.中国煤炭工业"走出去"战略研究[R]，2012:182-188，250-276.

[2] "国外煤炭资源开发战略研究"调研工作组.国外煤炭资源开发战略研究专题调研报告[R]，2013:230-240.

[3] 陈茜.我国煤炭企业海外投资环境评价研究[J].煤炭经济研究，2016，36（5）：15-19.

（原载于《煤炭经济研究》2016年第6期，已做进一步修改，作者：任世华、李维明、陈茜）

关于我国煤炭企业实施"走出去"战略的建议

　　我国煤炭企业在应对国内外竞争压力的同时，也面临着"两个市场、两种资源"的发展机遇。近年来，为提高国际竞争力和实现自身可持续发展，我国一些优势煤炭企业开始"走出去"，探索大型煤炭企业集团的国际化发展之路，并取得了一定成效，为保障国家能源安全做出了贡献。与此同时，煤炭企业"走出去"过程中也面临诸多挑战，突出表现在企业自身能力不足、国家支持不够、行业协调不力、中介机构服务不适、对目标国环境了解不够等方面。为此建议：煤炭企业应加强自身能力建设，练好"走出去"内功；政府应完善对煤炭企业"走出去"的指导和服务，建立健全支持煤炭企业"走出去"的政策体系；强化煤炭工业协会的协调与服务；加快专业性中介机构发展。

　　党的十八大大报告明确提出要"全面提高开放型经济水平"，"加快'走出去'步伐，增强企业国际化经营能力，培育一批世界水平的跨国公司"。我国煤炭企业实施"走出去"战略，是新时期我国充分利用国内外"两个市场、两种资源"的必然要求，对保障我国能源安全供应，推进国家对外开放战略实施，促进我国煤炭工业转型升级和可持续发展，以及提升我国煤炭企业风险承载能力和国际竞争力等方面有着重要意义。

一、中国煤炭企业"走出去"战略及其必要性

中国煤炭企业"走出去"战略，指的是中国煤炭企业走出国门，充分利用国内外"两个市场、两种资源"，通过对外直接投资、工程承包、劳务合作等形式积极参与国际竞争，并以此增强中国煤炭安全保障能力、煤炭工业可持续发展能力和煤炭企业国际竞争力的战略行为。

从全球来看，世界煤炭工业尤其大型煤炭企业的经营模式日趋国际化，并在一些主要产煤国形成了一批具有国际竞争力的大型矿业集团，如印度煤炭公司（印度）、皮博迪能源集团和阿齐煤炭公司（美国）、必和必拓集团（英国—澳大利亚）、RWE 矿业公司（德国）、斯特拉塔集团（英国—瑞士）、西伯利亚煤炭公司和库兹巴斯煤炭公司（俄罗斯）等。据 IEA《Coal Information 2012》，全球前 10 大煤炭公司均实现了跨国经营，其中 6 大公司的业务地域涵盖各大洲，3 家公司的海外经营盈利能力超过了本土。尽管煤炭生产规模很大，但煤炭收入占企业总收入的比重并不高（仅为 30% 左右），大部分跨国煤炭公司都形成了产业链，从事深加工和多元化经营。

从国内来看，"贫油少气、相对多煤"的能源禀赋特征和重化工业规模迅速扩大的经济发展阶段特点，决定了我国以煤为主的能源消费结构短时间内难以改变。我国煤炭资源及煤炭生产主要具有如下特征。

（一）煤炭储采比低

我国煤炭资源相对丰富，但开采强度明显过大，按照当前的开采水平，我国煤炭储量可供开采年限远低于世界平均水平。据《BP世界能源统计年鉴》（2013年），世界煤炭储采比为112年，最高的是俄罗斯，储采比达到443年，美国257年，而我国仅31年[①]。煤炭作为中国的基础能源，长期、高强度的开发势必对中国能源稳定供应造成影响。

（二）优质资源不足

据煤炭工业规划设计研究院数据，我国低变质、中低变质煤种所占比重较大，除褐煤占已发现资源的12.8%以外，在硬煤（烟煤和无烟煤）中，低变质烟煤所占的比例为总量的41.6%；中变质烟煤只占27.6%，而且大多数为气煤，占烟煤的46.9%。肥煤、焦煤和瘦煤等主要炼焦配煤少，分别占烟煤的13.6%、24.3%和15.1%，优质炼焦用煤则更加短缺。

（三）地质条件复杂

据《煤矿安全生产"十二五"规划》，我国煤矿约91%是井工矿，在世界主要产煤国家中开采条件最复杂；煤矿平均采深近500米，且每年以20米以上的速度增加，开采难度日益加大。据最新一轮的全国煤田预测结果，我国 –2000 米以浅的煤炭资源总量为5.57万亿吨，其中埋深在 –1000 米以下的为2.95万亿吨，占到煤炭资源总量

---

① 这里储采比指的是探明储量与年产量的比值，其反映的是探明储量按当前生产水平尚可开采年数。尽管目前国内外对于储采比这一概念的理解不尽相同，国内许多专家学者对于31年这一数字也持保留意见，但仍可在一定程度上反映出我国煤炭资源探明储量的不足与巨大的煤炭开采强度。

的 53%。

（四）矿井灾害问题严重

矿井瓦斯含量高，中国煤矿基本都是瓦斯涌出矿井、全国煤矿年瓦斯涌出量达 100 亿立方米以上；水害威胁频繁，大中型煤矿水文地质条件属于复杂和极复杂类型的占 25%、约 500 多个工作面受水害威胁；冲击地压严重，冲压过高导致顶板事故频发、事故数在煤矿事故总量中占比最大。水、火、冲击地压等灾害的日趋严重，使得我国煤矿安全生产面临严峻的形势①。

（五）开采过程生态环境破坏严重

据统计②，全国每年因采煤破坏排放地下水约 60 亿立方米 / 年，仅 25% 得到利用，水资源浪费和污染问题严重；全国煤矿开采累计产生煤矸石已超过 60 亿吨，占地 7 万公顷以上；采煤造成地表塌陷超过 40 万公顷，且每年因采煤破坏的土地以 3 万～4 万公顷的速度递增，形势相当严峻。

从长期来看，我国煤炭资源的科学开发和利用，必须要充分考虑国内国外"两种市场、两种资源"，积极鼓励和支持煤炭企业"走出去"。煤炭企业实施"走出去"战略，有助于提高我国煤炭资源的安全保障程度，巩固国家能源安全体系；有助于实现人才、技术和专业经验共享，提升我国煤炭企业的风险承载能力和国际竞争力；有助于通过充分利用国家巨额外汇储备购买能源资源，实现平衡国际收支、

---

① 国家安全监管总局、国家煤矿安监局：《关于印发煤矿安全生产"十二五"规划的通知》（安监总煤装〔2011〕187号），2011年12月。

② 谢克昌："我国煤炭开发利用对生态环境的影响及对策"，载于人民网，2012年。

降低国内货币超发带来的通胀压力；有助于在全球范围内充分利用国外优质煤炭资源，同时减轻国内煤炭资源过度开发所造成的环境与安全压力，实现我国煤炭工业乃至整个国民经济的可持续发展。

综合考虑我国资源储量、能源结构、能源安全、生态环保等方面因素，我国煤炭企业实施"走出去"战略势在必行。

二、我国煤炭企业"走出去"的主要做法及取得的成效

20 世纪末，我国煤炭企业开始以工程承包和劳务输出等形式走出国门。进入 21 世纪，"走出去"领域日益拓展，主要涉及在国外投资兴建煤矿、设备出口、技术转让、资源勘探、工程承包与劳务输出等。目前，我国"走出去"煤炭企业海外控制煤炭资源总量近百亿吨，综采放顶煤和液压支护等核心技术以及部分煤机装备也开始批量出口主要产煤国家，不仅树立了国际良好形象，也提升了在国际能源界的影响力和知名度。

（一）投资开发海外煤矿

伴随着多年高强度的开采，我国煤炭资源日益减少，大多传统产煤省面临着资源枯竭等问题。我国煤炭企业为实现自身发展，于 2003 年开始在境外投资开发煤矿。最早在境外投资成功建矿的煤炭企业是兖矿集团，2004 年该集团全资收购曾九易其主、最后被迫关闭的澳大利亚澳思达煤矿，凭借其先进的煤炭开采技术和不断创新的管理理念，使该矿在 2008 年度盈利高达 1 亿澳元，并于 2009 年收回全部投资，连续 5 年评为新威尔士州安全状况最好的煤矿。随后神华集团、中煤集团、开滦集团等也陆续在境外投资煤矿。2009 年 12 月，开滦股份

公司全资子公司—— 加拿大中和投资有限责任公司注册成立。2010年8月，开滦股份公司与河北钢铁集团、加拿大德华国际矿业集团公司签署合作协议，共同开发加拿大布尔默斯煤田。2011年3月，神华集团在印度尼西亚建设的年产150万吨的露天煤矿开始投产。2012年，兖煤澳洲公司产煤量2378万吨，煤炭主要销往国外，成为中国最大海外煤炭企业。目前公司已拥有澳思达煤矿、艾诗顿煤矿、坎贝唐斯煤矿、莫拉本煤矿、普力马煤矿和雅若碧煤矿等生产矿井，持有哈利布兰特、雅典娜和维尔皮娜等勘探项目，以及纽卡斯尔港煤炭基础设施集团（NCIG）的部分股权和超洁净煤技术的专利资产。到2012年，兖矿集团境外煤炭资源总量达62.52亿吨，总产能4160万吨，成为我国国际化程度最高的能源企业之一。

（二）输出技术设备

我国煤炭及煤炭机械企业从引进国外装备与技术起步，坚持引进—消化—吸收—再创新的原则，以技术研发体系为依托，通过产学研相结合，开展关键技术攻关，加大研发力度，形成了一批具有自主知识产权、对煤炭产业进步有重要影响的核心技术和装备，从而具备了输出技术和装备的实力。兖矿集团、中煤能源集团和郑煤机集团在这方面业绩较为突出。如兖矿集团向英美资源公司、德国鲁尔工业集团DBT公司等输出的综采放顶煤技术和两柱式综采放顶煤液压支架技术，已经位于国际领先水平；中煤集团装备公司不仅向俄罗斯、土耳其、印度、澳大利亚、越南、美国等市场出口成套设备，还在国际煤机市场创立了CME品牌；郑煤机集团生产的液压支架曾创造出总产量世界第一、工作阻力和最大支护高度世界第一、市场占有率中国第一等多项辉煌成绩，由于性价比较高、使用情况良好，产品一直稳销俄罗斯市场，并在印度、土耳其等国市场得以发展，特别是高端综采液压支架的技术优势使其在国际市场颇具竞争力。

（三）资源勘探国际合作

改革开放以来，中国煤炭企业在国际煤炭资源勘探市场上不断取得新的成果，资源勘探也成为中国煤炭企业"走出去"的重要方式。澳大利亚哥伦布拉勘探许可区勘探项目是中煤集团首个境外资源开发项目，是其全资子公司中国煤炭进出口公司与澳大利亚都市煤炭公司（MetroCoal Ltd.）采用非公司制契约式合作方式（UJV）共同勘探开发的煤炭资源类项目，截至 2011 年 11 月，共完成 36 个勘探钻孔，探明储量约为 1.297 吉吨。中国煤炭地质总局立足国内，积极实施"走出去"战略，开拓国际市场，先后在美国、俄罗斯、澳大利亚、巴西、日本、荷兰、印度尼西亚、蒙古国，以及非洲、中东等国家和地区，承担了大批资源勘探国际工程项目，赢得了良好的国际声誉；还凭借在煤炭资源勘探领域的先进技术以及从美国和意大利引进的钻机，成功进入澳大利亚煤炭资源勘查市场，并在澳大利亚申请设立公司，为进一步实施地质总局"走出去、引进来"战略、拓展国外市场起到了积极的推动作用。

（四）承包工程与输出劳务

20 世纪 90 年代初，部分中国煤炭企业面临产业结构单一、矿井衰老、资源枯竭、下岗工人无法安置的严峻形势，到国外承揽国际工程项目、带动富余劳动力就业成为当时煤炭企业的一个发展方向。中煤集团迄今承担了十余项国际工程施工，包括印度 Kulti 和 Sitarampur 两个煤矿项目，在越南和伊朗等国的 5 项工程施工合同额度高达 9000

多万美元。2004年5月，兖矿集团承包了委内瑞拉241.55公里的铁路建设项目，同时这段铁路上行驶的动车组也由兖矿国际贸易部选购并运抵委内瑞拉。这项中委两国领导人洽谈签订的项目，其政治意义远大于经济意义，使得兖矿在国际上拥有了更高的知名度。徐矿集团在1998年4月至2000年期间，派遣35人在印度东南煤炭公司牛空达矿和拉金达矿承揽达产运营，比合同约定提前30天完成任务，并创造了最高日产量记录，得到了印度方面的一致好评。2005年该集团与机械进出口集团有限公司组成联合体，承包孟加拉国巴拉普库利亚煤矿生产经营；2011年又与中煤组成联合体中标承包印度江基拉煤矿项目。印度尼西亚等国企业在了解到徐矿集团在孟巴承包生产取得的良好业绩后，主动与徐矿进行了承包生产、矿井管理等项目合作。

三、煤炭企业"走出去"面临的突出问题

尽管近年来，中国煤炭企业境外投资取得了一定的成果、积累了一定经验，但也面临诸多挑战。能否有效应对这些挑战，已成为"走出去"企业能否在国外持续经营并不断发展的关键。

（一）企业自身问题

一是战略定位和目标不清晰，使得企业境外开发投资不集中、资金分散，面临巨大风险。二是专业人才匮乏，尤其缺乏懂经营、会管理、懂技术、熟练掌握外语（以英语为主）的领军人物。三是对目标国法律及政策缺乏全面了解和深入研究，导致一些在国内不被重视的问题，在国外产生严重后果，甚至造成重大的经济和名誉损失。四是开发经营模式相对单一，境外获取资源主要采取资源收购、矿山买断方式，

煤机装备出口以液压支架单一产品为主，工程承包主要是基础设施建设和工作面达产，而很少借助资本运作来参与境外项目全过程开发和经营管理。

（二）国家支持不到位

一是审批手续烦琐。目前参与境外煤炭开发投资项目审批的政府部门层次较多，范围较广，环节较多。无论煤炭企业是境外现汇投资还是实物投资，都要报省级发展改革委、国资委、商务厅以及国家发展改革委、商务部、外汇局等部门的审批；如果是上市公司，还要报送证监会批准。审批部门过多，审批程序不规范、随意性较强，加上各部门把握的尺度不同，为煤炭企业进行项目申请带来许多阻碍。二是资金支持力度不够。目前我国煤炭企业融资方式单一，融资渠道不畅，用汇受到较为严格管制，给煤炭企业境外投资项目资金来源造成困难。三是信用担保难度大。目前国内银行在对拟议中的各类煤炭境外投资项目进行风险评估时，要求受保企业在担保行以现金或资产的方式作为抵押，增大了企业开拓市场的难度，降低了信用担保的意义，而且影响时间进度，容易贻误商机。

（三）政府与行业组织在企业"走出去"过程中协调力度不够

事实上，在我国实施国际化战略的大型煤炭企业多为国有控股公司，但由于政府与行业组织的协调力度不够，在国际竞争中一直处于各自分割、单兵独斗的状态，导致国外项目竞标时，国内企业互为竞争对手（甚至民营企业也参与其中），尽管各自都有优势，但为了能够得到项目建设权，往往竞相压价、恶性竞争，导致成本增加，不仅使企业在经济上蒙受巨大损失，还会扰乱国际市场竞争秩序，更对中国煤炭企业在国外的形象造成损害。为避免在国际市场上已经出现的恶性竞争事件的重演，避免在同一区域市场互相竞争、互相伤害，"统一协调、一致对外"机制的建立势在必行。

（四）专业性中介机构服务功能不完善

包括煤炭企业在内的中国企业，要"走出去"离不开各类专业化中介机构的支持与服务。与其他行业相比，我国煤炭企业"走出去"步伐相对迟缓，煤炭企业"走出去"过程中投资信息的获取、资金的筹集、海外上市与融入国际资本市场的需求以及知识产权、法律、税收、人才和物流等方面的后续服务，都迫切需要咨询、担保、猎头以及会计师、律师和税务师事务所等中介机构给予必要的支持和帮助。而目前我国本土中介机构服务功能尚不完善、能力有限，难以为煤炭企业"走出去"提供全面服务；对于收费高昂的国外中介服务机构的过分依赖，大大增加了成本，更加大了我国煤炭企业境外投资风险。

（五）目标国政治、环保、劳资关系等问题带来的挑战

一是原著民问题。如澳大利亚、加拿大等国原著民的领地意识极强，导致开发企业与之沟通工作进展缓慢，无形中延缓了项目进度，加大了项目成本。二是政局风险。如神华集团因 2011 年的蒙古国政治动荡蒙受了巨大的损失，江西萍乡集团也曾因主营业务多定位于经济相对落后、政局不太稳定的东南亚和非洲国家而陷入困境。三是环境保护及相关政策风险。矿产资源丰富的国家大多制定了严格的环境保护和监管政策，企业开发过程中如对植被、地表水和地下水系统、生物多样性等造成影响或者破坏，将面临巨额赔偿。四是劳工和设备标准问题。建井工程和生产开发所需煤矿工人，如从国内派遣，目标

国法律尚不允许；部分国家如加拿大等，矿建和采掘设备准入要求非常高，如采用中国设备，报批程序十分复杂，势必给企业增加无形成本。

四、支持煤炭企业"走出去"的对策建议

中国煤炭企业"走出去"是企业通过国际化战略发展壮大的迫切要求，也是国家开放战略的重要组成部分。为支持我国煤炭企业"走出去"，企业自身必须提高综合能力，同时国家也应该提供必要的指导和支持。

（一）加强煤炭企业自身能力建设，练好"走出去"和国际化经营的基本功

一要根据煤企自身实际，遵循市场化规律，制定好国际化发展战略，并确保其与国家宏观战略一致；同时合理布局，优化选择目标国及其资源项目，采取适用和有效的开发方式和策略[①]。二要全面分析企业"走出去"人才现状和发展需求，重点加强经营管理、专业技术和高技能的人才队伍建设，进而构建市场化、开放式和科学规范的煤炭企业"走出去"人才开发管理体系。三要积极主动建立"走出去"风险控制机构和各种风险防范机制，以应对煤炭企业"走出去"可能面临的政治、经济和资源等风险。四要进一步完善企业"走出去"信息化管理系统，实现与国家、行业协会和中介组织"走出去"信息平台的有效衔接，确保企业能够及时、准确掌握市场信息，在市场竞争

---

① 实施途径主要包括对外投资方式、依靠核心技术、利用资源勘探、采取工程承包和劳务合作、贸易方式、国家政策性贷款换取资源等方式，在策略上可以采取渐进式进入、多样化合作、属地化经营、借力发展、企业公关、文化融合等方式。

中获得优先行动权和形势导向权。

（二）建立健全支持煤炭企业"走出去"的政策体系

资源类企业"走出去"往往蕴含着巨大的风险，构建完善的企业"走出去"政策支撑体系，是国际上的通行做法。建议一要为企业境外煤炭资源投资积极提供政策性贷款和商业贷款优惠支持，并支持到海外勘探国内稀缺性煤种。二要适当放松对煤炭资源开发类企业的金融和外汇管制，支持国内商业银行建立为"走出去"企业提供全面服务的海外银行机构网络，并设计适应其需求的服务产品。三要建立国外矿产资源地质调查和风险勘查专项基金，用于对符合国家产业政策的境外勘探项目给予一定比例的补贴，基金来源可考虑从地质勘探事业和资源补偿费上缴中央政财部分中提取。四要通过充分发挥国家开发融资和担保机构作用，进一步拓展出口信用保险功能，适机建立海外投资保证基金及损失准备金等，进一步完善煤炭企业海外投资保险和保证制度。

（三）进一步完善政府对煤炭企业"走出去"的指导和服务

一要改革对煤炭企业"走出去"的管理体制，简化和规范海外投资的审批程序，统一审批标准，减少审批内容，缩短审批时间，提高透明度和审批效率。二要强化对煤炭企业"走出去"的指导和协调，通过规范对外投资、贸易企业的资信和资质，督促煤炭企业完善公司治理和投资决策机制，避免境外竞相压价等无序竞争行为发生，保护煤炭企业利益，维护国家形象。三要加强对"走出去"的信息服务，建议政府建立中国矿产（煤炭）企业"走出去"专业化信息平台，并不断更新完善境外投资指南和对外投资贸易国别产业指导目录，进而为煤炭企业"走出去"提供更为高效的信息服务支撑。

（四）强化煤炭工业协会的协调与服务

国外行业协会在企业全球化经营中往往发挥了有效协调和服务的作用，在矿产资源领域的对外投资也是如此。我国煤炭工业协会要强化协调和服务功能，助推中国煤炭企业"走出去"。建议一要加强协会行业自律和协调职能。进一步完善规则，通过定期调查，公布信息、约谈告诫等形式，协调企业海外投资，制止企业短期行为，促进中国煤炭企业在海外市场的相互支持、相互联合、互利共赢。二要为煤炭企业"走出去"提供及时的信息咨询服务。中国煤炭工业协会要致力于世界煤炭工业发展及最新进展、煤炭投资环境国别信息的调研工作，同时注重加强对外交流合作，重点提供目标国的地勘、技术人员、劳工、社会环境、矿业管理部门、矿业法律制度等方面信息。三要充分发挥协会作为政府和企业链接纽带的作用。在引导煤炭企业正确分析国内外政策及市场机会等方面增强专业力量，提高其代表整个行业向政府提出合理化建议的能力。此外，还要充分发挥协会的指导培训服务功能，着重针对煤企高层管理人员进行国际化经营管理相关知识和技能培训。

（五）加快专业性中介机构发展

抓住中国煤炭企业国际化重大机遇，大力发展专门服务于矿产企业"走出去"的专业性中介组织，尤其要加快建立在国际上具有一定声誉、高水平的包含金融、法律、会计、咨询等业务的市场中介机构，尽快做大做强，确保为包括煤炭企业在内的中国企业"走出去"提供优质服务。具体来讲，一要转变观念，提高认识，高度重视煤炭企业"走出去"过程中专业性中介机构在降低交易成本方面的作用。二要进一步理顺政府与中介组织关系，强化对中介机构服务煤炭企业"走出去"活动的引导，避免越俎代庖。三要加速建立熟悉国外相关法律、会计准则的律师、会计师、税务师等专业事务所，并鼓励发展相应的专业服务以及银行、保险等金融配套服务，为我国煤炭企业"走出去"提供全方位帮助。四要加强中介机构自身能力建设，重点发挥其在煤炭企业国际化过程中信息流、资金流、人才流、物流中的作用[①]，同时实施"跟随客户"战略，尝试与国外伙伴合作或在国外建立分支机构，进而在当地为煤炭企业提供更为直接的优质服务。

参考文献

[1] 丁德章，张皖明. 中国企业走出去战略. 北京：中国经济出版社，2008

[2] 刘文革. 中国煤炭行业海外发展战略研究. 中国煤炭，2010（7）

[3] 黄盛初. 中国煤炭企业"走出去"经验和建议. 中国煤炭，2011（5）

[4] 黄盛初，刘文革等. 中国煤炭企业国际化战略与海外煤炭投资方向分析. 中国煤炭，2013（1）

[5] BP Statistical Review of World Energy，July 2013.

[6] International Energy Agency，Coal Information 2007～2012.

（原载于《国务院发展研究中心调查研究报告》2013 年第 222 号 [总 4471 号]，作者：李维明、牛克洪）

---

① 具体包括：在信息流方面，以合理成本尽可能提供具有实用性、针对性、时效性的信息（涉及法律、财务、担保、知识产权鉴定和认证、国际商业和投资情报、资信调查、海外项目评估等方面综合信息），协助煤炭企业塑造完美形象、设计产品品牌等，助力煤炭企业国际化创新交流；在资金流方面，辅助优秀煤炭企业海外上市以募集资金，为其设计最佳资本运作方案以及后续税务策划等；在人才流方面，强化人才数据库建设，发挥微观调节功能，满足煤炭企业国际化对高级人才的需求；在物流方面，充分发挥专业化、规模化的优势，为煤炭企业优化物流管理提供策划设计、组织运筹和实际操作等多功能、一体化的综合性服务。